ENSINO DE HABILIDADES DE LEITURA PARA PESSOAS COM AUTISMO

Camila Graciella Santos Gomes
Analice Dutra Silveira

Editora Appris Ltda.
2.ª Edição - Copyright© 2024 das autoras
Direitos de Edição Reservados à Editora Appris Ltda.

Nenhuma parte desta obra poderá ser utilizada indevidamente, sem estar de acordo com a Lei nº 9.610/98. Se incorreções forem encontradas, serão de exclusiva responsabilidade de seus organizadores. Foi realizado o Depósito Legal na Fundação Biblioteca Nacional, de acordo com as Leis n°s 10.994, de 14/12/2004, e 12.192, de 14/01/2010.

FICHA TÉCNICA

EDITORIAL	Augusto Coelho
	Sara C. de Andrade Coelho
COMITÊ EDITORIAL	Ana El Achkar (UNIVERSO/RJ)
	Andréa Barbosa Gouveia (UFPR)
	Conrado Moreira Mendes (PUC-MG)
	Eliete Correia dos Santos (UEPB)
	Fabiano Santos (UERJ/IESP)
	Francinete Fernandes de Sousa (UEPB)
	Francisco Carlos Duarte (PUCPR)
	Francisco de Assis (Fiam-Faam, SP, Brasil)
	Jacques de Lima Ferreira (UP)
	Juliana Reichert Assunção Tonelli (UEL)
	Maria Aparecida Barbosa (USP)
	Maria Helena Zamora (PUC-Rio)
	Maria Margarida de Andrade (Umack)
	Marilda Aparecida Behrens (PUCPR)
	Marli Caetano
	Roque Ismael da Costa Güllich (UFFS)
	Toni Reis (UFPR)
	Valdomiro de Oliveira (UFPR)
	Valério Brusamolin (IFPR)
SUPERVISOR DA PRODUÇÃO	Renata Cristina Lopes Miccelli
PROJETO GRÁFICO	Kelly Vaneli

Catalogação na Fonte
Elaborado por: Dayanne Leal Souza
Bibliotecária CRB 9/2162

G633e 2024	Gomes, Camila Graciella Santos
	Ensino de habilidades de leitura para pessoas com autismo / Camila Graciella Santos Gomes, Analice Dutra Silveira. – 2. ed. – Curitiba: Appris, 2024.
	250 p. ; 23 cm.
	Inclui referências.
	ISBN 978-65-250-5993-8
	1. Alfabetização – Autistas. 2. Leitura – Autistas. 3. Transtorno do espectro autista. I. Silveira, Analice Dutra. II. Título. III. Série.
	CDD – 371.91

Livro de acordo com a normalização técnica da APA

Appris editora

Editora e Livraria Appris Ltda.
Av. Manoel Ribas, 2265 – Mercês
Curitiba/PR – CEP: 80810-002
Tel. (41) 3156 - 4731
www.editoraappris.com.br

Printed in Brazil
Impresso no Brasil

ENSINO DE HABILIDADES DE LEITURA PARA PESSOAS COM AUTISMO

Camila Graciella Santos Gomes
Analice Dutra Silveira

Appris editora

ste livro é dedicado aos alfabetizadores que acreditam no poder transformador da leitura. Ensinar a ler é uma dádiva, um dom, um exercício de generosidade!
Dedicamos este livro à Maria das Graças Santos Gomes (Tia Graça), que por meio do seu "método misturinha" alfabetizou centenas de crianças em mais de trinta anos de magistério!

Agradecimentos

♥ ♥

    Este livro é produto do trabalho dedicado da equipe do CEI Desenvolvimento Humano, e somos muito gratas a cada profissional e estagiário que passou por aqui. Nesta obra, agradecemos especialmente a Robson Castro e Ianaiara Oliveira, pelas contribuições preciosas. Agradecemos também à Aline Fernandes, que mais uma vez deu uma forcinha para finalizarmos o livro logo (é o segundo que vai para sua conta, Alininha!).

    Agradecemos a nossa formação em Educação Especial na Universidade Federal de São Carlos (UFSCar) e a todos os professores que nos direcionaram nessa caminhada, especialmente às professoras Maria Amélia Almeida, Enicéia Mendes, Ana Lúcia Aiello, Elenice Hanna e Sandra Bernardes.

    Agradecemos a cada família que confiou no nosso trabalho e a cada aprendiz com autismo que passou pelo CEI e que nos fez crescer: esperamos poder retribuir o tanto que aprendemos com vocês.

    Agradecemos às nossas famílias e amigos pelo carinho e incentivos constantes.

    Agradecemos mais uma vez ao Instituto Nacional de Ciência e Tecnologia sobre Comportamento Cognição e Ensino (MCTI/CNPq/FAPESP/CAPES), que nos acolheu como instituição de pesquisa e que vem apoiando nossas iniciativas de produção na área do autismo desde 2015.

    Agradecimentos mais do que especiais a nossa parceira Kelly Vaneli, que deixa tudo lindo e que compartilha conosco a empolgação de cada projeto.

    Eu, Camila, agradeço imensamente às minhas duas principais referências em ensino de leitura e que são responsáveis pela minha paixão por essa área: professora Deisy das Graças de Souza, minha orientadora de mestrado, doutorado, pós-doutorado e de tudo de bom que aprendi na área acadêmica; professora Maria das Graças Santos Gomes (Tia Graça), minha mãe, que dedicou a vida toda à sala de aula e a alfabetização de centenas de crianças de escolas públicas.

♥ ♥

Apresentação

No ano de 2015, eu, Camila, publiquei um livro com o nome de *Ensino de Leitura para Pessoas com Autismo*, que foi produto dos meus estudos conduzidos no mestrado e doutorado em Educação Especial pela UFSCar. Nele, descrevi direções para começar a alfabetizar aprendizes com autismo e uma rota para o ensino de habilidades importantes de leitura oral e leitura com compreensão. Era um livro bastante teórico, muito fundamentado no conceito de equivalência de estímulos, e não tinha protocolos para auxiliar o educador no ensino de habilidades de leitura.

De 2015 para cá, muitas coisas aconteceram; estudos novos foram publicados e investimos na melhoria dos procedimentos para o ensino de leitura, o que deixou aquela obra um pouco defasada. Dessa maneira, o livro atual é completamente diferente da versão de 2015; é mais didático, tem protocolos para o ensino, foca mais em leitura oral e é destinado a aprendizes falantes, não falantes e que falam, mas apresentam dificuldades na pronúncia. Além disso, nesta versão, contei com a parceria inestimável da Analice, que foi fundamental para deixar o texto com uma linguagem mais fácil para qualquer educador.

O livro é composto por estratégias de leitura para o ensino de três perfis de aprendizes com autismo:

1) FALANTES: aprendizes que são capazes de repetir com clareza palavras faladas por outras pessoas ou que falam palavras de maneira espontânea e com clareza.

2) NÃO FALANTES: aprendizes que não falam nada ou falam muito pouco e que demonstram muitas dificuldades em repetir palavras faladas por outras pessoas.

3) FALANTES COM DIFICULDADES DE PRONÚNCIA: aprendizes que são capazes de repetir palavras faladas por outras pessoas ou falar palavras de maneira espontânea, porém apresentam dificuldades evidentes e generalizadas em pronunciar corretamente os sons.

     Para cada perfil de aprendiz há um currículo, rota de ensino e protocolos específicos. Dessa maneira, o educador poderá conduzir o ensino de leitura, considerando as caraterísticas do seu aprendiz com autismo.

     Este livro segue a linha dos nossos manuais direcionados a auxiliar na implementação de Intervenção Comportamental Intensiva (Terapia ABA intensiva), por meio da capacitação dos cuidadores. É a terceira publicação após o *Ensino de Habilidades Básicas para Pessoas com Autismo* e *Ensino de Habilidades de Autocuidados para Pessoas com Autismo*. Dessa maneira, ele não é restrito a profissionais especializados e pode ser utilizado por qualquer pessoa que deseje ensinar leitura para aprendizes com autismo, no contexto clínico, domiciliar ou escolar.

     O material apresentado neste livro, em sua totalidade, foi desenvolvido e testado pela equipe de profissionais do CEI Desenvolvimento Humano, que é uma instituição brasileira, de Belo Horizonte-MG, especializada no atendimento a pessoas com autismo e outros transtornos do desenvolvimento. Além disso, há artigos científicos publicados, que respaldam os procedimentos aqui descritos (Gomes, de Souza, & Hanna, 2016; Gomes & de Souza, 2016).

     Desejamos que este material possa ser útil no desenvolvimento de muitos aprendizes com autismo e que a leitura ofereça a eles mais possibilidades em direção à autonomia, independência e qualidade de vida!

Camila e Analice

Prefácio

ENSINO DE HABILIDADES DE LEITURA PARA PESSOAS COM AUTISMO

Aprender a ler pode trazer muitas vantagens ao longo da vida, afinal de contas, a leitura está presente em praticamente todos os ambientes que frequentamos. O domínio da leitura nos possibilita maior compreensão dos contextos, maior autonomia, independência e alcance de informações. Na escola, aprender a ler possibilita o acesso aos conteúdos pedagógicos e na vida adulta, mais oportunidades de ocupação e trabalho.

Adquirir habilidades de leitura pode ser muito benéfico para pessoas com autismo, porém o ensino pode ser um desafio. Nation e colaboradores (2006) salientaram que as alterações de linguagem, típicas do quadro de autismo, colocam esses indivíduos em grande risco de fracasso na aprendizagem de leitura. Por isso, o ensino de leitura para essa população deve ser planejado, e as estratégias de ensino devem ser condizentes com o perfil desses aprendizes.

O processo de alfabetização é longo, complexo e engloba as habilidades de leitura e escrita. Apesar de leitura e escrita serem frequentemente relacionadas, é importante destacar que são habilidades distintas, por isso requerem estratégias de ensino diferentes e independentes. Neste livro, abordaremos apenas o ensino de habilidades de leitura; a escrita deixaremos para uma publicação futura.

Explorando um pouco mais a leitura, é importante compreender dois aspectos distintos dessa habilidade: leitura oral e leitura com compreensão. A leitura oral pode ser definida como resposta vocal sob controle de palavra impressa, sem necessariamente compreender o que está escrito no texto, ou seja, é a capacidade de ler qualquer coisa sem necessariamente compreender o texto. Por outro lado, a leitura com compreensão exige, necessariamente, o entendimento do conteúdo expresso no texto. Dessa maneira, um leitor eficiente deve ser capaz de ler oralmente e compreender aquilo que lê.

A leitura com compreensão é o ápice do processo de alfabetização, e para alcançá-la é necessário aprender a ler oralmente e apresentar um bom repertório de habilidades de linguagem, que envolvem vocabulário amplo e entendimento das funções comunicativas. Esse é o maior desafio para pessoas com autismo, pois alterações no desenvolvimento da linguagem são inerentes ao diagnóstico. Dessa maneira, aprender a ler com compreensão não depende apenas de intervenções direcionadas à leitura, mas de intervenções que promovam melhoras amplas das habilidades de comunicação e linguagem da pessoa com autismo. Por outro lado, sem habilidades de leitura oral, também não é possível ler com compreensão, por isso, este livro enfatizará o ensino de habilidades de leitura oral, que serão base para uma leitura com compreensão no futuro. No caso dos aprendizes não falantes, como não poderemos contar com a fala, a leitura oral será substituída pela leitura receptiva, que será verificada em tarefas auditivo-visuais, nas quais o educador dita e o aprendiz mostra o que está escrito.

Nos próximos capítulos apresentaremos currículos, protocolos e procedimentos, para que você tenha sucesso no ensino de habilidades de leitura oral para seu aprendiz com autismo.

Sumário

1 - CURRÍCULOS PARA O ENSINO DE LEITURA 21
1.1 Currículos e aspectos da fala 21
1.2 Protocolos de registro 26
1.2.1 Objetivos e metas 26
1.2.2 Errado 26
1.2.3 Manutenção 26
1.2.4 Descritivo 26

2 - ENSINO DE LEITURA PARA APRENDIZES FALANTES 33
2.1 Sequência para o ensino de aprendizes falantes 33
2.2 Identificar e nomear vogais (1.1) 34
2.2.1 Protocolo 34
2.2.2 Procedimento 34
2.2.3 Critério de aprendizagem 38
2.3 Nomear encontros vocálicos (1.2) 38
2.3.1 Protocolo 39
2.3.2 Procedimento 39
2.3.3 Critério de aprendizagem 42
2.4 Ensino de sílabas simples (1.3) 42
2.4.1 Conjuntos silábicos, sequência de apresentação das sílabas e palavras selecionadas 43
2.4.2 Protocolos 45
2.4.3 Protocolo de objetivos e metas 64
2.4.4 Protocolo de manutenção 64
2.4.5 Protocolos certo/errado 64
2.4.6 Materiais 65
2.4.7 Procedimentos de ensino 65
2.4.8 Procedimentos para a manutenção das sílabas por conjunto silábico 69
2.4.9 Uso do protocolo de manutenção 70
2.4.10 Outros aspectos importantes do ensino 70
2.5 Ensino de sílabas complexas (1.4) 71
2.5.1 Protocolos 71
2.5.2 Protocolo de objetivos e metas 75
2.5.3 Protocolo de manutenção 75
2.5.4 Protocolo certo/errado 75
2.5.5 Procedimentos de ensino e material de apoio 76
2.5.6 Uso do protocolo de manutenção 77
2.6 Fluência de leitura oral (1.5) 78
2.6.1 Procedimento 78
2.6.2 Escolha dos textos 80
2.6.3 Protocolo e critério de aprendizagem 80
2.7 Leitura em letra cursiva (1.6) 82
2.7.1 Procedimento 82
2.7.2 Protocolo e critério de aprendizagem 83
2.8 Pontuação 85
2.8.1 Procedimento, protocolo e critério de aprendizagem 85

3 - ENSINO DE LEITURA PARA APRENDIZES NÃO FALANTES 89

3.1 Sequência para o ensino de aprendizes não falantes 89
3.2 Identificar vogais (1.1) 90
    3.2.1 Protocolo 90
    3.2.2 Procedimento 90
    3.2.3 Critério de aprendizagem 93
3.3 Identificar encontros vocálicos (1.2) 93
    3.3.1 Protocolo 93
    3.3.2 Procedimento 93
    3.3.3 Critério de aprendizagem 95
3.4 Ensino de sílabas simples (1.3) 95
    3.4.1 Conjuntos silábicos, sequência de apresentação das sílabas e palavras selecionadas 96
    3.4.2 Protocolos 98
    3.4.3 Protocolo de objetivos e metas 117
    3.4.4 Protocolo de manutenção 117
    3.4.5 Protocolos certo/errado 117
    3.4.6 Materiais 117
    3.4.7 Procedimentos de ensino 118
    3.4.8 Procedimentos para a manutenção das sílabas por conjunto silábico 121
    3.4.9 Uso do protocolo de manutenção 121
    3.4.10 Outros aspectos importantes do ensino 121
3.5 Ensino de sílabas complexas (1.4) 122
    3.5.1 Protocolos 122
    3.5.2 Protocolo de objetivos e metas 122
    3.5.3 Protocolo de manutenção 123
    3.5.4 Protocolos certo/errado 123
    3.5.5 Procedimentos de ensino e material de apoio 127
    3.5.6 Uso do protocolo de manutenção 129

4 - ENSINO DE LEITURA PARA APRENDIZES FALANTES COM DIFICULDADES DE PRONÚNCIA 131

4.1 Sequência para o ensino de aprendizes falantes com dificuldades de pronúncia 131
4.2 Identificar e nomear vogais (1.1) 132
    4.2.1 Protocolo 132
    4.2.2 Procedimento 134
    4.2.3 Critério de aprendizagem 136
4.3 Identificar e nomear encontros vocálicos (1.2) 136
    4.3.1 Protocolo 136
    4.3.2 Procedimento 138
    4.3.3 Critério de aprendizagem 140
4.4 Ensino de sílabas simples (1.3) 140
    4.4.1 Conjuntos silábicos, sequência de apresentação das sílabas e palavras selecionadas 141
    4.4.2 Protocolos 144
    4.4.3 Protocolo de objetivos e metas 162
    4.4.4 Protocolo de manutenção 162
    4.4.5 Protocolos certo/errado 162
    4.4.6 Materiais 162

  4.4.7 Procedimentos de ensino...163
  4.4.8 Procedimentos para a manutenção das sílabas por conjunto silábico...............167
  4.4.9 Uso do protocolo de manutenção 168
  4.4.10 Outros aspectos importantes do ensino..168
4.5 Ensino de sílabas complexas (1.4) 169
  4.5.1 Protocolos 169
  4.5.2 Protocolo de objetivos e metas..169
  4.5.3 Protocolo de manutenção 173
  4.5.4 Protocolos certo/errado..173
  4.5.5 Procedimentos de ensino e material de apoio 173
  4.5.6 Uso do protocolo de manutenção...176
4.6 Fluência de leitura oral (1.5) 176
  4.6.1 Procedimento..177
  4.6.2 Escolha dos textos..178
  4.6.3 Protocolo e critério de aprendizagem...178
4.7 Leitura em letra cursiva (1.6)... 180
  4.7.1 Procedimento 180
  4.7.2 Protocolo e critério de aprendizagem...181
4.8 Pontuação..183
  4.8.1 Procedimento, protocolo e critério de aprendizagem.......................................183

5 - LEITURA COM COMPREENSÃO 187

6 - CONSIDERAÇÕES FINAIS 191

7 - REFERÊNCIAS 193

8 - ANEXOS 195

Capítulo 1

CURRÍCULOS PARA O ENSINO DE LEITURA

O processo de aprendizagem de leitura é longo e o ensino deve começar a partir de habilidades mais simples, seguindo gradativamente para as mais complexas, até que o aprendiz seja capaz de ler qualquer coisa. Dessa maneira, é muito importante que você caminhe um passo de cada vez, sendo bastante persistente e não desistindo ante às dificuldades que possam aparecer. Este capítulo apresenta orientações para direcionar o ensino de habilidades fundamentais de leitura para aprendizes com autismo, em sequência que favoreça a aprendizagem gradativa e consistente.

1.1 CURRÍCULOS E ASPECTOS DA FALA

A fala é um aspecto que influencia muito no processo de aprendizagem de leitura. Por isso, planejamos o ensino das habilidades de leitura considerando três perfis de aprendizes com autismo:

1) Falantes: aprendizes que são capazes de repetir com clareza palavras faladas por outras pessoas ou que falam palavras de maneira espontânea e com clareza.

2) Não falantes: aprendizes que não falam nada ou falam muito pouco e que demonstram muitas dificuldades em repetir palavras faladas por outras pessoas.

3) Falantes com dificuldades de pronúncia: aprendizes que são capazes de repetir palavras faladas por outras pessoas ou falar palavras de maneira espontânea, porém apresentam dificuldades evidentes e generalizadas em pronunciar corretamente os sons.

Dessa maneira, teremos três currículos e você deve escolher qual é o mais adequado para o perfil do seu aprendiz:

1) Currículo de Habilidades de Leitura e Escrita: Falantes (Figura 1): composto por sete programas de ensino.

2) Currículo de Habilidades de Leitura e Escrita: Não Falantes (Figura 2): composto por quatro programas de ensino.

3) Currículo de Habilidades de Leitura e Escrita: Falantes com Dificuldades de Pronúncia (Figura 3): composto por sete programas de ensino.

O currículo é um instrumento composto por um conjunto de habilidades que se deseja ensinar; ele é necessário para nortear, organizar e administrar o ensino, quando se deseja ensinar muitas habilidades. A partir de um currículo, pode-se planejar o que vai ser ensinado a curto, médio e longo prazo. A função dos currículos deste manual é auxiliá-lo na organização do ensino de habilidades fundamentais de leitura.

Para que você possa acompanhar o progresso do seu aprendiz, é importante que faça o preenchimento correto e constante do currículo. Comece escrevendo o nome do aprendiz e o nome do educador na parte superior do currículo, nos espaços destinados a isso. Toda vez que iniciar um programa de ensino, o educador deve anotar no currículo a data de início e quando o aprendiz atingir o critério de aprendizagem, deve anotar a data de término. Por exemplo, se o programa 1.3 Ensino de sílabas simples foi iniciado com o aprendiz no dia 12/10/2021, essa data deve ser anotada na linha do programa, na coluna "INÍCIO"; se o aprendiz atingiu o critério de aprendizagem em 02/04/2022, essa data deve ser anotada na linha do programa, na coluna "TÉRMINO". Dessa maneira você conseguirá acompanhar o que já foi ensinado e o que há para ensinar.

Observe também que nos currículos há uma coluna denominada "Nível". Nessa coluna há programas de ensino com estrelas verdes, amarelas e vermelhas. Estrelas verdes indicam habilidades fáceis de serem ensinadas, estrelas amarelas indicam habilidades de dificuldade moderada e estrelas vermelhas indicam habilidades mais difíceis.

CURRÍCULO DE HABILIDADES DE LEITURA - FALANTES

Aprendiz: _____ **Cuidador:** _____

HABILIDADES DE LEITURA			
1- HABILIDADES DE LEITURA ORAL	NÍVEL	INÍCIO	TÉRMINO
1.1 Identificar e nomear **vogais**	⭐ (verde)		
1.2 Nomear **encontros vocálicos**	⭐ (verde)		
1.3 Ensino de **sílabas simples**	⭐ (amarelo)		
1.4 Ensino de **sílabas complexas**	⭐ (amarelo)		
1.5 Fluência de **leitura oral**	⭐ (vermelho)		
1.6 Leitura em **letra cursiva**	⭐ (amarelo)		
1.7 **Pontuação**	⭐ (vermelho)		

NÍVEL DE DIFICULDADE PARA O ENSINO	⭐ Fácil ⭐ Intermediário ⭐ Difícil

FIGURA 1 – CURRÍCULO DE HABILIDADES DE LEITURA E ESCRITA: FALANTES

CURRÍCULO DE HABILIDADES DE LEITURA - NÃO FALANTES

Aprendiz: _____ Cuidador: _____

HABILIDADES DE LEITURA

1- HABILIDADES DE LEITURA RECEPTIVA	NÍVEL	INÍCIO	TÉRMINO
1.1 Identificar **vogais**	★		
1.2 Identificar **encontros vocálicos**	★		
1.3 Ensino de **sílabas simples**	★		
1.4 Ensino de **sílabas complexas**	★		

NÍVEL DE DIFICULDADE PARA O ENSINO	★ Fácil	★ Intermediário	★ Difícil

FIGURA 2 - CURRÍCULO DE HABILIDADES DE LEITURA E ESCRITA: NÃO FALANTES

CURRÍCULO DE HABILIDADES DE LEITURA
FALANTES COM DIFICULDADES DE PRONÚNCIA

Aprendiz: _____ Cuidador: _____

HABILIDADES DE LEITURA

1- HABILIDADES DE LEITURA ORAL E RECEPTIVA	NÍVEL	INICIO	TÉRMINO
1.1 Identificar e nomear **vogais**	🟢		
1.2 Identificar e nomear **encontros vocálicos**	🟢		
1.3 Ensino de **sílabas simples**	🟡		
1.4 Ensino de **sílabas complexas**	🟡		
1.5 Fluência de **leitura oral**	🔴		
1.6 Leitura em **letra cursiva**	🔴		
1.7 **Pontuação**			

NÍVEL DE DIFICULDADE PARA O ENSINO	🟢 Fácil	🟡 Intermediário	🔴 Difícil

FIGURA 3 - CURRÍCULO DE HABILIDADES DE LEITURA E ESCRITA: FALANTES COM DIFICULDADES DE PRONÚNCIA

1.2 PROTOCOLOS DE REGISTRO

Protocolos de Registro são instrumentos que auxiliam na organização do ensino e na verificação da aprendizagem. Por esse motivo, é fundamental que você os conheça bem, aprenda a organizá-los e a preenchê-los de maneira adequada.

Utilizaremos quatro tipos de protocolos: **1. Objetivos e Metas (Figura 4); 2. Certo/Errado (Figura 5); 3. Manutenção (Figura 6); 4. Descritivo (Figura 7).** A sugestão é organizá-los em pastas ou fichário. A seguir serão apresentados os aspectos mais importantes de cada um dos modelos de protocolo. A explicação a respeito de como e quando utilizá-los será feita nos capítulos que descreverão os programas de ensino.

1.2.1 OBJETIVOS E METAS

Muitos programas de ensino são divididos em etapas e este tipo de protocolo tem a função de organizar a sequência do ensino. Dessa maneira, o educador conseguirá administrar o que vai ser ensinado agora (metas), fazer a manutenção do que já foi ensinado e seguir até o objetivo final.

Este tipo de protocolo é constituído por uma tabela com quatro colunas: a primeira coluna apresenta as etapas do programa de ensino e as colunas seguintes, que devem ser preenchidas pelo educador, à medida que ensina as habilidades, são intituladas de "Não ensinado", "Ensino" e "Manutenção", nessa ordem; o educador deve marcar um X na coluna que corresponde à situação de ensino de cada etapa. A Figura 4 apresenta um exemplo deste tipo de protocolo e há instruções de como preenchê-lo.

1.2.2 CERTO/ERRADO

Este protocolo é mais simples e serve para registrar as tentativas de ensino. Permite marcar se o aprendiz acertou (sem auxílio) ou se ele errou (ou fez com ajuda, que também é considerado como erro); o educador escreve V para acertos e X para erros (Figura 5).

1.2.3 MANUTENÇÃO

Este tipo de protocolo (Figura 6) tem a função de auxiliar na manutenção das habilidades aprendidas e permite marcar se o aprendiz realizou (de maneira independente) ou se ele errou (não fez ou fez com ajuda, o que também é considerado como erro); o educador escreve V para acertos, X para erros ou ajudas e – para atividades não realizadas no dia.

1.2.4 DESCRITIVO

O ensino de algumas habilidades depende da descrição detalhada do comportamento do aprendiz e estes protocolos servem para retratar o desempenho durante a atividade proposta. Os protocolos são compostos por uma tabela separada por colunas (Figura 7); o educador deve preencher o nome do aprendiz, o nome dele e os demais dados solicitados em cada coluna.

1.3 ENSINO DE SÍLABAS SIMPLES

TÍTULO

ETAPAS

SITUAÇÃO DE CADA ETAPA

- Aqui você vai marcar um **X** a lápis na coluna correspondente à situação de cada uma das etapas:
- **"Não ensinado"**: habilidade que ainda não foi ensinada ao aprendiz.
- **"Ensino"**: habilidade que está sendo ensinada ao aprendiz.
- **"Manutenção"**: habilidade que já foi ensinada ao aprendiz e que o educador deve ficar atento para mantê-la.

Conjuntos	Grupos Silábicos	Situação		
		Não ensinado	Ensino	Manutenção
1	1 - T			X
	2 - L			
	3 - M			
2	4 - F		X	
	5 - B	X		
	6 - R	X		
3	7 - P	X		
	8 - N	X		
	9 - V	X		
4	10 - S	X		
	11 - D	X		
	12 - J	X		
5	13 - X	X		
	14 - Z	X		
6	15 - C	X		
	16 - G	X		

FIGURA 4 – PROTOCOLO OBJETIVOS E METAS

> Preencha com nomes e data

TÍTULO

1.1 IDENTIFICAR E NOMEAR VOGAIS

PROCEDIMENTO: Obtenha a atenção do aprendiz. Nas tentativas de identificação (I) diga o nome da letra e peça ao aprendiz para selecioná-la (pegar ou apontar) entre outras letras. Nas tentativas de nomeação (N) pergunte "que letra é essa?". Sempre que o aprendiz acertar você deve elogiar e/ou oferecer algo que ele goste. Se o aprendiz não realizar a tentativa ou errar, você deve auxiliar para que ele acerte. Diminua as ajudas gradativamente.

Aprendiz: _____ **Educador:** _____ **Data:** ___/___/___

Vogais	A		E		I		O		U	
Tentativas	I	N	I	N	I	N	I	N	I	N
Acertos	V	V	V	X	X	V	X	V	X	V

Acertos Identificação:_____ Acertos Nomeação:_____

> Um retângulo para cada dia de atividade

> Escreva **V** para respostas corretas e **X** para incorretas

Aprendiz: _____ **Educador:** _____ **Data:** ___/___/___

Vogais	A		E		I		O		U	
Tentativas	I	N	I	N	I	N	I	N	I	N
Acertos										

Acertos Identificação:_____ Acertos Nomeação:_____

Aprendiz: _____ **Educador:** _____ **Data:** ___/___/___

Vogais	A		E		I		O		U	
Tentativas	I	N	I	N	I	N	I	N	I	N
Acertos										

Acertos Identificação:_____ Acertos Nomeação:_____

Aprendiz: _____ **Educador:** _____ **Data:** ___/___/___

Vogais	A		E		I		O		U	
Tentativas	I	N	I	N	I	N	I	N	I	N
Acertos										

Acertos Identificação:_____ Acertos Nomeação:_____

Aprendiz: _____ **Educador:** _____ **Data:** ___/___/___

Vogais	A		E		I		O		U	
Tentativas	I	N	I	N	I	N	I	N	I	N
Acertos										

Acertos Identificação:_____ Acertos Nomeação:_____

MARCAÇÃO
V - ACERTOU
X - ACERTOU COM AJUDA OU ERROU

FIGURA 5 - PROTOCOLO CERTO/ERRADO

TÍTULO

1.3 MANUTENÇÃ: ENSINO DE SÍLABAS SIMPLES

Preencha com nomes

Aprendiz: ______________________ **Educador:** ______________________

Preencha com a data

Grupos	Datas																				
1 - T	V																				
2 - L	V																				
3 - M	X																				
4 - F	X																				
5 - B	V																				
6 - R	X																				
7 - P	V																				
8 - N																					
9 - V																					
10 - S																					
11 - D																					
12 - J																					
13 - X																					
14 - Z																					
15 - C																					
16 - G																					
Acertos																					

Escreva **V** para respostas corretas e **X** para incorretas

Uma coluna para cada dia de atividade

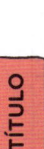

FIGURA 6 - PROTOCOLO DE MANUTENÇÃO

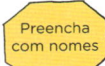 Preencha com nomes

 TÍTULO

1.5 FLUÊNCIA DE LEITURA ORAL

PROCEDIMENTO: Obtenha a atenção do aprendiz. Ofereça o texto para que o aprendiz leia. Caso ele não consiga dê ajudas (somente nos trechos nos quais ele não conseguir). Elogie o empenho e os acertos do aprendiz. Retire as ajudas gradativamente. Registre a atividade.

( ) SÍLABAS SIMPLES ( ) SÍLABAS COMPLEXAS ( ) LETRAS MAIÚSCULAS ( ) LETRAS MINÚSCULAS → Marque o tipo de leitura

Aprendiz: _____ Educador: _____

DATA	MATERIAL	OBSERVAÇÕES
			→ Uma linha para cada dia de atividade. Preencha a data da atividade, o material utilizado e observações importantes a respeito do desempenho do aprendiz

FIGURA 7 – PROTOCOLO DESCRITIVO

Capítulo 2

ENSINO DE LEITURA PARA APRENDIZES FALANTES

Neste capítulo, descreveremos os procedimentos para o ensino de habilidades de leitura oral para aprendizes falantes, seguindo o Currículo de Habilidades de Leitura: Falantes (Figura 1).

2.1 SEQUÊNCIA PARA O ENSINO DE APRENDIZES FALANTES

Habilidades de leitura são complexas e precisam ser ensinadas gradativamente, um passo de cada vez, começando de habilidades mais simples e seguindo paulatinamente para as mais complexas. A Figura 8 apresenta uma rota para a implementação dos programas de ensino; você vai começar do 1.1 Identificar e nomear vogais e seguirá sucessivamente, programa por programa, até chegar ao 1.7 Pontuação. Para inserir um novo programa é necessário que o aprendiz atinja o critério de aprendizagem no programa anterior, conforme será descrito a seguir.

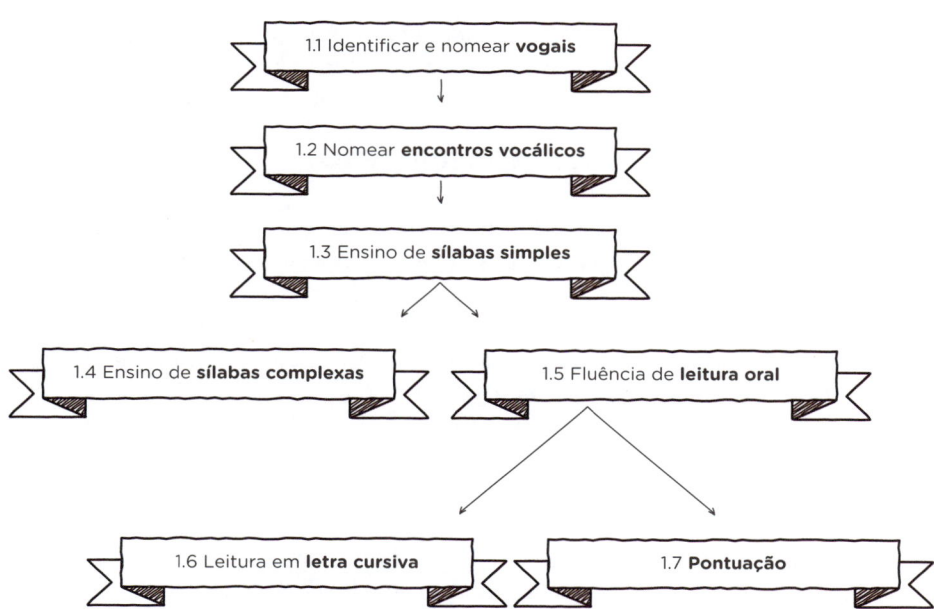

FIGURA 8 – ROTA PARA O ENSINO DE APRENDIZES FALANTES

2.2 IDENTIFICAR E NOMEAR VOGAIS (1.1)

O objetivo é ensinar o aprendiz a selecionar a vogal correta, quando esta é ditada pelo educador, e a falar oralmente o nome da vogal, quando a vogal impressa é apresentada pelo educador.

2.2.1 PROTOCOLO

O protocolo utilizado nesta atividade é do tipo Certo/Errado (Figura 9). Utilize uma pasta para organizar seus registros. O educador deve preencher o nome do aprendiz, o nome dele e a data da atividade.

Cada retângulo deve ser utilizado para um dia de atividade. O retângulo é composto por três linhas e seis colunas; na primeira coluna está escrito Vogais, Tentativas e Acertos. Na primeira linha das colunas seguintes estão escritas as vogais; na segunda linha referente às tentativas está I para as tentativas de identificação e N para as tentativas de nomeação; na terceira linha há espaços em branco nos quais o educador deve escrever V para acertos e X para erros ou respostas com ajuda.

Nas tentativas I- Identificação, as respostas são consideradas corretas quando o educador dita a letra e o aprendiz indica a letra ditada pelo educador. Nas tentativas N- Nomeação, as respostas são consideradas corretas quando o educador mostra uma vogal, pergunta para o aprendiz: "Que letra é essa?" e o aprendiz fala o nome correto da vogal.

2.2.2 PROCEDIMENTO

O material a ser utilizado nesta atividade é composto pelas vogais (Anexo 1), que serão impressas em letras de imprensa maiúsculas e em vermelho. Cada vogal estará inserida em um espaço demarcado por borda em azul, conforme mostra a Figura 10. As vogais serão apresentadas dessa maneira, para auxiliar o aprendiz a olhar para cada letra independente, aumentando assim as chances de acertos.

O procedimento é composto por tentativas de identificação e de nomeação. Comece sempre com a identificação de todas as vogais e posteriormente faça a nomeação delas. A seguir está a descrição do que deve ser feito na identificação e na nomeação.

Identificação: organize as letras impressas (letras de imprensa maiúsculas) sobre a mesa, em sequência aleatória (ex. O, E, I, A, U). Fale uma vogal de cada vez, em ordem aleatória, e peça ao aprendiz para indicar (apontar ou pegar) a vogal ditada (ex. você pode dizer: "onde está a letra A?", "pega a letra A" ou "me mostre a letra A"). O aprendiz deve indicar a letra ditada pelo educador. Caso o aprendiz indique a letra errada, o

1.1 IDENTIFICAR E NOMEAR VOGAIS

PROCEDIMENTO: Obtenha a atenção do aprendiz. Nas tentativas de identificação (I) diga o nome da letra e peça ao aprendiz para selecioná-la (pegar ou apontar) entre outras letras. Nas tentativas de nomeação (N) pergunte "que letra é essa?". Sempre que o aprendiz acertar você deve elogiar e/ou oferecer algo que ele goste. Se o aprendiz não realizar a tentativa ou errar, você deve auxiliar para que ele acerte. Diminua as ajudas gradativamente.

Aprendiz: _____ Educador: _____ Data: ___/___/____

Vogais	A		E		I		O		U	
Tentativas	I	N	I	N	I	N	I	N	I	N
Acertos										

Acertos Identificação: _____ Acertos Nomeação: _____

Aprendiz: _____ Educador: _____ Data: ___/___/____

Vogais	A		E		I		O		U	
Tentativas	I	N	I	N	I	N	I	N	I	N
Acertos										

Acertos Identificação: _____ Acertos Nomeação: _____

Aprendiz: _____ Educador: _____ Data: ___/___/____

Vogais	A		E		I		O		U	
Tentativas	I	N	I	N	I	N	I	N	I	N
Acertos										

Acertos Identificação: _____ Acertos Nomeação: _____

Aprendiz: _____ Educador: _____ Data: ___/___/____

Vogais	A		E		I		O		U	
Tentativas	I	N	I	N	I	N	I	N	I	N
Acertos										

Acertos Identificação: _____ Acertos Nomeação: _____

Aprendiz: _____ Educador: _____ Data: ___/___/____

Vogais	A		E		I		O		U	
Tentativas	I	N	I	N	I	N	I	N	I	N
Acertos										

Acertos Identificação: _____ Acertos Nomeação: _____

MARCAÇÃO
V – ACERTOU
X – ACERTOU COM AJUDA OU ERROU

FIGURA 9 – 1.1 IDENTIFICAR E NOMEAR VOGAIS

1-INSTRUÇÃO

2-TENTATIVA INCORRETA

3-TENTATIVA CORRETA

FIGURA 10 – IDENTIFICAÇÃO DE VOGAIS

educador deve corrigir, pontuando para o aprendiz qual é a opção correta (Figura 10).

Nomeação: mostre uma vogal impressa de cada vez, em sequência aleatória, e pergunte ao aprendiz: "Que letra é essa?". Ante a letra impressa o aprendiz deve falar o nome da vogal. Caso o aprendiz não fale ou fale de maneira incorreta, o educador deve auxiliar falando o nome da letra para que o aprendiz repita (Figura 11).

1-TENTATIVA CORRETA

2-TENTATIVA INCORRETA

FIGURA 11 – NOMEAÇÃO DE VOGAIS

Alguns aprendizes com autismo podem demonstrar dificuldades em aprender as vogais e há alternativas para deixar o ensino mais fácil:

1) Comece apresentando apenas uma letra e vá acrescentando as outras gradativamente, à medida que o aprendiz atinge o critério de aprendizagem, que será de 3 dias de 100% de marcações V no protocolo. Por exemplo, comece apenas com a vogal A, fazendo a identificação e a nomeação dessa letra. Quando o aprendiz obtiver 3 dias de registro com 100% de marcações V, acrescente outra vogal, como O, e passe a fazer a atividade com as vogais A e O. Siga assim sucessivamente até inserir todas as vogais. Lembre-se de inserir inicialmente vogais com menos similaridades: por exemplo, os sons das vogais E e I são parecidos, assim como O e U, o que pode aumentar as chances de erros do aprendiz, deixando o processo de aprendizagem mais lento.

2) Apresentar a identificação e a nomeação da mesma vogal na sequência pode ser um procedimento facilitador para aprendizes que demonstram dificuldades, pelo fato da proximidade da apresentação dos estímulos. Por exemplo, peça ao aprendiz para indicar a letra A e na sequência pergunte: "Que letra é essa?", pedindo a nomeação. À medida que o aprendiz for acertando, pare de usar esse procedimento e comece a variar a sequência de identificação e nomeações, para garantir que o aprendiz realmente aprenda as vogais e não decore a sequência identificação/nomeação.

2.2.3 CRITÉRIO DE APRENDIZAGEM

Quando o aprendiz obtiver 3 dias de registro, com 100% das marcações em V para todas as tentativas de todas as vogais, você pode parar esse programa e iniciar o 1.2 Identificar e nomear encontros vocálicos. Não há protocolo de manutenção para esse programa, pois o ensino de encontros vocálicos é suficiente para manter as vogais.

2.3 NOMEAR ENCONTROS VOCÁLICOS (1.2)

Encontros vocálicos são constituídos por palavras compostas pela junção de duas vogais, sem a presença de qualquer consoante. O objetivo deste programa é ensinar o aprendiz a ler oralmente o encontro vocálico, quando este é apresentado pelo educador.

2.3.1 PROTOCOLO

O protocolo a ser utilizado nesta atividade é do tipo certo/errado (Figura 12). Utilize uma pasta para organizar os seus registros. O educador deve preencher o nome do aprendiz, o nome dele e a data da atividade.
Cada retângulo deve ser utilizado para um dia de atividade. O retângulo é composto por duas linhas e 11 colunas; na primeira coluna está escrito Encontro e Acertos. Na primeira linha das colunas seguintes estão escritos os encontros; na segunda há espaços em branco nos quais o educador escreverá V para acertos e X para erros ou respostas com ajuda.

2.3.2 PROCEDIMENTO

O material a ser utilizado nesta atividade é composto pelos encontros vocálicos (Anexo 2), que serão impressos em letras de imprensa maiúsculas, tendo as vogais em vermelho com bordas em azul para cada vogal, conforme mostra a Figura 13. Os encontros serão organizados dessa maneira para auxiliar o aprendiz a olhar para cada vogal ao ler o encontro vocálico, aumentando assim as chances de acertos.

Mostre um encontro vocálico de cada vez, em sequência aleatória, e pergunte ao aprendiz: "O que está escrito?". O aprendiz deve ler oralmente o encontro apresentado, mesmo que essa leitura não ocorra com fluência; o critério para considerar a resposta como correta é se o aprendiz nomeia precisamente cada vogal do encontro vocálico. Caso o aprendiz não leia todas as vogais do encontro ou leia com erros, o educador deve auxiliar lendo o encontro vocálico para que o aprendiz repita oralmente.

Alguns aprendizes com autismo podem demonstrar dificuldades em aprender os encontros vocálicos e há alternativas para deixar o ensino mais fácil:

1) Comece com um encontro vocálico e acrescente os outros gradativamente, à medida que o aprendiz atingir o critério de aprendizagem, que será de 3 dias de 100% de marcações V no protocolo. Por exemplo, comece com AI, fazendo a nomeação apenas desse encontro. Quando o aprendiz obtiver 3 dias de registro com 100% de marcações V, acrescente outro encontro, como EU, e passe a fazer a atividade com AI e EU. Siga assim sucessivamente até inserir todos os encontros.

2) Aponte para cada vogal do encontro vocálico, para indicar ao aprendiz qual estímulo ele deve ler, ou peça ao aprendiz para apontar para cada letra do encontro durante a leitura; isso pode auxiliar o aprendiz a manter a atenção no estímulo a ser lido, aumentando também as chances de acertos.

1.2 NOMEAR ENCONTROS VOCÁLICOS

PROCEDIMENTO: Obtenha a atenção do aprendiz. Pergunte "o que está escrito?". Sempre que o aprendiz acertar você deve elogiar e/ou oferecer algo que ele goste. Se o aprendiz não realizar a tentativa ou errar, você deve auxiliar para que ele acerte. Diminua as ajudas gradativamente.

Aprendiz: _____ Educador: _____ Data: ___/___/___

Encontro	AI	EU	OI	UI	IA	AU	OU	AO	EI	IO
Acertos										

Aprendiz: _____ Educador: _____ Data: ___/___/___

Encontro	AI	EU	OI	UI	IA	AU	OU	AO	EI	IO
Acertos										

Aprendiz: _____ Educador: _____ Data: ___/___/___

Encontro	AI	EU	OI	UI	IA	AU	OU	AO	EI	IO
Acertos										

Aprendiz: _____ Educador: _____ Data: ___/___/___

Encontro	AI	EU	OI	UI	IA	AU	OU	AO	EI	IO
Acertos										

Aprendiz: _____ Educador: _____ Data: ___/___/___

Encontro	AI	EU	OI	UI	IA	AU	OU	AO	EI	IO
Acertos										

Aprendiz: _____ Educador: _____ Data: ___/___/___

Encontro	AI	EU	OI	UI	IA	AU	OU	AO	EI	IO
Acertos										

Aprendiz: _____ Educador: _____ Data: ___/___/___

Encontro	AI	EU	OI	UI	IA	AU	OU	AO	EI	IO
Acertos										

MARCAÇÃO
V – ACERTOU
X – ACERTOU COM AJUDA OU ERROU

FIGURA 12 – 1.2 NOMEAR ENCONTROS VOCÁLICOS

1-TENTATIVA CORRETA

2-TENTATIVA INCORRETA

FIGURA 13 – NOMEAR ENCONTROS VOCÁLICOS

2.3.3 CRITÉRIO DE APRENDIZAGEM

Quando o aprendiz obtiver 3 dias de registro, com 100% das marcações em V para todas as tentativas de todos os encontros, você pode parar esse programa e iniciar o 1.3 Ensino de sílabas simples. Não há protocolo de manutenção para esse programa, pois o ensino de sílabas simples é suficiente para manter as vogais e os encontros vocálicos.

2.4 ENSINO DE SÍLABAS SIMPLES (1.3)

O programa "Ensino de sílabas simples" é o mais importante do currículo e tem o objetivo de ensinar o aprendiz a ler qualquer palavra constituída por sílabas simples, do tipo consoante/vogal, escrita em letras de imprensa maiúsculas. A seguir alguns pontos importantes a serem ressaltados a respeito desse programa de ensino:

1) Há dois aspectos importantes a serem considerados no processo de aprendizagem de leitura: a leitura oral, que é a capacidade de ler qualquer palavra impressa sem necessariamente compreender o conteúdo expresso no texto, e a leitura com compreensão, que envolve ler e compreender o conteúdo expresso no texto. Esses dois aspectos da leitura são fundamentais e ensinar ambos simultaneamente para aprendizes com autismo pode ser muito complexo e pouco efetivo. Ensinar leitura oral é mais simples do que ensinar leitura com compreensão. Além disso, não é possível ler com compreensão sem apresentar leitura oral, por isso, neste momento, vamos focar na leitura oral.

2) O objetivo deste programa é ensinar leitura oral e não leitura com compreensão; isso significa que o aprendiz não precisa compreender o sentido das palavras trabalhadas, apenas lê-las de maneira correta. A compreensão de leitura é uma habilidade fundamental, porém deverá ser trabalhada posteriormente.

3) O procedimento que será descrito a seguir é baseado no ensino das sílabas e, por isso, é esperado que o aprendiz aprenda a ler as palavras de maneira escandida, ou seja, falando sílaba por sílaba. A fluência da leitura (velocidade e precisão) vai melhorando gradativamente e será trabalhada posteriormente.

4) Muitos aprendizes com autismo podem apresentar dificuldades importantes na pronúncia de alguns sons ou palavras. O objetivo deste programa é ensinar a ler oralmente e não há a necessidade de exigir a pronúncia correta dos sons e das palavras, pois o aprendiz pode ser capaz de ler mesmo não pronunciando as palavras corretamente. A pronúncia correta depende de habilidades motoras de boca e de língua e exige estimulação especializada de fonoaudiologia, o que está além dos objetivos deste programa.

2.4.1 CONJUNTOS SILÁBICOS, SEQUÊNCIA DE APRESENTAÇÃO DAS SÍLABAS E PALAVRAS SELECIONADAS

As sílabas foram organizadas em seis conjuntos silábicos e você precisa seguir a sequência especificada para o ensino das sílabas, conforme está na Figura 14. A sequência não é aleatória e foi escolhida considerando a diferença entre os sons das sílabas e a quantidade de palavras que podem ser derivadas de cada sílaba, para podermos trabalhar ensino e manutenção simultaneamente. Alguns pontos importantes sobre a sequência do ensino das sílabas:

1) Na Figura 14 está escrito "Conjunto" e há a numeração de 1 a 6; isso significa que as sílabas foram organizadas em 6 conjuntos.
2) Cada Conjunto é composto por sílabas caraterizadas por sons muito diferentes, para evitar que o aprendiz confunda as sílabas. Sons muito parecidos como os de B, D, P e T, se forem ensinados muito próximos, podem dificultar o processo de aprendizagem.
3) Manutenções foram programadas ao término de cada Conjunto e serão descritas a seguir.
4) Palavras apresentadas na Figura 14. Utilize essas palavras, pois elas foram selecionadas para facilitar a aprendizagem e a manutenção das habilidades aprendidas.
5) Atente-se a um aspecto importante das palavras que foram selecionadas para a atividade. Quando o aprendiz está na primeira sílaba, ele só conhece as sílabas de T, assim as palavras selecionadas para esse momento da aprendizagem são compostas exclusivamente por sílabas de T e vogais. Quando o aprendiz está na segunda sílaba, ele já conhece sílabas de T e L, por isso as palavras escolhidas são compostas exclusivamente por sílabas de T, L e vogais. Quando o aprendiz está na terceira sílaba, ele já conhece sílabas de T, L e M, por isso as palavras escolhidas são compostas por sílabas de T, L, M e vogais. Esse critério foi usado para todas as palavras selecionadas, com o objetivo de facilitar a aprendizagem e promover a manutenção das sílabas aprendidas, ao longo do ensino de sílabas novas.

CONJUNTO 1

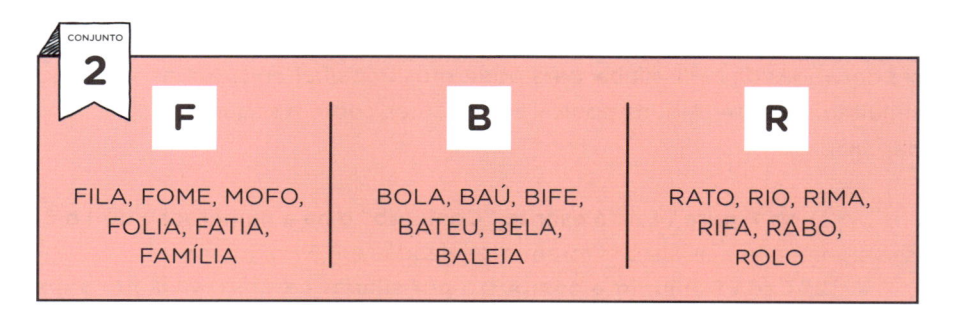

T — TATU, TETO, TIA, TUTU, TIO, IATE

L — LUTA, LEI, TELA, LEITE, LUA, LATA

M — MOLA, MATO, TOMATE, MALA, MEIA, MULETA

CONJUNTO 2

F — FILA, FOME, MOFO, FOLIA, FATIA, FAMÍLIA

B — BOLA, BAÚ, BIFE, BATEU, BELA, BALEIA

R — RATO, RIO, RIMA, RIFA, RABO, ROLO

CONJUNTO 3

P — PATO, MAPA, APITO, PIPA, PALITO, PIA

N — NOME, PENA, MENINA, PANELA, NETO, ALUNO

V — NOVE, LUVA, NOVELA, VOVÓ, VELA, VIOLETA

CONJUNTO 4

S — SAPO, SOFÁ, SALA, SAPATO, SETE, SABONETE

D — DADO, RODA, DIA, SALADA, IDADE, DATA

J — SUJO, JUBA, JILÓ, PAJÉ, BEIJO, JANELA

FIGURA 14 – CONJUNTOS SILÁBICOS

CONJUNTO 5

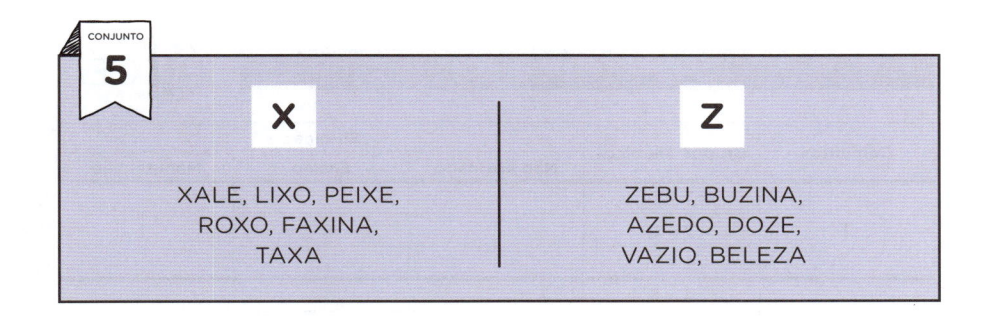

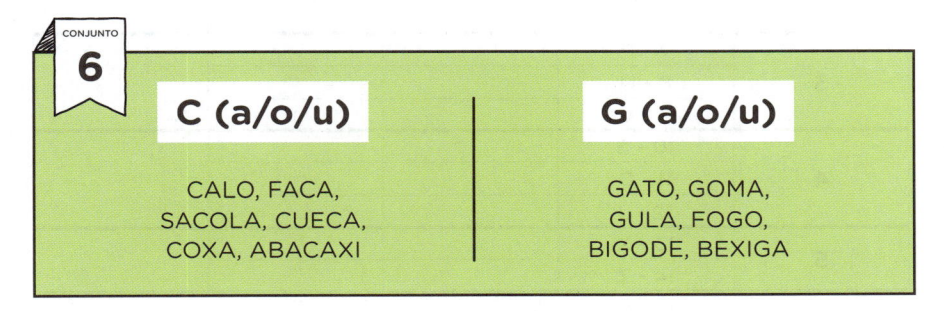

X
XALE, LIXO, PEIXE, ROXO, FAXINA, TAXA

Z
ZEBU, BUZINA, AZEDO, DOZE, VAZIO, BELEZA

CONJUNTO 6

C (a/o/u)
CALO, FACA, SACOLA, CUECA, COXA, ABACAXI

G (a/o/u)
GATO, GOMA, GULA, FOGO, BIGODE, BEXIGA

FIGURA 14 – CONJUNTOS SILÁBICOS

2.4.2 PROTOCOLOS

Serão utilizados três tipos de protocolos: Objetivos e Metas (Figura 15), Manutenção (Figura 16) e Certo/Errado (Figuras de 17 a 32). O protocolo de Objetivos e Metas será utilizado para administrar o ensino dos grupos silábicos; o protocolo Certo/Errado será utilizado para o registro das atividades de ensino; e o protocolo de Manutenção será utilizado ao término de cada conjunto, para garantir que o aprendiz não perca as habilidades adquiridas.

1.3 ENSINO DE SÍLABAS SIMPLES

Conjuntos	Grupos Silábicos	Situação		
		Não ensinado	Ensino	Manutenção
1	1 - T			
	2 - L			
	3 - M			
2	4 - F			
	5 - B			
	6 - R			
3	7 - P			
	8 - N			
	9 - V			
4	10 - S			
	11 - D			
	12 - J			
5	13 - X			
	14 - Z			
6	15 - C			
	16 - G			

FIGURA 15 – 1.3 OBJETIVOS E METAS

1.3 MANUTENÇÃO: ENSINO DE SÍLABAS SIMPLES

Aprendiz: _____ Educador: _____

Grupos	Datas															
1 - T																
2 - L																
3 - M																
4 - F																
5 - B																
6 - R																
7 - P																
8 - N																
9 - V																
10 - S																
11 - D																
12 - J																
13 - X																
14 - Z																
15 - C																
16 - G																
Acertos																

FIGURA 16 - 1.3 MANUTENÇÃO

1.3 ENSINO DE SÍLABAS SIMPLES (FALANTES): T

PROCEDIMENTO: Sente em uma cadeira de frente para o aprendiz e obtenha a atenção dele. Apresente o material para o aprendiz nomear. Caso ele não consiga dê ajudas e elogie (ou ofereça algo que ele goste) quando fizer. Diminua as ajudas gradativamente.
1. Comece apenas com "sílabas na sequência" e faça somente essa etapa até o aprendiz conseguir 100% de acertos por um dia.
2. Após um dia de 100% de acertos em "sílabas na sequência", inicie "sequência aleatória", mas não deixe de fazer "sílabas na sequência" antes.
3. Após um dia de 100% de acertos em "sequência aleatória", inicie a leitura das palavras em "C", mas não deixe de fazer "sílabas na sequência" e nem "sequência aleatória", antes.
4. Após um dia de 100% de acertos na leitura das palavras em "C", inicie a leitura das palavras em "PB", mas não deixe de fazer "sílabas na sequência", "sequência aleatória" e nem palavras em "C" antes.
5. Após um dia de 100% de acertos na leitura das palavras em "PB", inicie a próxima sílaba, sem deixar de fazer toda a sequência dessa sílaba antes, a fim de manter as habilidades aprendidas.

C= COLORIDO   PB= PRETO E BRANCO

Aprendiz: _____ Educador: _____ Data: ___/___/___

Sílabas na sequência					Sequência aleatória						TA	TU	TE	TO	TI	A	TU	TU	TI	O	I	A	TE
TA	TE	TI	TO	TU	TA	TE	TI	TO	TU	C													
										PB													

Aprendiz: _____ Educador: _____ Data: ___/___/___

Sílabas na sequência					Sequência aleatória						TA	TU	TE	TO	TI	A	TU	TU	TI	O	I	A	TE
TA	TE	TI	TO	TU	TA	TE	TI	TO	TU	C													
										PB													

Aprendiz: _____ Educador: _____ Data: ___/___/___

Sílabas na sequência					Sequência aleatória						TA	TU	TE	TO	TI	A	TU	TU	TI	O	I	A	TE
TA	TE	TI	TO	TU	TA	TE	TI	TO	TU	C													
										PB													

Aprendiz: _____ Educador: _____ Data: ___/___/___

Sílabas na sequência					Sequência aleatória						TA	TU	TE	TO	TI	A	TU	TU	TI	O	I	A	TE
TA	TE	TI	TO	TU	TA	TE	TI	TO	TU	C													
										PB													

Aprendiz: _____ Educador: _____ Data: ___/___/___

Sílabas na sequência					Sequência aleatória						TA	TU	TE	TO	TI	A	TU	TU	TI	O	I	A	TE
TA	TE	TI	TO	TU	TA	TE	TI	TO	TU	C													
										PB													

Aprendiz: _____ Educador: _____ Data: ___/___/___

Sílabas na sequência					Sequência aleatória						TA	TU	TE	TO	TI	A	TU	TU	TI	O	I	A	TE
TA	TE	TI	TO	TU	TA	TE	TI	TO	TU	C													
										PB													

MARCAÇÃO	
V – ACERTOU SEM AJUDAS	**X** – ACERTOU COM AJUDAS OU ERROU

FIGURA 17 – 1.3 ENSINO DE SÍLABAS SIMPLES (FALANTES): T

1.3 ENSINO DE SÍLABAS SIMPLES (FALANTES): L

PROCEDIMENTO: Sente em uma cadeira de frente para o aprendiz e obtenha a atenção dele. Apresente o material para o aprendiz nomear. Caso ele não consiga dê ajudas e elogie (ou ofereça algo que ele goste) quando fizer. Diminua as ajudas gradativamente.
1. Comece apenas com "sílabas na sequência" e faça somente essa etapa até o aprendiz conseguir 100% de acertos por um dia.
2. Após um dia de 100% de acertos em "sílabas na sequência", inicie "sequência aleatória", mas não deixe de fazer "sílabas na sequência" antes.
3. Após um dia de 100% de acertos em "sequência aleatória", inicie a leitura das palavras em "C", mas não deixe de fazer "sílabas na sequência" e nem "sequência aleatória", antes.
4. Após um dia de 100% de acertos na leitura das palavras em "C", inicie a leitura das palavras em "PB", mas não deixe de fazer "sílabas na sequência", "sequência aleatória" e nem palavras em "C" antes.
5. Após um dia de 100% de acertos na leitura das palavras em "PB", inicie a próxima sílaba, sem deixar de fazer toda a sequência dessa sílaba antes, a fim de manter as habilidades aprendidas.

C= COLORIDO   PB= PRETO E BRANCO

Aprendiz: _____ Educador: _____ Data: ___/___/___

Sílabas na sequência					Sequência aleatória						LU	TA	LE	I	TE	LA	LA	TA	LU	A	LE	I	TE
LA	LE	LI	LO	LU	LA	LE	LI	LO	LU	C													
										PB													

Aprendiz: _____ Educador: _____ Data: ___/___/___

Sílabas na sequência					Sequência aleatória						LU	TA	LE	I	TE	LA	LA	TA	LU	A	LE	I	TE
LA	LE	LI	LO	LU	LA	LE	LI	LO	LU	C													
										PB													

Aprendiz: _____ Educador: _____ Data: ___/___/___

Sílabas na sequência					Sequência aleatória						LU	TA	LE	I	TE	LA	LA	TA	LU	A	LE	I	TE
LA	LE	LI	LO	LU	LA	LE	LI	LO	LU	C													
										PB													

Aprendiz: _____ Educador: _____ Data: ___/___/___

Sílabas na sequência					Sequência aleatória						LU	TA	LE	I	TE	LA	LA	TA	LU	A	LE	I	TE
LA	LE	LI	LO	LU	LA	LE	LI	LO	LU	C													
										PB													

Aprendiz: _____ Educador: _____ Data: ___/___/___

Sílabas na sequência					Sequência aleatória						LU	TA	LE	I	TE	LA	LA	TA	LU	A	LE	I	TE
LA	LE	LI	LO	LU	LA	LE	LI	LO	LU	C													
										PB													

Aprendiz: _____ Educador: _____ Data: ___/___/___

Sílabas na sequência					Sequência aleatória						LU	TA	LE	I	TE	LA	LA	TA	LU	A	LE	I	TE
LA	LE	LI	LO	LU	LA	LE	LI	LO	LU	C													
										PB													

MARCAÇÃO	
V – ACERTOU SEM AJUDAS	X – ACERTOU COM AJUDAS OU ERROU

FIGURA 18 – 1.3 ENSINO DE SÍLABAS SIMPLES (FALANTES): L

1.3 ENSINO DE SÍLABAS SIMPLES (FALANTES): M

PROCEDIMENTO: Sente em uma cadeira de frente para o aprendiz e obtenha a atenção dele. Apresente o material para o aprendiz nomear. Caso ele não consiga dê ajudas e elogie (ou ofereça algo que ele goste) quando fizer. Diminua as ajudas gradativamente.
1. Comece apenas com "sílabas na sequência" e faça somente essa etapa até o aprendiz conseguir 100% de acertos por um dia.
2. Após um dia de 100% de acertos em "sílabas na sequência", inicie "sequência aleatória", mas não deixe de fazer "sílabas na sequência" antes.
3. Após um dia de 100% de acertos em "sequência aleatória", inicie a leitura das palavras em "C", mas não deixe de fazer "sílabas na sequência" e nem "sequência aleatória", antes.
4. Após um dia de 100% de acertos na leitura das palavras em "C", inicie a leitura das palavras em "PB", mas não deixe de fazer "sílabas na sequência", "sequência aleatória" e nem palavras em "C" antes.
5. Após um dia de 100% de acertos na leitura das palavras em "PB", inicie a próxima sílaba, sem deixar de fazer toda a sequência dessa sílaba antes, a fim de manter as habilidades aprendidas.

C= COLORIDO   PB= PRETO E BRANCO

Aprendiz: _____ Educador: _____ Data: ___/___/___

Sílabas na sequência					Sequência aleatória						MO	LA	MA	TO	TO	MA	TE	MA	LA	ME	I	A	MU	LE	TA
MA	ME	MI	MO	MU	MA	ME	MI	MO	MU	C															
										PB															

Aprendiz: _____ Educador: _____ Data: ___/___/___

Sílabas na sequência					Sequência aleatória						MO	LA	MA	TO	TO	MA	TE	MA	LA	ME	I	A	MU	LE	TA
MA	ME	MI	MO	MU	MA	ME	MI	MO	MU	C															
										PB															

Aprendiz: _____ Educador: _____ Data: ___/___/___

Sílabas na sequência					Sequência aleatória						MO	LA	MA	TO	TO	MA	TE	MA	LA	ME	I	A	MU	LE	TA
MA	ME	MI	MO	MU	MA	ME	MI	MO	MU	C															
										PB															

Aprendiz: _____ Educador: _____ Data: ___/___/___

Sílabas na sequência					Sequência aleatória						MO	LA	MA	TO	TO	MA	TE	MA	LA	ME	I	A	MU	LE	TA
MA	ME	MI	MO	MU	MA	ME	MI	MO	MU	C															
										PB															

Aprendiz: _____ Educador: _____ Data: ___/___/___

Sílabas na sequência					Sequência aleatória						MO	LA	MA	TO	TO	MA	TE	MA	LA	ME	I	A	MU	LE	TA
MA	ME	MI	MO	MU	MA	ME	MI	MO	MU	C															
										PB															

Aprendiz: _____ Educador: _____ Data: ___/___/___

Sílabas na sequência					Sequência aleatória						MO	LA	MA	TO	TO	MA	TE	MA	LA	ME	I	A	MU	LE	TA
MA	ME	MI	MO	MU	MA	ME	MI	MO	MU	C															
										PB															

MARCAÇÃO	
V – ACERTOU SEM AJUDAS	X –ACERTOU COM AJUDAS OU ERROU

FIGURA 19 – 1.3 ENSINO DE SÍLABAS SIMPLES (FALANTES): M

1.3 ENSINO DE SÍLABAS SIMPLES (FALANTES): F

PROCEDIMENTO: Sente em uma cadeira de frente para o aprendiz e obtenha a atenção dele. Apresente o material para o aprendiz nomear. Caso ele não consiga dê ajudas e elogie (ou ofereça algo que ele goste) quando fizer. Diminua as ajudas gradativamente.
1. Comece apenas com "sílabas na sequência" e faça somente essa etapa até o aprendiz conseguir 100% de acertos por um dia.
2. Após um dia de 100% de acertos em "sílabas na sequência", inicie "sequência aleatória", mas não deixe de fazer "sílabas na sequência" antes.
3. Após um dia de 100% de acertos em "sequência aleatória", inicie a leitura das palavras em "C", mas não deixe de fazer "sílabas na sequência" e nem "sequência aleatória" antes.
4. Após um dia de 100% de acertos na leitura das palavras em "C", inicie a leitura das palavras em "PB", mas não deixe de fazer "sílabas na sequência", "sequência aleatória" e nem palavras em "C" antes.
5. Após um dia de 100% de acertos na leitura das palavras em "PB", inicie a próxima sílaba, sem deixar de fazer toda a sequência dessa sílaba antes, a fim de manter as habilidades aprendidas.

C= COLORIDO   PB= PRETO E BRANCO

Aprendiz: _____ Educador: _____ Data: ___/___/___

Sílabas na sequência					Sequência aleatória						FI	LA	FO	ME	MO	FO	FO	LI	A	FA	TI	A	FA	MI	LI	A
FA	FE	FI	FO	FU	FA	FE	FI	FO	FU	**C**																
										PB																

Aprendiz: _____ Educador: _____ Data: ___/___/___

Sílabas na sequência					Sequência aleatória						FI	LA	FO	ME	MO	FO	FO	LI	A	FA	TI	A	FA	MI	LI	A
FA	FE	FI	FO	FU	FA	FE	FI	FO	FU	**C**																
										PB																

Aprendiz: _____ Educador: _____ Data: ___/___/___

Sílabas na sequência					Sequência aleatória						FI	LA	FO	ME	MO	FO	FO	LI	A	FA	TI	A	FA	MI	LI	A
FA	FE	FI	FO	FU	FA	FE	FI	FO	FU	**C**																
										PB																

Aprendiz: _____ Educador: _____ Data: ___/___/___

Sílabas na sequência					Sequência aleatória						FI	LA	FO	ME	MO	FO	FO	LI	A	FA	TI	A	FA	MI	LI	A
FA	FE	FI	FO	FU	FA	FE	FI	FO	FU	**C**																
										PB																

Aprendiz: _____ Educador: _____ Data: ___/___/___

Sílabas na sequência					Sequência aleatória						FI	LA	FO	ME	MO	FO	FO	LI	A	FA	TI	A	FA	MI	LI	A
FA	FE	FI	FO	FU	FA	FE	FI	FO	FU	**C**																
										PB																

Aprendiz: _____ Educador: _____ Data: ___/___/___

Sílabas na sequência					Sequência aleatória						FI	LA	FO	ME	MO	FO	FO	LI	A	FA	TI	A	FA	MI	LI	A
FA	FE	FI	FO	FU	FA	FE	FI	FO	FU	**C**																
										PB																

MARCAÇÃO	
V – ACERTOU SEM AJUDAS	**X** –ACERTOU COM AJUDAS OU ERROU

FIGURA 20 - 1.3 ENSINO DE SÍLABAS SIMPLES (FALANTES): F

1.3 ENSINO DE SÍLABAS SIMPLES (FALANTES): B

PROCEDIMENTO: Sente em uma cadeira de frente para o aprendiz e obtenha a atenção dele. Apresente o material para o aprendiz nomear. Caso ele não consiga dê ajudas e elogie (ou ofereça algo que ele goste) quando fizer. Diminua as ajudas gradativamente.
1. Comece apenas com "sílabas na sequência" e faça somente essa etapa até o aprendiz conseguir 100% de acertos por um dia.
2. Após um dia de 100% de acertos em "sílabas na sequência", inicie "sequência aleatória", mas não deixe de fazer "sílabas na sequência" antes.
3. Após um dia de 100% de acertos em "sequência aleatória", inicie a leitura das palavras em "C", mas não deixe de fazer "sílabas na sequência" e nem "sequência aleatória", antes.
4. Após um dia de 100% de acertos na leitura das palavras em "C", inicie a leitura das palavras em "PB", mas não deixe de fazer "sílabas na sequência", "sequência aleatória" e nem palavras em "C" antes.
5. Após um dia de 100% de acertos na leitura das palavras em "PB", inicie a próxima sílaba, sem deixar de fazer toda a sequência dessa sílaba antes, a fim de manter as habilidades aprendidas.

C= COLORIDO   PB= PRETO E BRANCO

Aprendiz: _____ **Educador:** _____ **Data:** ___/___/___

Sílabas na sequência					Sequência aleatória						BO	LA	BA	U	BI	FE	BA	TE	U	BE	LA	BA	LE	I	A
BA	BE	BI	BO	BU	BA	BE	BI	BO	BU	C															
										PB															

Aprendiz: _____ **Educador:** _____ **Data:** ___/___/___

Sílabas na sequência					Sequência aleatória						BO	LA	BA	U	BI	FE	BA	TE	U	BE	LA	BA	LE	I	A
BA	BE	BI	BO	BU	BA	BE	BI	BO	BU	C															
										PB															

Aprendiz: _____ **Educador:** _____ **Data:** ___/___/___

Sílabas na sequência					Sequência aleatória						BO	LA	BA	U	BI	FE	BA	TE	U	BE	LA	BA	LE	I	A
BA	BE	BI	BO	BU	BA	BE	BI	BO	BU	C															
										PB															

Aprendiz: _____ **Educador:** _____ **Data:** ___/___/___

Sílabas na sequência					Sequência aleatória						BO	LA	BA	U	BI	FE	BA	TE	U	BE	LA	BA	LE	I	A
BA	BE	BI	BO	BU	BA	BE	BI	BO	BU	C															
										PB															

Aprendiz: _____ **Educador:** _____ **Data:** ___/___/___

Sílabas na sequência					Sequência aleatória						BO	LA	BA	U	BI	FE	BA	TE	U	BE	LA	BA	LE	I	A
BA	BE	BI	BO	BU	BA	BE	BI	BO	BU	C															
										PB															

Aprendiz: _____ **Educador:** _____ **Data:** ___/___/___

Sílabas na sequência					Sequência aleatória						BO	LA	BA	U	BI	FE	BA	TE	U	BE	LA	BA	LE	I	A
BA	BE	BI	BO	BU	BA	BE	BI	BO	BU	C															
										PB															

MARCAÇÃO	
V - ACERTOU SEM AJUDAS	**X** - ACERTOU COM AJUDAS OU ERROU

FIGURA 21 - 1.3 ENSINO DE SÍLABAS SIMPLES (FALANTES): B

1.3 ENSINO DE SÍLABAS SIMPLES (FALANTES): R

PROCEDIMENTO: Sente em uma cadeira de frente para o aprendiz e obtenha a atenção dele. Apresente o material para o aprendiz nomear. Caso ele não consiga dê ajudas e elogie (ou ofereça algo que ele goste) quando fizer. Diminua as ajudas gradativamente.
1. Comece apenas com "sílabas na sequência" e faça somente essa etapa até o aprendiz conseguir 100% de acertos por um dia.
2. Após um dia de 100% de acertos em "sílabas na sequência", inicie "sequência aleatória", mas não deixe de fazer "sílabas na sequência" antes.
3. Após um dia de 100% de acertos em "sequência aleatória", inicie a leitura das palavras em "C", mas não deixe de fazer "sílabas na sequência" e nem "sequência aleatória" antes.
4. Após um dia de 100% de acertos na leitura das palavras em "C", inicie a leitura das palavras em "PB", mas não deixe de fazer "sílabas na sequência", "sequência aleatória" e nem palavras em "C" antes.
5. Após um dia de 100% de acertos na leitura das palavras em "PB", inicie a próxima sílaba, sem deixar de fazer toda a sequência dessa sílaba antes, a fim de manter as habilidades aprendidas.

C= COLORIDO   PB= PRETO E BRANCO

Aprendiz: _____ Educador: _____ Data: ___/___/____

Sílabas na sequência					Sequência aleatória						RA	TO	RI	O	RI	MA	RI	FA	RA	BO	RO	LO
RA	RE	RI	RO	RU	RA	RE	RI	RO	RU	C												
										PB												

Aprendiz: _____ Educador: _____ Data: ___/___/____

Sílabas na sequência					Sequência aleatória						RA	TO	RI	O	RI	MA	RI	FA	RA	BO	RO	LO
RA	RE	RI	RO	RU	RA	RE	RI	RO	RU	C												
										PB												

Aprendiz: _____ Educador: _____ Data: ___/___/____

Sílabas na sequência					Sequência aleatória						RA	TO	RI	O	RI	MA	RI	FA	RA	BO	RO	LO
RA	RE	RI	RO	RU	RA	RE	RI	RO	RU	C												
										PB												

Aprendiz: _____ Educador: _____ Data: ___/___/____

Sílabas na sequência					Sequência aleatória						RA	TO	RI	O	RI	MA	RI	FA	RA	BO	RO	LO
RA	RE	RI	RO	RU	RA	RE	RI	RO	RU	C												
										PB												

Aprendiz: _____ Educador: _____ Data: ___/___/____

Sílabas na sequência					Sequência aleatória						RA	TO	RI	O	RI	MA	RI	FA	RA	BO	RO	LO
RA	RE	RI	RO	RU	RA	RE	RI	RO	RU	C												
										PB												

Aprendiz: _____ Educador: _____ Data: ___/___/____

Sílabas na sequência					Sequência aleatória						RA	TO	RI	O	RI	MA	RI	FA	RA	BO	RO	LO
RA	RE	RI	RO	RU	RA	RE	RI	RO	RU	C												
										PB												

MARCAÇÃO	
V – ACERTOU SEM AJUDAS	X – ACERTOU COM AJUDAS OU ERROU

FIGURA 22 – 1.3 ENSINO DE SÍLABAS SIMPLES (FALANTES): R

1.3 ENSINO DE SÍLABAS SIMPLES (FALANTES): P

PROCEDIMENTO: Sente em uma cadeira de frente para o aprendiz e obtenha a atenção dele. Apresente o material para o aprendiz nomear. Caso ele não consiga dê ajudas e elogie (ou ofereça algo que ele goste) quando fizer. Diminua as ajudas gradativamente.
1. Comece apenas com "sílabas na sequência" e faça somente essa etapa até o aprendiz conseguir 100% de acertos por um dia.
2. Após um dia de 100% de acertos em "sílabas na sequência", inicie "sequência aleatória", mas não deixe de fazer "sílabas na sequência" antes.
3. Após um dia de 100% de acertos em "sequência aleatória", inicie a leitura das palavras em "C", mas não deixe de fazer "sílabas na sequência" e nem "sequência aleatória", antes.
4. Após um dia de 100% de acertos na leitura das palavras em "C", inicie a leitura das palavras em "PB", mas não deixe de fazer "sílabas na sequência", "sequência aleatória" e nem palavras em "C" antes.
5. Após um dia de 100% de acertos na leitura das palavras em "PB", inicie a próxima sílaba, sem deixar de fazer toda a sequência dessa sílaba antes, a fim de manter as habilidades aprendidas.

C= COLORIDO   PB= PRETO E BRANCO

Aprendiz: _____ Educador: _____ Data: ___/___/___

Sílabas na sequência					Sequência aleatória						PA	TO	MA	PA	A	PI	TO	PI	PA	PA	LI	TO	PI	A
PA	PE	PI	PO	PU	PA	PE	PI	PO	PU	C														
										PB														

Aprendiz: _____ Educador: _____ Data: ___/___/___

Sílabas na sequência					Sequência aleatória						PA	TO	MA	PA	A	PI	TO	PI	PA	PA	LI	TO	PI	A
PA	PE	PI	PO	PU	PA	PE	PI	PO	PU	C														
										PB														

Aprendiz: _____ Educador: _____ Data: ___/___/___

Sílabas na sequência					Sequência aleatória						PA	TO	MA	PA	A	PI	TO	PI	PA	PA	LI	TO	PI	A
PA	PE	PI	PO	PU	PA	PE	PI	PO	PU	C														
										PB														

Aprendiz: _____ Educador: _____ Data: ___/___/___

Sílabas na sequência					Sequência aleatória						PA	TO	MA	PA	A	PI	TO	PI	PA	PA	LI	TO	PI	A
PA	PE	PI	PO	PU	PA	PE	PI	PO	PU	C														
										PB														

Aprendiz: _____ Educador: _____ Data: ___/___/___

Sílabas na sequência					Sequência aleatória						PA	TO	MA	PA	A	PI	TO	PI	PA	PA	LI	TO	PI	A
PA	PE	PI	PO	PU	PA	PE	PI	PO	PU	C														
										PB														

Aprendiz: _____ Educador: _____ Data: ___/___/___

Sílabas na sequência					Sequência aleatória						PA	TO	MA	PA	A	PI	TO	PI	PA	PA	LI	TO	PI	A
PA	PE	PI	PO	PU	PA	PE	PI	PO	PU	C														
										PB														

MARCAÇÃO	
V – ACERTOU SEM AJUDAS	**X** – ACERTOU COM AJUDAS OU ERROU

FIGURA 23 – 1.3 ENSINO DE SÍLABAS SIMPLES (FALANTES): P

1.3 ENSINO DE SÍLABAS SIMPLES (FALANTES): N

PROCEDIMENTO: Sente em uma cadeira de frente para o aprendiz e obtenha a atenção dele. Apresente o material para o aprendiz nomear. Caso ele não consiga dê ajudas e elogie (ou ofereça algo que ele goste) quando fizer. Diminua as ajudas gradativamente.
1. Comece apenas com "sílabas na sequência" e faça somente essa etapa até o aprendiz conseguir 100% de acertos por um dia.
2. Após um dia de 100% de acertos em "sílabas na sequência", inicie "sequência aleatória", mas não deixe de fazer "sílabas na sequência" antes.
3. Após um dia de 100% de acertos em "sequência aleatória", inicie a leitura das palavras em "C", mas não deixe de fazer "sílabas na sequência" e nem "sequência aleatória", antes.
4. Após um dia de 100% de acertos na leitura das palavras em "C", inicie a leitura das palavras em "PB", mas não deixe de fazer "sílabas na sequência", "sequência aleatória" e nem palavras em "C" antes.
5. Após um dia de 100% de acertos na leitura das palavras em "PB", inicie a próxima sílaba, sem deixar de fazer toda a sequência dessa sílaba antes, a fim de manter as habilidades aprendidas.

C= COLORIDO   PB= PRETO E BRANCO

Aprendiz: _____ **Educador:** _____ **Data:** ___/___/____

Sílabas na sequência					Sequência aleatória						NO	ME	PE	NA	ME	NI	NA	PA	NE	LA	NE	TO	A	LU	NO
NA	NE	NI	NO	NU	NA	NE	NI	NO	NU	C															
										PB															

Aprendiz: _____ **Educador:** _____ **Data:** ___/___/____

Sílabas na sequência					Sequência aleatória						NO	ME	PE	NA	ME	NI	NA	PA	NE	LA	NE	TO	A	LU	NO
NA	NE	NI	NO	NU	NA	NE	NI	NO	NU	C															
										PB															

Aprendiz: _____ **Educador:** _____ **Data:** ___/___/____

Sílabas na sequência					Sequência aleatória						NO	ME	PE	NA	ME	NI	NA	PA	NE	LA	NE	TO	A	LU	NO
NA	NE	NI	NO	NU	NA	NE	NI	NO	NU	C															
										PB															

Aprendiz: _____ **Educador:** _____ **Data:** ___/___/____

Sílabas na sequência					Sequência aleatória						NO	ME	PE	NA	ME	NI	NA	PA	NE	LA	NE	TO	A	LU	NO
NA	NE	NI	NO	NU	NA	NE	NI	NO	NU	C															
										PB															

Aprendiz: _____ **Educador:** _____ **Data:** ___/___/____

Sílabas na sequência					Sequência aleatória						NO	ME	PE	NA	ME	NI	NA	PA	NE	LA	NE	TO	A	LU	NO
NA	NE	NI	NO	NU	NA	NE	NI	NO	NU	C															
										PB															

Aprendiz: _____ **Educador:** _____ **Data:** ___/___/____

Sílabas na sequência					Sequência aleatória						NO	ME	PE	NA	ME	NI	NA	PA	NE	LA	NE	TO	A	LU	NO
NA	NE	NI	NO	NU	NA	NE	NI	NO	NU	C															
										PB															

MARCAÇÃO	
V – ACERTOU SEM AJUDAS	**X** – ACERTOU COM AJUDAS OU ERROU

FIGURA 24 - 1.3 ENSINO DE SÍLABAS SIMPLES (FALANTES): N

1.3 ENSINO DE SÍLABAS SIMPLES (FALANTES): V

PROCEDIMENTO: Sente em uma cadeira de frente para o aprendiz e obtenha a atenção dele. Apresente o material para o aprendiz nomear. Caso ele não consiga dê ajudas e elogie (ou ofereça algo que ele goste) quando fizer. Diminua as ajudas gradativamente.
1. Comece apenas com "sílabas na sequência" e faça somente essa etapa até o aprendiz conseguir 100% de acertos por um dia.
2. Após um dia de 100% de acertos em "sílabas na sequência", inicie "sequência aleatória", mas não deixe de fazer "sílabas na sequência" antes.
3. Após um dia de 100% de acertos em "sequência aleatória", inicie a leitura das palavras em "C", mas não deixe de fazer "sílabas na sequência" e nem "sequência aleatória", antes.
4. Após um dia de 100% de acertos na leitura das palavras em "C", inicie a leitura das palavras em "PB", mas não deixe de fazer "sílabas na sequência", "sequência aleatória" e nem palavras em "C" antes.
5. Após um dia de 100% de acertos na leitura das palavras em "PB", inicie a próxima sílaba, sem deixar de fazer toda a sequência dessa sílaba antes, a fim de manter as habilidades aprendidas.

C= COLORIDO   PB= PRETO E BRANCO

Aprendiz: _____ Educador: _____ Data: ___/___/___

Sílabas na sequência					Sequência aleatória						NO	VE	LU	VA	NO	VE	LA	VO	VO	VE	LA	VI	O	LE	TA
VA	VE	VI	VO	VU	VA	VE	VI	VO	VU	C															
										PB															

Aprendiz: _____ Educador: _____ Data: ___/___/___

Sílabas na sequência					Sequência aleatória						NO	VE	LU	VA	NO	VE	LA	VO	VO	VE	LA	VI	O	LE	TA
VA	VE	VI	VO	VU	VA	VE	VI	VO	VU	C															
										PB															

Aprendiz: _____ Educador: _____ Data: ___/___/___

Sílabas na sequência					Sequência aleatória						NO	VE	LU	VA	NO	VE	LA	VO	VO	VE	LA	VI	O	LE	TA
VA	VE	VI	VO	VU	VA	VE	VI	VO	VU	C															
										PB															

Aprendiz: _____ Educador: _____ Data: ___/___/___

Sílabas na sequência					Sequência aleatória						NO	VE	LU	VA	NO	VE	LA	VO	VO	VE	LA	VI	O	LE	TA
VA	VE	VI	VO	VU	VA	VE	VI	VO	VU	C															
										PB															

Aprendiz: _____ Educador: _____ Data: ___/___/___

Sílabas na sequência					Sequência aleatória						NO	VE	LU	VA	NO	VE	LA	VO	VO	VE	LA	VI	O	LE	TA
VA	VE	VI	VO	VU	VA	VE	VI	VO	VU	C															
										PB															

Aprendiz: _____ Educador: _____ Data: ___/___/___

Sílabas na sequência					Sequência aleatória						NO	VE	LU	VA	NO	VE	LA	VO	VO	VE	LA	VI	O	LE	TA
VA	VE	VI	VO	VU	VA	VE	VI	VO	VU	C															
										PB															

MARCAÇÃO	
V – ACERTOU SEM AJUDAS	**X** – ACERTOU COM AJUDAS OU ERROU

FIGURA 25 – 1.3 ENSINO DE SÍLABAS SIMPLES (FALANTES): V

1.3 ENSINO DE SÍLABAS SIMPLES (FALANTES): S

PROCEDIMENTO: Sente em uma cadeira de frente para o aprendiz e obtenha a atenção dele. Apresente o material para o aprendiz nomear. Caso ele não consiga dê ajudas e elogie (ou ofereça algo que ele goste) quando fizer. Diminua as ajudas gradativamente.
1. Comece apenas com "sílabas na sequência" e faça somente essa etapa até o aprendiz conseguir 100% de acertos por um dia.
2. Após um dia de 100% de acertos em "sílabas na sequência", inicie "sequência aleatória", mas não deixe de fazer "sílabas na sequência" antes.
3. Após um dia de 100% de acertos em "sequência aleatória", inicie a leitura das palavras em "C", mas não deixe de fazer "sílabas na sequência" e nem "sequência aleatória", antes.
4. Após um dia de 100% de acertos na leitura das palavras em "C", inicie a leitura das palavras em "PB", mas não deixe de fazer "sílabas na sequência", "sequência aleatória" e nem palavras em "C" antes.
5. Após um dia de 100% de acertos na leitura das palavras em "PB", inicie a próxima sílaba, sem deixar de fazer toda a sequência dessa sílaba antes, a fim de manter as habilidades aprendidas.

C= COLORIDO   PB= PRETO E BRANCO

Aprendiz: _____ Educador: _____ Data: __/__/__

Sílabas na sequência					Sequência aleatória						SA	PO	SO	FA	SA	LA	SA	PA	TO	SE	TE	SA	BO	NE	TE
SA	SE	SI	SO	SU	SA	SE	SI	SO	SU	C															
										PB															

Aprendiz: _____ Educador: _____ Data: __/__/__

Sílabas na sequência					Sequência aleatória						SA	PO	SO	FA	SA	LA	SA	PA	TO	SE	TE	SA	BO	NE	TE
SA	SE	SI	SO	SU	SA	SE	SI	SO	SU	C															
										PB															

Aprendiz: _____ Educador: _____ Data: __/__/__

Sílabas na sequência					Sequência aleatória						SA	PO	SO	FA	SA	LA	SA	PA	TO	SE	TE	SA	BO	NE	TE
SA	SE	SI	SO	SU	SA	SE	SI	SO	SU	C															
										PB															

Aprendiz: _____ Educador: _____ Data: __/__/__

Sílabas na sequência					Sequência aleatória						SA	PO	SO	FA	SA	LA	SA	PA	TO	SE	TE	SA	BO	NE	TE
SA	SE	SI	SO	SU	SA	SE	SI	SO	SU	C															
										PB															

Aprendiz: _____ Educador: _____ Data: __/__/__

Sílabas na sequência					Sequência aleatória						SA	PO	SO	FA	SA	LA	SA	PA	TO	SE	TE	SA	BO	NE	TE
SA	SE	SI	SO	SU	SA	SE	SI	SO	SU	C															
										PB															

Aprendiz: _____ Educador: _____ Data: __/__/__

Sílabas na sequência					Sequência aleatória						SA	PO	SO	FA	SA	LA	SA	PA	TO	SE	TE	SA	BO	NE	TE
SA	SE	SI	SO	SU	SA	SE	SI	SO	SU	C															
										PB															

MARCAÇÃO	
V – ACERTOU SEM AJUDAS	**X** – ACERTOU COM AJUDAS OU ERROU

FIGURA 26 – 1.3 ENSINO DE SÍLABAS SIMPLES (FALANTES): S

1.3 ENSINO DE SÍLABAS SIMPLES (FALANTES): D

PROCEDIMENTO: Sente em uma cadeira de frente para o aprendiz e obtenha a atenção dele. Apresente o material para o aprendiz nomear. Caso ele não consiga dê ajudas e elogie (ou ofereça algo que ele goste) quando fizer. Diminua as ajudas gradativamente.
1. Comece apenas com "sílabas na sequência" e faça somente essa etapa até o aprendiz conseguir 100% de acertos por um dia.
2. Após um dia de 100% de acertos em "sílabas na sequência", inicie "sequência aleatória", mas não deixe de fazer "sílabas na sequência" antes.
3. Após um dia de 100% de acertos em "sequência aleatória", inicie a leitura das palavras em "C", mas não deixe de fazer "sílabas na sequência" e nem "sequência aleatória", antes.
4. Após um dia de 100% de acertos na leitura das palavras em "C", inicie a leitura das palavras em "PB", mas não deixe de fazer "sílabas na sequência", "sequência aleatória" e nem palavras em "C" antes.
5. Após um dia de 100% de acertos na leitura das palavras em "PB", inicie a próxima sílaba, sem deixar de fazer toda a sequência dessa sílaba antes, a fim de manter as habilidades aprendidas.

C= COLORIDO   PB= PRETO E BRANCO

Aprendiz: _____ Educador: _____ Data: ___/___/___

Sílabas na sequência					Sequência aleatória						DA	DO	RO	DA	DI	A	SA	LA	DA	I	DA	DE	DA	TA
DA	DE	DI	DO	DU	DA	DE	DI	DO	DU	C														
										PB														

Aprendiz: _____ Educador: _____ Data: ___/___/___

Sílabas na sequência					Sequência aleatória						DA	DO	RO	DA	DI	A	SA	LA	DA	I	DA	DE	DA	TA
DA	DE	DI	DO	DU	DA	DE	DI	DO	DU	C														
										PB														

Aprendiz: _____ Educador: _____ Data: ___/___/___

Sílabas na sequência					Sequência aleatória						DA	DO	RO	DA	DI	A	SA	LA	DA	I	DA	DE	DA	TA
DA	DE	DI	DO	DU	DA	DE	DI	DO	DU	C														
										PB														

Aprendiz: _____ Educador: _____ Data: ___/___/___

Sílabas na sequência					Sequência aleatória						DA	DO	RO	DA	DI	A	SA	LA	DA	I	DA	DE	DA	TA
DA	DE	DI	DO	DU	DA	DE	DI	DO	DU	C														
										PB														

Aprendiz: _____ Educador: _____ Data: ___/___/___

Sílabas na sequência					Sequência aleatória						DA	DO	RO	DA	DI	A	SA	LA	DA	I	DA	DE	DA	TA
DA	DE	DI	DO	DU	DA	DE	DI	DO	DU	C														
										PB														

Aprendiz: _____ Educador: _____ Data: ___/___/___

Sílabas na sequência					Sequência aleatória						DA	DO	RO	DA	DI	A	SA	LA	DA	I	DA	DE	DA	TA
DA	DE	DI	DO	DU	DA	DE	DI	DO	DU	C														
										PB														

MARCAÇÃO	
V – ACERTOU SEM AJUDAS	**X** –ACERTOU COM AJUDAS OU ERROU

FIGURA 27 – 1.3 ENSINO DE SÍLABAS SIMPLES (FALANTES): D

1.3 ENSINO DE SÍLABAS SIMPLES (FALANTES): J

PROCEDIMENTO: Sente em uma cadeira de frente para o aprendiz e obtenha a atenção dele. Apresente o material para o aprendiz nomear. Caso ele não consiga dê ajudas e elogie (ou ofereça algo que ele goste) quando fizer. Diminua as ajudas gradativamente.
1. Comece apenas com "sílabas na sequência" e faça somente essa etapa até o aprendiz conseguir 100% de acertos por um dia.
2. Após um dia de 100% de acertos em "sílabas na sequência", inicie "sequência aleatória", mas não deixe de fazer "sílabas na sequência" antes.
3. Após um dia de 100% de acertos em "sequência aleatória", inicie a leitura das palavras em "C", mas não deixe de fazer "sílabas na sequência" e nem "sequência aleatória", antes.
4. Após um dia de 100% de acertos na leitura das palavras em "C", inicie a leitura das palavras em "PB", mas não deixe de fazer "sílabas na sequência", "sequência aleatória" e nem palavras em "C" antes.
5. Após um dia de 100% de acertos na leitura das palavras em "PB", inicie a próxima sílaba, sem deixar de fazer toda a sequência dessa sílaba antes, a fim de manter as habilidades aprendidas.

C= COLORIDO   PB= PRETO E BRANCO

Aprendiz: _____ Educador: _____ Data: ___/___/___

Sílabas na sequência					Sequência aleatória						SU	JO	JU	BA	JI	LO	PA	JE	BE	I	JO	JA	NE	LA
JA	JE	JI	JO	JU	JA	JE	JI	JO	JU	**C**														
										PB														

Aprendiz: _____ Educador: _____ Data: ___/___/___

Sílabas na sequência					Sequência aleatória						SU	JO	JU	BA	JI	LO	PA	JE	BE	I	JO	JA	NE	LA
JA	JE	JI	JO	JU	JA	JE	JI	JO	JU	**C**														
										PB														

Aprendiz: _____ Educador: _____ Data: ___/___/___

Sílabas na sequência					Sequência aleatória						SU	JO	JU	BA	JI	LO	PA	JE	BE	I	JO	JA	NE	LA
JA	JE	JI	JO	JU	JA	JE	JI	JO	JU	**C**														
										PB														

Aprendiz: _____ Educador: _____ Data: ___/___/___

Sílabas na sequência					Sequência aleatória						SU	JO	JU	BA	JI	LO	PA	JE	BE	I	JO	JA	NE	LA
JA	JE	JI	JO	JU	JA	JE	JI	JO	JU	**C**														
										PB														

Aprendiz: _____ Educador: _____ Data: ___/___/___

Sílabas na sequência					Sequência aleatória						SU	JO	JU	BA	JI	LO	PA	JE	BE	I	JO	JA	NE	LA
JA	JE	JI	JO	JU	JA	JE	JI	JO	JU	**C**														
										PB														

Aprendiz: _____ Educador: _____ Data: ___/___/___

Sílabas na sequência					Sequência aleatória						SU	JO	JU	BA	JI	LO	PA	JE	BE	I	JO	JA	NE	LA
JA	JE	JI	JO	JU	JA	JE	JI	JO	JU	**C**														
										PB														

MARCAÇÃO	
V – ACERTOU SEM AJUDAS	**X** – ACERTOU COM AJUDAS OU ERROU

FIGURA 28 – 1.3 ENSINO DE SÍLABAS SIMPLES (FALANTES): J

1.3 ENSINO DE SÍLABAS SIMPLES (FALANTES): X

PROCEDIMENTO: Sente em uma cadeira de frente para o aprendiz e obtenha a atenção dele. Apresente o material para o aprendiz nomear. Caso ele não consiga dê ajudas e elogie (ou ofereça algo que ele goste) quando fizer. Diminua as ajudas gradativamente.
1. Comece apenas com "sílabas na sequência" e faça somente essa etapa até o aprendiz conseguir 100% de acertos por um dia.
2. Após um dia de 100% de acertos em "sílabas na sequência", inicie "sequência aleatória", mas não deixe de fazer "sílabas na sequência" antes.
3. Após um dia de 100% de acertos em "sequência aleatória", inicie a leitura das palavras em "C", mas não deixe de fazer "sílabas na sequência" e nem "sequência aleatória", antes.
4. Após um dia de 100% de acertos na leitura das palavras em "C", inicie a leitura das palavras em "PB", mas não deixe de fazer "sílabas na sequência", "sequência aleatória" e nem palavras em "C" antes.
5. Após um dia de 100% de acertos na leitura das palavras em "PB", inicie a próxima sílaba, sem deixar de fazer toda a sequência dessa sílaba antes, a fim de manter as habilidades aprendidas.

C= COLORIDO   PB= PRETO E BRANCO

Aprendiz: _____ Educador: _____ Data: ___/___/____

Sílabas na sequência					Sequência aleatória						XA	LE	LI	XO	PE	I	XE	RO	XO	FA	XI	NA	TA	XA
XA	XE	XI	XO	XU	XA	XE	XI	XO	XU	C														
										PB														

Aprendiz: _____ Educador: _____ Data: ___/___/____

Sílabas na sequência					Sequência aleatória						XA	LE	LI	XO	PE	I	XE	RO	XO	FA	XI	NA	TA	XA
XA	XE	XI	XO	XU	XA	XE	XI	XO	XU	C														
										PB														

Aprendiz: _____ Educador: _____ Data: ___/___/____

Sílabas na sequência					Sequência aleatória						XA	LE	LI	XO	PE	I	XE	RO	XO	FA	XI	NA	TA	XA
XA	XE	XI	XO	XU	XA	XE	XI	XO	XU	C														
										PB														

Aprendiz: _____ Educador: _____ Data: ___/___/____

Sílabas na sequência					Sequência aleatória						XA	LE	LI	XO	PE	I	XE	RO	XO	FA	XI	NA	TA	XA
XA	XE	XI	XO	XU	XA	XE	XI	XO	XU	C														
										PB														

Aprendiz: _____ Educador: _____ Data: ___/___/____

Sílabas na sequência					Sequência aleatória						XA	LE	LI	XO	PE	I	XE	RO	XO	FA	XI	NA	TA	XA
XA	XE	XI	XO	XU	XA	XE	XI	XO	XU	C														
										PB														

Aprendiz: _____ Educador: _____ Data: ___/___/____

Sílabas na sequência					Sequência aleatória						XA	LE	LI	XO	PE	I	XE	RO	XO	FA	XI	NA	TA	XA
XA	XE	XI	XO	XU	XA	XE	XI	XO	XU	C														
										PB														

MARCAÇÃO	
V – ACERTOU SEM AJUDAS	**X** – ACERTOU COM AJUDAS OU ERROU

FIGURA 29 – 1.3 ENSINO DE SÍLABAS SIMPLES (FALANTES): X

1.3 ENSINO DE SÍLABAS SIMPLES (FALANTES): Z

PROCEDIMENTO: Sente em uma cadeira de frente para o aprendiz e obtenha a atenção dele. Apresente o material para o aprendiz nomear. Caso ele não consiga dê ajudas e elogie (ou ofereça algo que ele goste) quando fizer. Diminua as ajudas gradativamente.
1. Comece apenas com "sílabas na sequência" e faça somente essa etapa até o aprendiz conseguir 100% de acertos por um dia.
2. Após um dia de 100% de acertos em "sílabas na sequência", inicie "sequência aleatória", mas não deixe de fazer "sílabas na sequência" antes.
3. Após um dia de 100% de acertos em "sequência aleatória", inicie a leitura das palavras em "C", mas não deixe de fazer "sílabas na sequência" e nem "sequência aleatória", antes.
4. Após um dia de 100% de acertos na leitura das palavras em "C", inicie a leitura das palavras em "PB", mas não deixe de fazer "sílabas na sequência", "sequência aleatória" e nem palavras em "C" antes.
5. Após um dia de 100% de acertos na leitura das palavras em "PB", inicie a próxima sílaba, sem deixar de fazer toda a sequência dessa sílaba antes, a fim de manter as habilidades aprendidas.

C= COLORIDO   PB= PRETO E BRANCO

Aprendiz: _____ Educador: _____ Data: ___/___/___

Sílabas na sequência					Sequência aleatória						ZE	BU	BU	ZI	NA	A	ZE	DO	DO	ZE	VA	ZI	O	BE	LE	ZA
ZA	ZE	ZI	ZO	ZU	ZA	ZE	ZI	ZO	ZU	C																
										PB																

Aprendiz: _____ Educador: _____ Data: ___/___/___

Sílabas na sequência					Sequência aleatória						ZE	BU	BU	ZI	NA	A	ZE	DO	DO	ZE	VA	ZI	O	BE	LE	ZA
ZA	ZE	ZI	ZO	ZU	ZA	ZE	ZI	ZO	ZU	C																
										PB																

Aprendiz: _____ Educador: _____ Data: ___/___/___

Sílabas na sequência					Sequência aleatória						ZE	BU	BU	ZI	NA	A	ZE	DO	DO	ZE	VA	ZI	O	BE	LE	ZA
ZA	ZE	ZI	ZO	ZU	ZA	ZE	ZI	ZO	ZU	C																
										PB																

Aprendiz: _____ Educador: _____ Data: ___/___/___

Sílabas na sequência					Sequência aleatória						ZE	BU	BU	ZI	NA	A	ZE	DO	DO	ZE	VA	ZI	O	BE	LE	ZA
ZA	ZE	ZI	ZO	ZU	ZA	ZE	ZI	ZO	ZU	C																
										PB																

Aprendiz: _____ Educador: _____ Data: ___/___/___

Sílabas na sequência					Sequência aleatória						ZE	BU	BU	ZI	NA	A	ZE	DO	DO	ZE	VA	ZI	O	BE	LE	ZA
ZA	ZE	ZI	ZO	ZU	ZA	ZE	ZI	ZO	ZU	C																
										PB																

Aprendiz: _____ Educador: _____ Data: ___/___/___

Sílabas na sequência					Sequência aleatória						ZE	BU	BU	ZI	NA	A	ZE	DO	DO	ZE	VA	ZI	O	BE	LE	ZA
ZA	ZE	ZI	ZO	ZU	ZA	ZE	ZI	ZO	ZU	C																
										PB																

MARCAÇÃO	
V – ACERTOU SEM AJUDAS	**X** – ACERTOU COM AJUDAS OU ERROU

FIGURA 30 – 1.3 ENSINO DE SÍLABAS SIMPLES (FALANTES): Z

1.3 ENSINO DE SÍLABAS SIMPLES (FALANTES): C

PROCEDIMENTO: Sente em uma cadeira de frente para o aprendiz e obtenha a atenção dele. Apresente o material para o aprendiz nomear. Caso ele não consiga dê ajudas e elogie (ou ofereça algo que ele goste) quando fizer. Diminua as ajudas gradativamente.
1. Comece apenas com "sílabas na sequência" e faça somente essa etapa até o aprendiz conseguir 100% de acertos por um dia.
2. Após um dia de 100% de acertos em "sílabas na sequência", inicie "sequência aleatória", mas não deixe de fazer "sílabas na sequência" antes.
3. Após um dia de 100% de acertos em "sequência aleatória", inicie a leitura das palavras em "C", mas não deixe de fazer "sílabas na sequência" e nem "sequência aleatória", antes.
4. Após um dia de 100% de acertos na leitura das palavras em "C", inicie a leitura das palavras em "PB", mas não deixe de fazer "sílabas na sequência", "sequência aleatória" e nem palavras em "C" antes.
5. Após um dia de 100% de acertos na leitura das palavras em "PB", inicie a próxima sílaba, sem deixar de fazer toda a sequência dessa sílaba antes, a fim de manter as habilidades aprendidas.

C= COLORIDO   PB= PRETO E BRANCO

Aprendiz: _____ **Educador:** _____ **Data:** ___/___/___

Sílabas na sequência			Sequência aleatória				CA	LO	FA	CA	SA	CO	LA	CU	E	CA	CO	XA	A	BA	CA	XI
CA	CO	CU	CA	CO	CU	C																
						PB																

Aprendiz: _____ **Educador:** _____ **Data:** ___/___/___

Sílabas na sequência			Sequência aleatória				CA	LO	FA	CA	SA	CO	LA	CU	E	CA	CO	XA	A	BA	CA	XI
CA	CO	CU	CA	CO	CU	C																
						PB																

Aprendiz: _____ **Educador:** _____ **Data:** ___/___/___

Sílabas na sequência			Sequência aleatória				CA	LO	FA	CA	SA	CO	LA	CU	E	CA	CO	XA	A	BA	CA	XI
CA	CO	CU	CA	CO	CU	C																
						PB																

Aprendiz: _____ **Educador:** _____ **Data:** ___/___/___

Sílabas na sequência			Sequência aleatória				CA	LO	FA	CA	SA	CO	LA	CU	E	CA	CO	XA	A	BA	CA	XI
CA	CO	CU	CA	CO	CU	C																
						PB																

Aprendiz: _____ **Educador:** _____ **Data:** ___/___/___

Sílabas na sequência			Sequência aleatória				CA	LO	FA	CA	SA	CO	LA	CU	E	CA	CO	XA	A	BA	CA	XI
CA	CO	CU	CA	CO	CU	C																
						PB																

Aprendiz: _____ **Educador:** _____ **Data:** ___/___/___

Sílabas na sequência			Sequência aleatória				CA	LO	FA	CA	SA	CO	LA	CU	E	CA	CO	XA	A	BA	CA	XI
CA	CO	CU	CA	CO	CU	C																
						PB																

MARCAÇÃO	
V - ACERTOU SEM AJUDAS	**X** - ACERTOU COM AJUDAS OU ERROU

FIGURA 31 - 1.3 ENSINO DE SÍLABAS SIMPLES (FALANTES): C

1.3 ENSINO DE SÍLABAS SIMPLES (FALANTES): G

PROCEDIMENTO: Sente em uma cadeira de frente para o aprendiz e obtenha a atenção dele. Apresente o material para o aprendiz nomear. Caso ele não consiga dê ajudas e elogie (ou ofereça algo que ele goste) quando fizer. Diminua as ajudas gradativamente.
1. Comece apenas com "sílabas na sequência" e faça somente essa etapa até o aprendiz conseguir 100% de acertos por um dia.
2. Após um dia de 100% de acertos em "sílabas na sequência", inicie "sequência aleatória", mas não deixe de fazer "sílabas na sequência" antes.
3. Após um dia de 100% de acertos em "sequência aleatória", inicie a leitura das palavras em "C", mas não deixe de fazer "sílabas na sequência" e nem "sequência aleatória", antes.
4. Após um dia de 100% de acertos na leitura das palavras em "C", inicie a leitura das palavras em "PB", mas não deixe de fazer "sílabas na sequência", "sequência aleatória" e nem palavras em "C" antes.
5. Após um dia de 100% de acertos na leitura das palavras em "PB", inicie a próxima sílaba, sem deixar de fazer toda a sequência dessa sílaba antes, a fim de manter as habilidades aprendidas.

C= COLORIDO   PB= PRETO E BRANCO

Aprendiz: _____ Educador: _____ Data: ___/___/___

Sílabas na sequência			Sequência aleatória				GA	TO	GO	MA	GU	LA	FO	GO	BI	GO	DE	BE	XI	GA
GA	GO	GU	GA	GO	GU	C														
						PB														

Aprendiz: _____ Educador: _____ Data: ___/___/___

Sílabas na sequência			Sequência aleatória				GA	TO	GO	MA	GU	LA	FO	GO	BI	GO	DE	BE	XI	GA
GA	GO	GU	GA	GO	GU	C														
						PB														

Aprendiz: _____ Educador: _____ Data: ___/___/___

Sílabas na sequência			Sequência aleatória				GA	TO	GO	MA	GU	LA	FO	GO	BI	GO	DE	BE	XI	GA
GA	GO	GU	GA	GO	GU	C														
						PB														

Aprendiz: _____ Educador: _____ Data: ___/___/___

Sílabas na sequência			Sequência aleatória				GA	TO	GO	MA	GU	LA	FO	GO	BI	GO	DE	BE	XI	GA
GA	GO	GU	GA	GO	GU	C														
						PB														

Aprendiz: _____ Educador: _____ Data: ___/___/___

Sílabas na sequência			Sequência aleatória				GA	TO	GO	MA	GU	LA	FO	GO	BI	GO	DE	BE	XI	GA
GA	GO	GU	GA	GO	GU	C														
						PB														

Aprendiz: _____ Educador: _____ Data: ___/___/___

Sílabas na sequência			Sequência aleatória				GA	TO	GO	MA	GU	LA	FO	GO	BI	GO	DE	BE	XI	GA
GA	GO	GU	GA	GO	GU	C														
						PB														

MARCAÇÃO	
V - ACERTOU SEM AJUDAS	X - ACERTOU COM AJUDAS OU ERROU

FIGURA 32 - 1.3 ENSINO DE SÍLABAS SIMPLES (FALANTES): G

2.4.3 PROTOCOLO DE OBJETIVOS E METAS

O programa de ensino de sílabas simples é constituído por seis conjuntos compostos por dois ou três grupos silábicos cada um (ver Figura 14). O protocolo de Objetivos e Metas (Figura 15) tem a função de auxiliar na administração do ensino, grupo por grupo. Comece o ensino a partir do primeiro grupo silábico e avance, um por um, à medida que o aprendiz atingir o critério de aprendizagem em cada grupo, até o décimo sexto. Para começar, você deve marcar um X a lápis na coluna "Ensino", na altura da linha do primeiro grupo silábico (T). Nas outras linhas marque um X na coluna "Não ensinado". Quando o aprendiz atingir o critério de aprendizagem no primeiro grupo, você deve apagar o X que está na coluna "Ensino", fazer um novo X na coluna "Manutenção" (altura da linha do grupo silábico T) e marcar um X na coluna "Ensino", na altura da linha do próximo grupo silábico (L). Siga dessa maneira, sucessivamente, até o último grupo silábico.

2.4.4 PROTOCOLO DE MANUTENÇÃO

O programa para o ensino de sílabas simples é longo e por isso o uso do protocolo de manutenção será realizado ao término de cada Conjunto. Descreveremos posteriormente, em procedimentos, o momento da utilização deste protocolo, que é simples de ser preenchido; basta colocar a data da realização da atividade e escrever V para acertos e X para erros ou ajudas (Figura 16).

2.4.5 PROTOCOLOS CERTO/ERRADO

Para cada grupo silábico há um protocolo específico (ver Figuras 17 a 32). Utilize pastas ou um fichário para organizar os seus registros. O educador deve preencher o nome do aprendiz, o nome dele e a data da atividade. Cada retângulo deve ser utilizado para um dia de atividade; há a especificação das etapas do ensino e espaços em branco nos quais o educador deve escrever V para acertos e X para erros ou respostas com ajuda.

2.4.6 MATERIAIS

O material a ser utilizado para cada grupo silábico (Anexo 3) é composto por: a) sílabas escritas em letras de imprensa maiúsculas, estando vogais em vermelho, consoantes em preto e delimitações em azul; b) palavras de cada grupo silábico escritas em letras de imprensa maiúsculas, estando vogais em vermelho, consoantes em preto e delimitações em azul; c) palavras de cada grupo silábico escritas em letras pretas de imprensa maiúsculas.

2.4.7 PROCEDIMENTOS DE ENSINO

O ensino de cada sílaba será dividido em quatro etapas. As etapas serão cumulativas, ou seja, quando o aprendiz atingir o critério em uma etapa, você iniciará a próxima etapa, mas não deixará de fazer a etapa atual e as anteriores. Siga rigorosamente a sequência de ensino e os critérios de aprendizagem e de manutenção, para obter sucesso no ensino. As etapas serão descritas a seguir:

1) SÍLABAS NA SEQUÊNCIA: este será o primeiro contato do aprendiz com o grupo silábico. Dessa maneira, na primeira sessão, você deverá se preocupar em ensinar ao aprendiz a lógica da junção entre consoante e vogal, que se transforma em sílaba. Comece mostrando ao aprendiz a consoante, enfatizando o som e não o nome dela. Explique para o aprendiz que juntando aquela consoante, que tem um som específico, com a vogal, forma-se a sílaba (mostre para ele); faça isso com todas as vogais. Após essa apresentação, nomeie as sílabas na sequência, apontando para cada sílaba ao nomear, e peça ao aprendiz para repetir. Nas sessões posteriores não é necessário fazer essa apresentação novamente. A atividade começa quando você aponta para cada sílaba na sequência (TA, TE, TI, TO, TU) e pergunta para o aprendiz ao mesmo tempo em que aponta: "que sílaba é essa?". O aprendiz deve falar o nome de cada sílaba à medida que você pergunta; caso ele não consiga, ajude dando o modelo (Figura 33). Marque no protocolo em "Sílabas na sequência", abaixo de cada sílaba, V para respostas corretas do aprendiz e X para respostas incorretas. Os espaços destinados ao registro das outras etapas deverão ficar em branco. Quando o aprendiz obtiver 100% de acertos em um dia de atividade, nesta etapa, você poderá inserir a etapa seguinte e a sua atividade passará a ser realizada com as duas etapas.

FIGURA 33 - SÍLABAS NA SEQUÊNCIA

2) SEQUÊNCIA ALEATÓRIA: nesta etapa você vai pedir ao aprendiz para nomear as sílabas fora de ordem, para evitar que ele decore a sequência e não aprenda as sílabas. Aponte, em sequência aleatória (ex. TI, TU, TE, TA, TO), para cada sílaba e simultaneamente pergunte ao aprendiz: "que sílaba é essa?". O aprendiz deve falar o nome de cada sílaba à medida que você pergunta; caso ele não consiga, ajude dando o modelo (Figura 34). Marque no protocolo em "Sequência aleatória", abaixo de cada sílaba, V para respostas corretas do aprendiz e X para respostas incorretas. Os espaços destinados ao registro das etapas seguintes deverão ficar em branco. Quando o aprendiz obtiver 100% de acertos em um dia de atividade, nesta etapa, você poderá inserir a etapa seguinte e a sua atividade passará a ser realizada com três etapas.

FIGURA 34 - SEQUÊNCIA ALEATÓRIA

3) PALAVRAS COLORIDAS (C): nesta etapa o aprendiz vai ler oralmente palavras compostas pelas sílabas que estão sendo ensinadas e por sílabas que foram ensinadas anteriormente. As cores diferentes para consoantes, vogais e demarcações são procedimentos de ajuda para aumentar a precisão da leitura e diminuir a probabilidade de erros. O aprendiz deve nomear corretamente cada sílaba de cada palavra; você pode apontar para cada sílaba a ser lida ou pedir ao aprendiz para apontar enquanto nomeia, pois apontar para o texto aumenta a probabilidade de o aprendiz olhar para o estímulo e nomear corretamente (Figura 35). Marque no protocolo, abaixo de cada sílaba das palavras, na linha "C", V para nomeação correta de cada sílaba e X para respostas incorretas. Os espaços destinados ao registro da etapa seguinte deverão ficar em branco. Quando o aprendiz obtiver 100% de acertos em um dia de atividade, nesta etapa, você poderá inserir a etapa seguinte e a sua atividade passará a ser realizada com quatro etapas. Importante: nas etapas anteriores ensinamos o aprendiz a nomear as sílabas e, por isso, a tendência é que ele leia com pausas entre as sílabas (ex. "TA e TU" para TATU). Para melhorar gradativamente a fluência da leitura oral, releia a palavra com fluência, após a nomeação realizada pelo aprendiz, e peça a ele para repetir a palavra. Por exemplo: se o aprendiz leu "TA e TU", você pode dizer na sequência: "tatu". À medida que o aprendiz for apresentando

FIGURA 35 - PALAVRAS COLORIDAS

mais fluência, você pode deixar de reler as palavras e passar a perguntar para ele após a nomeação: "o que você leu?", para que ele fale a palavra lida com fluência. É importante ressaltar que não é necessário que o aprendiz indique o sentido da palavra lida, pois o objetivo não é compreensão de leitura, mas leitura oral.

4) PALAVRAS EM PRETO E BRANCO (PB): nesta etapa o aprendiz vai ler oralmente palavras compostas pelas sílabas que estão sendo ensinadas e por sílabas que foram ensinadas anteriormente. As palavras serão apresentadas em preto porque as cores utilizadas na etapa anterior são procedimentos de ajuda. Assim, nesta etapa, retiraremos as ajudas (Figura 36). O aprendiz deve nomear corretamente cada sílaba de cada palavra; você pode apontar para cada sílaba a ser lida ou pedir ao aprendiz para apontar enquanto nomeia, pois apontar para o texto aumenta a probabilidade de o aprendiz olhar para o estímulo e nomear corretamente. Marque no protocolo, abaixo de cada sílaba das palavras, na linha "PB", V para nomeação correta de cada sílaba e X para respostas incorretas. O critério de aprendizagem nesta etapa é de 100% em um dia de atividade; nesse caso você poderá iniciar as atividades com o grupo silábico seguinte. Atente-se aos critérios de manutenção do grupo silábico aprendido. As mesmas estratégias descritas na etapa anterior, para melhorar a fluência da leitura oral, também poderão ser usadas nesta etapa.

FIGURA 36 – PALAVRAS EM PRETO E BRANCO

2.4.8 PROCEDIMENTOS PARA A MANUTENÇÃO DAS SÍLABAS POR CONJUNTO SILÁBICO

Lembre-se que este programa é constituído por seis conjuntos compostos por dois ou três grupos silábicos cada um e que a sequência de introdução das sílabas foi planejada para ensinar e manter as habilidades aprendidas (ver Figura 14). Para o ensino de cada grupo silábico, deve-se utilizar os protocolos específicos, indicados anteriormente (ver Figuras 17 a 32). À medida que um grupo silábico é aprendido, o uso do protocolo de ensino do tipo Certo/Errado das sílabas aprendidas deve ser mantido até o término do conjunto do qual as sílabas fazem parte. Por exemplo, o Conjunto 1 é composto pelos grupos silábicos de T, L e M. Quando o aprendiz atinge o critério de aprendizagem em T e passa para as sílabas de L, mantêm-se as atividades e o protocolo de T para evitar que o aprendiz perca as habilidades adquiridas. O mesmo ocorrerá quando o aprendiz obtiver critério para início das sílabas de M; mantêm-se as atividades e os protocolos de T e L. Ao término das sílabas de M, que é o último grupo silábico do Conjunto 1, para-se de utilizar os protocolos de ensino de T, L e M e passa-se a utilizar o protocolo de Manutenção (Figura 16).

2.4.9 USO DO PROTOCOLO DE MANUTENÇÃO

O uso do protocolo de manutenção (Figura 16) tem a função de auxiliar na conservação das habilidades aprendidas, por meio de uma simplificação do procedimento utilizado no ensino, assim como do registro.

Após o término de um conjunto, deve-se parar de utilizar os protocolos de ensino desse conjunto e iniciar o registro no protocolo de manutenção. A manutenção do conjunto aprendido deve ser feita em todas as sessões de ensino, antes ou após a atividade com a sílaba que está sendo ensinada no momento.

Para as sílabas dos conjuntos silábicos que estão em manutenção, não é necessário fazer todas as etapas do ensino para mantê-las; faça apenas "Sequência aleatória" e "Palavras em preto e branco (PB)". Deve-se marcar no protocolo: V para desempenhos precisos e X para desempenhos com erros ou necessidade de ajudas.

2.4.10 OUTROS ASPECTOS IMPORTANTES DO ENSINO

A seguir serão descritos alguns aspectos do ensino de sílabas simples que devem ser observados pelo educador.

1) O que não deve ser feito: na hora de ensinar a junção entre consoante e vogal, muitos educadores tendem a dizer, por exemplo, "T com A, TA" e esse hábito pode ser um dificultador. A leitura é uma habilidade visual, ou seja, o aprendiz precisa olhar para os estímulos impressos e nomeá-los com precisão. Quando você fala para o aprendiz a junção das letras, a tendência é ele não olhar para o impresso e falar a sílaba, com referência no que você falou e não no que ele viu. Experimente perguntar para o aprendiz, sem o material impresso: "T com A?" e ele vai te responder "TA", mesmo sem a presença da sílaba impressa, o que indica que ele não está lendo, mas fazendo associação auditiva. Uma alternativa para não ter que falar dessa maneira é apontar as letras impressas, sem falar o nome delas, e perguntar ao aprendiz: "essa letra, juntando com essa, vira o quê?". Dessa maneira o aprendiz terá que olhar para o material impresso para nomear.

2) Sequência do ensino: é necessário seguir a sequência de ensino proposta e não pode pular etapas ou mudar a ordem de apresentação dos grupos silábicos. O procedimento foi planejado para favorecer o ensino e a manutenção, então siga as regras.

3) Exceção 1: quando o aprendiz apresentar desempenho melhor na leitura das palavras em preto e resistência em ler as palavras em colorido, pode-se deixar de fazer a leitura das palavras em colorido e fazer apenas das em preto.

4) Exceção 2: quando o aprendiz apresentar muita resistência em ler as palavras em preto, pode-se retirá-las da atividade e fazer todo a sequência apenas com as palavras coloridas. Após o término do programa de ensino, pode-se utilizar as palavras em preto na manutenção.

5) Tempo da atividade: quando a atividade ficar longa, em função da quantidade de grupos silábicos (ensino e manutenção), pode-se começar a atividade a partir do conjunto que está sendo ensinado e fazer a manutenção no final. Por exemplo, se o aprendiz está fazendo as sílabas de D, que estão no Grupo 4, você pode começar a atividade a partir do Grupo 4 (comece com o S) e fazer a manutenção dos Grupos 1, 2 e 3 após a realização do Grupo 4.

6) Recursos para melhorar o desempenho: cobrir parte do material para melhorar a atenção do aprendiz ou cortar o material para apresentar cada estímulo individualmente são recursos que podem ser utilizados.

Importante: após o aprendiz finalizar o programa Ensino de sílabas simples (1.3), pode-se iniciar os programas Ensino de sílabas complexas (1.4) e Fluência de leitura oral (1.5) simultaneamente (ver Figura 8).

2.5 ENSINO DE SÍLABAS COMPLEXAS (1.4)

O objetivo deste programa é ensinar o aprendiz a ler oralmente palavras compostas por sílabas complexas. Sílabas complexas são sílabas irregulares, que não apresentam o padrão consoante-vogal que observamos nas sílabas simples. Como o próprio nome diz, essas sílabas são complexas, por isso o ensino deve ser feito de maneira bastante cuidadosa e gradativa.

2.5.1 PROTOCOLOS

Serão utilizados três tipos de protocolos: Objetivos e Metas (Figura 37), Manutenção (Figura 38) e Certo/Errado (Figura 39). O protocolo de Objetivos e Metas será utilizado para administrar o ensino das sílabas; o protocolo Certo/Errado será utilizado para o registro das atividades de ensino; e o protocolo de Manutenção será utilizado ao término de cada Conjunto, para garantir que o aprendiz não perca as habilidades adquiridas.

1.4 ENSINO DE SÍLABAS COMPLEXAS

CONJUNTOS	SÍBALAS (grupos silábicos)	PALAVRAS	SITUAÇÃO		
			Não Ensinado	Ensino	Manutenção
Vogal + consoante	vogal + L	alto, anel, polvo, elmo, filme			
	vogal + M	capim, umbigo empada, tombo, samba			
	vogal + R	porta, arte, urso, marca, partir			
	vogal + N	anjo, sentou, mando, ponte, fundo			
	vogal +Z	capuz, giz, paz, timidez, luz			
	vogal + S	susto, cavalos, agosto, lista, espada			
h/lh/nh/ch	h no início	hoje, hino, holofote, humano, hiena			
	lh +vogal	toalha, coelho, abelhudo, olho repolho			
	nh + vogal	unha, cozinha, nenhuma, sonho, linha			
	ch + vogal	bicho, chave, mochila, chuva, chupeta			
cl/gl/pl/fl/tl/ vl/bl	cl + vogal	clave, clima, reclame, declive, Cleide			
	gl + vogal	globo, iglu, sigla, glaucoma, glote			
	pl + vogal	placa, aplicado planeta, diploma, pluma			
	fl + vogal	floco, flauta, flanela, fluxo, aflito			
	tl + vogal/vl + vogal	atleta, decatlo, atleticano, biatleta, Vladimir			
	bl + vogal	bloco, nublado, tablado, sublime, publicado			
pr/br/gr/cr/dr/ tr/fr/vr	pr + vogal	prato, prefeito, privado, prova, prumo			
	br + vogal	bravo, brejo, briga, bruxa, broto			
	gr + vogal	greve, grude, gruta, grade, grife			
	cr + vogal	cravo, recreio, microfone, crua, crocodilo			
	dr + vogal	dreno, droga, pedrada, padre, madrugada			
	tr + vogal	trajeto, treino, pediatra, atropelado, trufa			
	fr + vogal	freio, fruta, calafrio, frouxo, fraco			
	vr +vogal	palavra, livro, livreto, nevrite, nevropatia			
ce/ci/ge/gi e gue/gui/que/ qui	ce/ci	cinema, receita, macio, capacete, vacina			
	ge/gi	magia, tigela, fugiu, gemada, gilete			
	gue/gui	foguete, águia, guia, guizo, jegue			
	que-qui	queijo, quilo, quiabo, máquina, toque			
s/r/ç/ão/ões	ss/s	pessoa, ossos, casado, cassado, casaco			
	r inicial/r brando/rr	rato, ferro, faro, barro, barata			
	ça-ço-çu	moça, bagaço, fumaça, pedaço, taça			
	ão/ões	cão, aviões, mão, balões, leão, pães			
x/s/sc/xc	x com som ch	abacaxi, bexiga, caixa, lixo, vexame			
	x com som de z	exato, executivo, exilado, exótico, exame			
	x com som de s	texto, sexta, excluir, extremidade, experimento			
	s com som de z	asa, casa, camiseta, fase, liso			
	sc/ xc	exceto, excluído, nasceu, piscina, descida			
	s | ss | z | c | ç	misto, acesso, acidez, açaí, asilo			
Acentos	Agudo (´)	sofá, dominó, jacaré, baú, cipó			
	Grave (`)	àquela, àquilo, às, à, àquele			
	Circunflexo (^)	você, judô, purê, camelô, tênis			
	Til (~)	mãe, limão, galã, fã, põe			

FIGURA 37 – 1.4 OBJETIVOS E METAS

1.4 MANUTENÇÃO: ENSINO DE SÍLABAS COMPLEXAS

Aprendiz: _____ Educador: _____

GRUPOS	DATAS											
Vogal + consoante												
2. h/lh/nh/ch												
cl/gl/pl/fl/tl/vl/bl												
pr/br/gr/cr/dr/tr/fr/vr												
ce/ci/ge/gi /gue/gui/que/qui												
s/r/ç/ão/ões												
x/s/sc/xc												
Acentos												
ACERTOS												

FIGURA 38 – 1.4 MANUTENÇÃO

1.4 ENSINO DE SÍLABAS COMPLEXAS: FALANTES
CONJUNTO:_____

PROCEDIMENTO:
1. Apresente o material de apoio para a Leitura Prévia que está indicada no protocolo de Objetivos e Metas (Conjuntos 1 ao 6).
2. Peça ao aprendiz para ler oralmente cada palavra.

MARQUE V PARA LEITURA CORRETA E X PARA ERROS OU AJUDAS.

Aprendiz: _____ Educador: _____ Data: ___/___/___

Leitura prévia	Palavras					
	Acertos					

Aprendiz: _____ Educador: _____ Data: ___/___/___

Leitura prévia	Palavras					
	Acertos					

Aprendiz: _____ Educador: _____ Data: ___/___/___

Leitura prévia	Palavras					
	Acertos					

Aprendiz: _____ Educador: _____ Data: ___/___/___

Leitura prévia	Palavras					
	Acertos					

Aprendiz: _____ Educador: _____ Data: ___/___/___

Leitura prévia	Palavras					
	Acertos					

Aprendiz: _____ Educador: _____ Data: ___/___/___

Leitura prévia	Palavras					
	Acertos					

Aprendiz: _____ Educador: _____ Data: ___/___/___

Leitura prévia	Palavras					
	Acertos					

MARCAÇÃO	
V – ACERTOU SEM AJUDAS	**X** –ACERTOU COM AJUDAS OU ERROU

FIGURA 39 – 1.4 CERTO/ERRADO

2.5.2 PROTOCOLO DE OBJETIVOS E METAS

A Figura 37 apresenta o protocolo de Objetivos e Metas que você utilizará para direcionar o ensino. Observe no protocolo que há uma tabela composta pelas seguintes colunas: "Conjuntos", "Sílabas", "Palavras" e "Situação". As sílabas foram agrupadas por similaridade em 8 conjuntos; no total serão ensinadas 42 sílabas complexas. As palavras que você vai usar para o ensino estão na coluna "Palavras"; serão 5 palavras para cada sílaba complexa, totalizando 210 palavras.

Ao começar o ensino você deve marcar um X a lápis na coluna "Ensino", na altura da linha do primeiro grupo silábico (vogal + L). Nas outras linhas marque um X na coluna "Não ensinado". Quando o aprendiz atingir o critério de aprendizagem no primeiro grupo, você deve apagar o X que está na coluna "Ensino", fazer um novo X na coluna "Manutenção" (altura de vogal + L) e marcar um X na coluna "Ensino", na altura da linha do próximo grupo silábico (vogal + M). Siga dessa maneira, sucessivamente, até o último grupo silábico.

2.5.3 PROTOCOLO DE MANUTENÇÃO

O programa para o ensino de sílabas complexas é longo e por isso o uso do protocolo de manutenção será realizado ao término de cada Conjunto. Descreveremos posteriormente, em procedimentos, o momento da utilização deste protocolo, que é simples de ser preenchido; basta colocar a data da realização da atividade e escrever V para acertos e X para erros ou ajudas (Figura 38).

2.5.4 PROTOCOLO CERTO/ERRADO

Este protocolo será utilizado durante todo o ensino das sílabas complexas (Figura 39). O educador deve preencher o nome do aprendiz, o nome dele e a data da atividade. Cada retângulo deve ser utilizado para um dia de atividade. O retângulo é composto por duas linhas e 7 colunas; na primeira coluna está escrito "Leitura Prévia"; na segunda "Palavras" e "Acertos"; nas 5 colunas seguintes há espaços em branco, nos quais o educador deve preencher as palavras que serão utilizadas no ensino, conforme consta no protocolo de Objetivos e Metas (ver Figura 37). Na primeira linha das colunas seguintes há um espaço em branco, abaixo de Leitura Prévia, que o educador deve preencher V quando realizar essa etapa e X quando não realizar. Além disso, nessa mesma linha, abaixo de cada palavra, há espaços em branco nos quais o educador deve escrever V para acertos na leitura e X para erros ou respostas com ajuda.

2.5.5 PROCEDIMENTOS DE ENSINO E MATERIAL DE APOIO

Serão ensinadas 42 sílabas complexas, organizadas em 8 conjuntos, conforme apresentado na Figura 37. Você vai começar com a primeira sílaba (vogal + L) e vai seguir na sequência, uma a uma, até a última (Til (~)). As palavras que você vai utilizar para o ensino estão na coluna "Palavras" da Figura 37; serão 5 palavras para cada sílaba complexa.

A primeira coisa que você deve fazer é organizar as palavras que serão utilizadas na atividade, que têm que ser escritas em letras de imprensa maiúsculas. Você pode escrevê-las a mão ou digitá-las.

Observe que no protocolo de ensino (Figura 39) há um espaço denominado "Leitura Prévia"; 6 dos 8 conjuntos têm um material de apoio, apresentado no Anexo 4, que deve ser utilizado antes da leitura das palavras de ensino.

Após organizar o material, você deve começar a atividade fazendo a leitura prévia: leia as sílabas que serão trabalhadas e peça ao aprendiz para repeti-las. Por exemplo, se estiver trabalhando o grupo 8 (lh +vogal), leia LHA, LHE, LHI, LHO, LHU e na sequência peça ao aprendiz para fazer o mesmo. Você pode apontar para as sílabas enquanto lê ou pedir ao aprendiz para que ele as aponte enquanto lê (Figura 40). A função da leitura prévia é preparar o aprendiz para a sílaba que estará nas palavras de ensino e não há problemas se você o ajudar neste momento da atividade. Marque no protocolo, abaixo de Leitura Prévia, V quando realizar esta etapa (mesmo se der ajudas ao aprendiz) e X quando não realizar.

FIGURA 40 – LEITURA PRÉVIA

Após a leitura prévia, apresente as palavras de ensino e peça ao aprendiz para lê-las; caso ele não consiga, dê ajudas (Figura 41). Marque no protocolo V para acertos e X para erros ou ajudas. Quando o aprendiz obtiver 100% de acertos em um dia de atividade, em um grupo silábico, prepare-se para iniciar o ensino do grupo seguinte.

FIGURA 41 – PALAVRA COM SÍLABA COMPLEXA

Lembre-se que este programa é constituído por oito conjuntos compostos pelas sílabas complexas. Para o ensino de cada grupo silábico, deve-se utilizar o protocolo de ensino (Figura 39). À medida que um grupo silábico é aprendido, o uso do protocolo Certo/Errado das sílabas aprendidas deve ser mantido até o término do Conjunto do qual as sílabas fazem parte. Por exemplo, o Conjunto 1 é composto por: 1. vogal + L; 2. vogal + M; 3. vogal + R; 4. vogal + N; 5. vogal + Z e; 6. vogal + S. Quando o aprendiz obtém o critério de aprendizagem em 1. vogal +L e passa para 2. vogal + M, mantém-se as atividades e o protocolo de 1. vogal +L, para evitar que o aprendiz perca as habilidades aprendidas. O mesmo ocorrerá quando o aprendiz atingir o critério para início das sílabas seguintes. Ao término da última sílaba do conjunto, que é 6. vogal + S, para-se de utilizar os protocolos de ensino e passa-se a utilizar o protocolo de Manutenção (Figura 38).

2.5.6 USO DO PROTOCOLO DE MANUTENÇÃO

O uso do protocolo de manutenção (Figura 38) tem a função de auxiliar na conservação das habilidades aprendidas, por meio de uma simplificação do procedimento utilizado no ensino, assim como do registro.

Após o término de um conjunto, deve-se parar de utilizar os protocolos de ensino desse conjunto e iniciar o registro no protocolo de manutenção. Escolha uma palavra de cada sílaba trabalhada e peça ao aprendiz para lê-las; troque as palavras a cada dia de manutenção para evitar que o aprendiz decore-as. A manutenção do conjunto aprendido deve ser feita em todas as sessões de ensino, antes ou após a atividade com a sílaba que está sendo ensinada no momento.

Quando o aprendiz atingir o critério de acertos na última sílaba (42.Til (~)), pode-se encerrar este programa de ensino.

2.6 FLUÊNCIA DE LEITURA ORAL (1.5)

A fluência de leitura envolve a habilidade de ler oralmente de maneira fluida, sem pausas desnecessárias, o que favorece também a compreensão do que é lido. Quando o aprendiz lê com pausas (ex. "ma e ca e co"), fica mais difícil compreender aquilo que lê, pois ao final da palavra ele já esqueceu o restante dela. O mesmo acontece na leitura de uma frase ou texto: sem fluência o aprendiz não compreenderá o que leu ao final do texto.

O objetivo deste programa é melhorar a fluência da leitura de palavras e textos.

2.6.1 PROCEDIMENTO

O procedimento consiste basicamente em colocar o aprendiz para ler textos. A seguir apresentaremos alguns pontos importantes para a organização deste programa de ensino.

1) Para melhorar a fluência de leitura você precisa programar leituras diárias para o seu aprendiz com autismo; é necessário treino sistemático para se obter os melhores resultados.

2) Este programa deve ser iniciado assim que finalizar o Ensino de sílabas simples (1.3), por isso, comece com textos curtos e que sejam constituídos predominantemente por palavras formadas por sílabas simples e escritas em letras de imprensa maiúsculas.

3) Comece dando ajudas ao aprendiz: você pode apontar para as palavras a serem lidas ou pedir ao aprendiz para apontá-las sozinho enquanto lê, pois isso ajuda a manter a atenção no texto. Retire as ajudas gradativamente (Figura 42).

4) Comece com textos nos quais as palavras estão escritas em letras maiores e diminua o tamanho das letras gradativamente.

5) Corrija quando o aprendiz cometer erros, dando o modelo de como ele deve ler corretamente.

6) Introduza gradativamente textos com palavras compostas por sílabas complexas, mesmo que o aprendiz não tenha terminado o programa Ensino de sílabas complexas (1.4): a memória dos aprendizes com autismo tende a ser muito boa e para muitos, quando você mostra a sílaba complexa no texto algumas vezes, pode ser suficiente para que ele aprenda a sílaba.

7) Quando o aprendiz demonstrar mais fluidez na leitura de textos curtos, aumente gradativamente o tamanho dos textos.

8) Não se preocupe com a compreensão do texto: o objetivo deste programa é melhorar a fluência e não necessariamente a compreensão do texto.

9) Transição para letras de imprensa minúsculas: observamos aqui no CEI que, para a maioria dos nossos aprendizes com autismo, esta transição pode ser feita de maneira muito simples, apresentando o texto

FIGURA 42 - FLUÊNCIA DE LEITURA ORAL

com letras minúsculas e fazendo pontuações quando o aprendiz demonstrar dificuldades. Conforme descrevemos anteriormente, a memória de aprendizes com autismo tende a ser muito boa e uma ajuda pontual durante a leitura do texto pode ser suficiente para a maioria deles. Porém, quando o seu aprendiz demonstrar dificuldades importantes, faça uma tarefa de emparelhamento (pareamento) entre letras maiúsculas e minúsculas, para que ele possa compreender a relação entre essas letras.

10) Quando o aprendiz estiver lendo bem textos com palavras escritas em letras de imprensa maiúsculas, comece a apresentar textos escritos em letras de imprensa minúsculas e dê ajudas durante a leitura. Retire as ajudas gradativamente.

2.6.2 ESCOLHA DOS TEXTOS

Há ótimos textos publicados que você pode selecionar para utilizar neste programa de ensino. Nossa sugestão é o uso de cartilhas como "A Toca do Tatu" (Garcia, 1995) ou "Caminho Suave" (Lima, 2019) e a Coleção Estrelinha da Sônia Junqueira. Priorize o uso de textos com temáticas de interesse do seu aprendiz.

2.6.3 PROTOCOLO E CRITÉRIO DE APRENDIZAGEM

Utilizaremos um protocolo descritivo, composto por uma tabela separada por colunas (Figura 43), que permitirá acompanhar o desempenho do aprendiz de maneira mais ampla. Na parte superior do protocolo, há a descrição breve do procedimento e espaços para que o educador marque se o texto tem sílabas simples, sílabas complexas e se está em letras maiúsculas ou minúsculas. Na tabela o educador deve preencher a data da atividade, o texto utilizado (Material) e as observações a respeito do desempenho do aprendiz. Não há um critério de aprendizagem específico para este programa de ensino: você pode parar de utilizar o protocolo quando o aprendiz estiver lendo bem qualquer texto com sílabas simples e complexas, escritos em letras minúsculas. Quando você retirar o registro, garanta que o aprendiz mantenha uma rotina sistemática de leitura.

IMPORTANTE: Após o aprendiz finalizar o programa Fluência de leitura oral (1.5), pode-se iniciar os programas Leitura em letra cursiva (1.6) e Pontuação (1.7) simultaneamente.

1.5 FLUÊNCIA DE LEITURA ORAL

PROCEDIMENTO: Obtenha a atenção do aprendiz. Ofereça o texto para que o aprendiz leia. Caso ele não consiga dê ajudas (somente nos trechos nos quais ele não conseguir). Elogie o empenho e os acertos do aprendiz. Retire as ajudas gradativamente. Registre a atividade.

( ) SÍLABAS SIMPLES ( ) SÍLABAS COMPLEXAS ( ) LETRAS MAIÚSCULAS ( ) LETRAS MINÚSCULAS

Aprendiz: _____ **Educador:** _____

DATA	MATERIAL	OBSERVAÇÕES

FIGURA 43 - 1.5 FLUÊNCIA DE LEITURA ORAL

2.7 LEITURA EM LETRA CURSIVA (1.6)

Aprender a ler palavras e textos escritos em letras cursivas é fundamental, mesmo que o aprendiz ñão venha a escrever por meio desse tipo de letra. O uso de letras cursivas é muito comum em nosso cotidiano e não saber fazer a leitura delas pode limitar o acesso a textos em contextos importantes. Dessa maneira, o objetivo deste programa é ensinar aprendizes com autismo a ler textos escritos em letras cursivas.

2.7.1 PROCEDIMENTO

O procedimento é similar ao descrito no programa Fluência de leitura oral (1.5) e consiste basicamente em colocar o aprendiz para ler textos escritos em letras cursivas. A seguir apresentaremos alguns pontos importantes para a organização deste programa de ensino.

1) Este programa deve ser iniciado assim que finalizar o Fluência de leitura oral (1.5): comece com textos curtos e aumente o tamanho dos textos gradativamente.

2) Comece dando ajudas ao aprendiz: você pode apontar para as palavras a serem lidas ou pedir ao aprendiz para apontá-las sozinho enquanto lê, pois isso ajuda a manter a atenção no texto. Retire as ajudas gradativamente (Figura 44).

3) Corrija quando o aprendiz cometer erros, dando o modelo de como ele deve ler corretamente.

4) Não se preocupe com a compreensão do texto: o objetivo deste programa é melhorar a fluência da leitura de textos escritos em letras cursivas e não necessariamente a compreensão do texto.

5) Transição para letras cursivas: observamos aqui no CEI que, para a maioria dos nossos aprendizes com autismo, esta transição pode ser feita de maneira muito simples, apresentando o texto com letras cursivas e fazendo pontuações quando o aprendiz demonstrar dificuldades. A memória de aprendizes com autismo tende a ser muito boa e uma ajuda pontual durante a leitura do texto pode ser suficiente para a maioria deles. Porém, quando o seu aprendiz demonstrar dificuldades importantes, faça uma tarefa de emparelhamento (pareamento) entre letras de imprensa maiúsculas, minúsculas e cursivas, para que ele possa compreender a relação entre essas letras.

FIGURA 44 – LEITURA EM LETRA CURSIVA

2.7.2 PROTOCOLO E CRITÉRIO DE APRENDIZAGEM

Utilizaremos um protocolo descritivo, composto por uma tabela separada por colunas (Figura 45), que permitirá acompanhar o desempenho do aprendiz de maneira mais ampla. Na parte superior do protocolo, há a descrição do procedimento de ensino e na tabela o educador deve preencher a data da atividade, o texto utilizado (Material) e as observações a respeito do desempenho do aprendiz. Não há um critério de aprendizagem específico para este programa de ensino: você pode parar de utilizar o protocolo quando o aprendiz estiver lendo bem qualquer texto escrito em letras cursivas. Quando você retirar o registro, garanta que o aprendiz mantenha uma rotina sistemática de leitura.

1.6 LEITURA EM LETRA CURSIVA

PROCEDIMENTO: Obtenha a atenção do aprendiz. Ofereça o texto para que o aprendiz leia. Caso ele não consiga dê ajudas (somente nos trechos nos quais ele não conseguir). Elogie o empenho e os acertos do aprendiz. Retire as ajudas gradativamente. Registre a atividade.

Aprendiz: _____ **Educador:** _____

DATA	MATERIAL	OBSERVAÇÕES

FIGURA 45 – 1.6 LEITURA EM LETRA CURSIVA

2.8 PONTUAÇÃO

O objetivo deste programa é ensinar o aprendiz a ler as pontuações no texto de maneira correta.

2.8.1 PROCEDIMENTO, PROTOCOLO E CRITÉRIO DE APRENDIZAGEM

A Figura 46 apresenta a descrição da função de cada pontuação. O procedimento consiste em apresentar qualquer texto para o aprendiz ler oralmente e o educador deve auxiliá-lo nas pontuações. Retire as ajudas gradativamente. Anote no protocolo da Figura 47 quais pontuações apareceram ao longo do texto e qual foi o desempenho do aprendiz em cada pontuação: marque V para respostas corretas e sem ajudas e X para respostas com ajudas ou incorretas. Não há um critério de aprendizagem específico para este programa de ensino: você pode parar de utilizar o protocolo quando o aprendiz estiver lendo bem as pontuações. Quando você retirar o registro, garanta que o aprendiz mantenha uma rotina sistemática de leitura.

1.7 PONTUAÇÃO: FUNÇÃO

PONTUAÇÃO	FUNÇÃO
.	Final de frase; separar períodos; abreviaturas
:	Iniciar a fala dos personagens; antes de apostos ou orações apositivas, enumerações ou sequência de palavras que explicam, resumem ideias anteriores; antes de citação
...	Indicar dúvidas, hesitação ou prolongamento da ideia do falante; indicar supressão de palavras numa frase transcrita
( )	Isolar palavras, frases intercaladas de caráter explicativo e datas
!	Após palavras ou frases que denotem caráter emocional
?	Após perguntas diretas
,	Marcar uma pausa
;	Separar orações coordenadas muito extensas ou orações coordenadas nas quais a vírgula já tenha sido utilizada
—	Dar início à fala de um personagem
" "	Isolar palavras ou expressões que fogem à norma culta; indicar uma citação textual

FIGURA 46 – 1.7 PONTUAÇÃO: FUNÇÃO

1.7 PONTUAÇÃO

PROCEDIMENTO: Obtenha a atenção do aprendiz. Ofereça o texto para que o aprendiz leia. Atente-se à pontuação. Caso o aprendiz não consiga dê ajudas (somente nos trechos nos quais ele não conseguir). Elogie o empenho e os acertos do aprendiz. Retire as ajudas gradativamente. Registre a atividade.

Aprendiz: _____ Educador: _____ Data: ___/___/___

Pontuação													Total
Acertos													

Aprendiz: _____ Educador: _____ Data: ___/___/___

Pontuação													Total
Acertos													

Aprendiz: _____ Educador: _____ Data: ___/___/___

Pontuação													Total
Acertos													

Aprendiz: _____ Educador: _____ Data: ___/___/___

Pontuação													Total
Acertos													

Aprendiz: _____ Educador: _____ Data: ___/___/___

Pontuação													Total
Acertos													

Aprendiz: _____ Educador: _____ Data: ___/___/___

Pontuação													Total
Acertos													

Aprendiz: _____ Educador: _____ Data: ___/___/___

Pontuação													Total
Acertos													

MARCAÇÃO	
V - ACERTOU SEM AJUDAS	X - ACERTOU COM AJUDA OU ERROU

FIGURA 47 - 1.7 PONTUAÇÃO

Capítulo 3

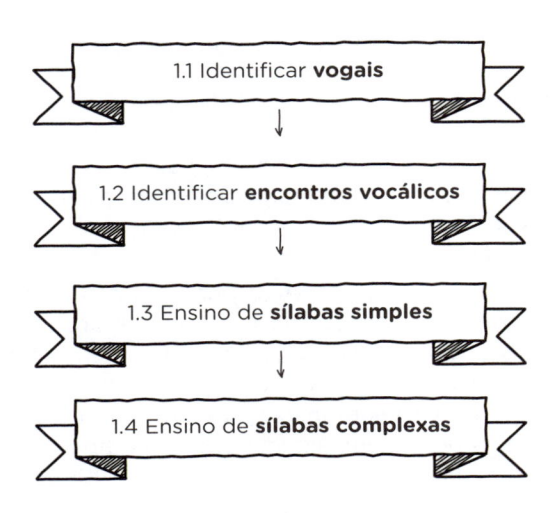

ENSINO DE LEITURA PARA APRENDIZES NÃO FALANTES

Neste capítulo descreveremos os procedimentos para o ensino de habilidades de leitura oral para aprendizes não falantes, seguindo o Currículo de Habilidades de Leitura: Não Falantes (Figura 2).

3.1 SEQUÊNCIA PARA O ENSINO DE APRENDIZES NÃO FALANTES

O ensino de habilidades de leitura para aprendizes não falantes é mais complexo do que para os falantes, pois não poderemos contar com a fala do aprendiz como recurso para ensinar ou medir as habilidades aprendidas. A via de ensino de leitura será auditiva e por isso todas as atividades a serem descritas envolverão identificação de estímulos. A Figura 48 apresenta uma rota para a implementação dos programas de ensino, que coincide com a sequência em que estão no currículo; você vai começar do 1.1 Identificar e nomear vogais e seguirá sucessivamente, programa por programa, até chegar ao 1.4 Ensino de sílabas complexas. Para inserir um novo programa é necessário que o aprendiz atinja o critério de aprendizagem no programa anterior, conforme será descrito a seguir.

1.1 Identificar **vogais**
↓
1.2 Identificar **encontros vocálicos**
↓
1.3 Ensino de **sílabas simples**
↓
1.4 Ensino de **sílabas complexas**

FIGURA 48 – ROTA PARA APRENDIZES NÃO FALANTES

3.2 IDENTIFICAR VOGAIS (1.1)

O objetivo é ensinar o aprendiz a selecionar a vogal correta, quando esta é ditada pelo educador.

3.2.1 PROTOCOLO

O protocolo utilizado nesta atividade é do tipo certo/errado (Figura 49). Utilize uma pasta para organizar seus registros. O educador deve preencher o nome do aprendiz, o nome dele e a data da atividade. Cada retângulo deve ser utilizado para um dia de atividade. O retângulo é composto por três linhas e seis colunas; na primeira coluna está escrito Vogais, Tentativas e Acertos. Na primeira linha das colunas seguintes estão escritas as vogais; na segunda linha, referente às tentativas, está 1 para a primeira tentativa e 2 para a segunda tentativa. Na linha onde está escrito Acertos, o educador deve escrever V para tentativas corretas e X para erros ou respostas com ajuda. As respostas são consideradas corretas quando o educador dita a letra e o aprendiz indica a letra ditada pelo educador.

3.2.2 PROCEDIMENTO

O material a ser utilizado nesta atividade é composto pelas vogais, que serão impressas em letras de imprensa maiúsculas e em vermelho. Cada vogal estará inserida em um espaço demarcado por borda em azul, conforme Anexo 1. As vogais serão apresentadas dessa maneira, para auxiliar o aprendiz a olhar para cada letra independente, aumentando assim as chances de acertos.

Identificação: organize as letras impressas (letras de imprensa maiúsculas) sobre a mesa, em sequência aleatória (ex. O, E, I, A, U). Fale uma vogal de cada vez, em ordem aleatória, e peça ao aprendiz para indicar (apontar ou pegar) a vogal ditada (ex. você pode dizer: "onde está a letra A?", "pega a letra A" ou "me mostre a letra A"). O aprendiz deve indicar a letra ditada pelo educador. Caso o aprendiz indique a letra errada, o educador deve corrigir, pontuando para o aprendiz qual é a opção correta (Figura 50).

Alguns aprendizes com autismo podem demonstrar dificuldades em aprender as vogais e você pode facilitar a aprendizagem, começando apenas com uma letra e acrescentando as outras gradativamente, à medida que o aprendiz atingir o critério de aprendizagem, que será de 3 dias de 100% de marcações V no protocolo. Por exemplo, comece apenas com a vogal A. Quando o aprendiz obtiver 3 dias de registro com 100% de marcações V, acrescente outra vogal, como O, e passe a fazer a atividade com as vogais A e O. Siga assim sucessivamente até inserir todas as vogais. Lembre-se de inserir inicialmente vogais com menos similaridades: por exemplo, os sons

1.1 IDENTIFICAR VOGAIS

PROCEDIMENTO: Obtenha a atenção do aprendiz. Diga o nome da letra e peça ao aprendiz para selecioná-la (pegar ou apontar) entre outras letras. Sempre que o aprendiz acertar você deve elogiar e/ou oferecer algo que ele goste. Se o aprendiz não realizar a tentativa ou errar, você deve auxiliar para que ele acerte. Diminua as ajudas gradativamente.

Aprendiz: _____ Educador: _____ Data: ___/___/___

Vogais	A		E		I		O		U	
Tentativas	1	2	1	2	1	2	1	2	1	2
Acertos										

Acertos:_____

Aprendiz: _____ Educador: _____ Data: ___/___/___

Vogais	A		E		I		O		U	
Tentativas	1	2	1	2	1	2	1	2	1	2
Acertos										

Acertos:_____

Aprendiz: _____ Educador: _____ Data: ___/___/___

Vogais	A		E		I		O		U	
Tentativas	1	2	1	2	1	2	1	2	1	2
Acertos										

Acertos:_____

Aprendiz: _____ Educador: _____ Data: ___/___/___

Vogais	A		E		I		O		U	
Tentativas	1	2	1	2	1	2	1	2	1	2
Acertos										

Acertos:_____

Aprendiz: _____ Educador: _____ Data: ___/___/___

Vogais	A		E		I		O		U	
Tentativas	1	2	1	2	1	2	1	2	1	2
Acertos										

Acertos:_____

MARCAÇÃO
V – ACERTOU
X – ACERTOU COM AJUDA OU ERROU

FIGURA 49 – 1.1 IDENTIFICAR VOGAIS

FIGURA 50 – IDENTIFICAÇÃO DE VOGAIS

1-INSTRUÇÃO

2-TENTATIVA INCORRETA

3-TENTATIVA CORRETA

das vogais E e I são parecidos, assim como O e U, o que pode aumentar as chances de erros do aprendiz, deixando o processo de aprendizagem mais lento.

3.2.3 CRITÉRIO DE APRENDIZAGEM

Quando o aprendiz obtiver 3 dias de registro, com 100% das marcações em V para todas as tentativas de todas as vogais, você pode parar este programa e iniciar o 1.2 Identificar encontros vocálicos. Não há protocolo de manutenção para este programa, pois o ensino de encontros vocálicos é suficiente para manter as vogais.

3.3 IDENTIFICAR ENCONTROS VOCÁLICOS (1.2)

Encontros vocálicos são constituídos por palavras compostas pela junção de duas vogais, sem a presença de qualquer consoante. O objetivo deste programa é ensinar o aprendiz a identificar o encontro vocálico, quando este é ditado pelo educador.

3.3.1 PROTOCOLO

O protocolo utilizado nesta atividade é do tipo certo/errado (Figura 51). Utilize uma pasta para organizar os seus registros. O educador deve preencher o nome do aprendiz, o nome dele e a data da atividade. Cada retângulo deve ser utilizado para um dia de atividade. O retângulo é composto por 3 linhas e 11 colunas; na primeira coluna está escrito Encontro, Tentativas e Acertos. Na primeira linha das colunas seguintes estão escritos os encontros; na segunda está 1 para a primeira tentativa e 2 para a segunda; na terceira há espaços em branco nos quais o educador deve escrever V para acertos e X para erros ou respostas com ajuda.

3.3.2 PROCEDIMENTO

O material a ser utilizado nesta atividade é composto pelos encontros vocálicos, que serão impressos em letras de imprensa maiúsculas, tendo as vogais em vermelho com bordas em azul para cada vogal, conforme Anexo 2. Os encontros serão organizados dessa maneira para auxiliar o aprendiz a olhar para cada vogal ao identificar o encontro vocálico, aumentando assim as chances de acertos.

Organize os encontros impressos sobre a mesa, em sequência aleatória. Fale um encontro de cada vez, em ordem aleatória, e peça ao aprendiz para indicar (apontar ou pegar) o encontro ditado (ex. você pode dizer: "onde está escrito oi?", "pega o oi" ou "me mostre o oi"). O aprendiz deve indicar o encontro ditado pelo educador. Caso o aprendiz indique o

1.2 IDENTIFICAR ENCONTROS VOCÁLICOS

PROCEDIMENTO: Obtenha a atenção do aprendiz. Leia o encontro vocálico e peça ao aprendiz para selecioná-lo (pegar ou apontar) entre outros encontros, que o aprendiz acertar você deve elogiar e/ou oferecer algo que ele goste. Se o aprendiz não realizar a tentativa ou errar, você deve auxiliar para que ele acerte. Diminua as ajudas gradativamente.

Aprendiz: _____ Educador: _____ Data: ___/___/___

Encontro	AI		EU		OI		UI		IA		AU		OU		AO		EI		IO	
Tentativas	1	2	1	2	1	2	1	2	1	2	1	2	1	2	1	2	1	2	1	2
Acertos																				

Acertos:_____

Aprendiz: _____ Educador: _____ Data: ___/___/___

Encontro	AI		EU		OI		UI		IA		AU		OU		AO		EI		IO	
Tentativas	1	2	1	2	1	2	1	2	1	2	1	2	1	2	1	2	1	2	1	2
Acertos																				

Acertos:_____

Aprendiz: _____ Educador: _____ Data: ___/___/___

Encontro	AI		EU		OI		UI		IA		AU		OU		AO		EI		IO	
Tentativas	1	2	1	2	1	2	1	2	1	2	1	2	1	2	1	2	1	2	1	2
Acertos																				

Acertos:_____

Aprendiz: _____ Educador: _____ Data: ___/___/___

Encontro	AI		EU		OI		UI		IA		AU		OU		AO		EI		IO	
Tentativas	1	2	1	2	1	2	1	2	1	2	1	2	1	2	1	2	1	2	1	2
Acertos																				

Acertos:_____

Aprendiz: _____ Educador: _____ Data: ___/___/___

Encontro	AI		EU		OI		UI		IA		AU		OU		AO		EI		IO	
Tentativas	1	2	1	2	1	2	1	2	1	2	1	2	1	2	1	2	1	2	1	2
Acertos																				

Acertos:_____

MARCAÇÃO
V – ACERTOU
X – ACERTOU COM AJUDA OU ERROU

FIGURA 51 – 1.2 IDENTIFICAR ENCONTROS VOCÁLICOS

encontro errado, o educador deve corrigir, pontuando para o aprendiz qual é a opção correta (Figura 52).

Comece com um encontro vocálico e acrescente os outros gradativamente, à medida que o aprendiz atingir o critério de aprendizagem, que será de 3 dias de 100% de marcações V no protocolo. Por exemplo, comece com AI, fazendo a identificação apenas desse encontro. Quando o aprendiz obtiver 3 dias de registro com 100% de marcações V, acrescente outro encontro, como EU, e passe a fazer a atividade com AI e EU. Siga assim sucessivamente até inserir todos os encontros.

FIGURA 52 – IDENTIFICAR ENCONTROS VOCÁLICOS

3.3.3 CRITÉRIO DE APRENDIZAGEM

Quando o aprendiz obtiver 3 dias de registro, com 100% das marcações em V para todas as tentativas de todos os encontros, você pode parar este programa e iniciar o 1.3 Ensino de sílabas simples. Não há protocolo de manutenção para este programa, pois o ensino de sílabas simples é suficiente para manter as vogais e os encontros vocálicos.

3.4 ENSINO DE SÍLABAS SIMPLES (1.3)

Ensinar aprendizes com autismo que não falam a ler pode ser um desafio, pois uma maneira de verificar a aprendizagem de leitura é por meio da leitura oral; apresentamos o texto e pedimos ao aprendiz que o leia em voz alta. No caso de aprendizes que não falam, teremos que verificar a leitura por meio da via auditiva; o educador dita e pede ao aprendiz para mostrar onde está escrito aquilo que foi lido pelo educador.

      O processo de alfabetização é composto por etapas, que vão se tornando mais complexas gradativamente. O programa "Ensino de sílabas simples" tem o objetivo de ensinar ao aprendiz não falante a identificar qualquer palavra constituída por sílabas simples, do tipo consoante/vogal, escrita em letras de imprensa maiúsculas. É importante ressaltar que um leitor eficiente deve ser capaz de ler e compreender aquilo que lê. Dessa maneira, há dois aspectos importantes a serem considerados no processo de leitura de um aprendiz não falante: a leitura receptiva, que é a capacidade de identificar qualquer palavra impressa sem necessariamente compreender o conteúdo expresso no texto, e a leitura com compreensão, que envolve compreender o conteúdo expresso no texto. Esses dois aspectos da leitura são fundamentais e ensinar ambos simultaneamente para aprendizes com autismo pode ser muito complexo e pouco efetivo. Ensinar leitura receptiva é mais simples do que ensinar leitura com compreensão e não é possível ler com compreensão sem apresentar leitura receptiva. Dessa maneira, vamos começar com o aspecto mais fácil e básico que é a leitura receptiva.

3.4.1 CONJUNTOS SILÁBICOS, SEQUÊNCIA DE APRESENTAÇÃO DAS SÍLABAS E PALAVRAS SELECIONADAS

      As sílabas foram organizadas em seis conjuntos silábicos e você precisa seguir a sequência especificada para o ensino das sílabas, conforme está na Figura 53. A sequência não é aleatória e foi escolhida considerando a diferença entre os sons das sílabas e a quantidade de palavras que podem ser derivadas de cada sílaba, para podermos trabalhar ensino e manutenção simultaneamente. Alguns pontos importantes sobre a sequência do ensino das sílabas:

      1) Na Figura 53 está escrito "Conjunto" e há a numeração de 1 a 6; isso significa que as sílabas foram organizadas em 6 conjuntos.

      2) Cada Conjunto é composto por sílabas caraterizadas por sons muito diferentes, para evitar que o aprendiz confunda as sílabas. Sons muito parecidos como os de B, D, P e T, se forem ensinados muito próximos, podem dificultar o processo de aprendizagem.

      3) Manutenções foram programadas ao término de cada Conjunto e serão descritas a seguir.

      4) Palavras apresentadas na Figura 53. Utilize essas palavras, pois elas foram selecionadas para facilitar a aprendizagem e a manutenção das habilidades aprendidas.

5) Atente-se a um aspecto importante das palavras que foram selecionadas para a atividade. Quando o aprendiz está na primeira sílaba, ele só conhece as sílabas de T, assim as palavras selecionadas para esse momento da aprendizagem são compostas exclusivamente por sílabas de T e vogais. Quando o aprendiz está na segunda sílaba, ele já conhece sílabas de T e L, por isso as palavras escolhidas são compostas exclusivamente por sílabas de T, L e vogais. Quando o aprendiz está na terceira sílaba, ele já conhece sílabas de T, L e M, por isso as palavras escolhidas são compostas por sílabas de T, L, M e vogais. Este critério foi usado para todas as palavras selecionadas, com o objetivo de facilitar a aprendizagem e promover a manutenção das sílabas aprendidas, ao longo do ensino de sílabas novas.

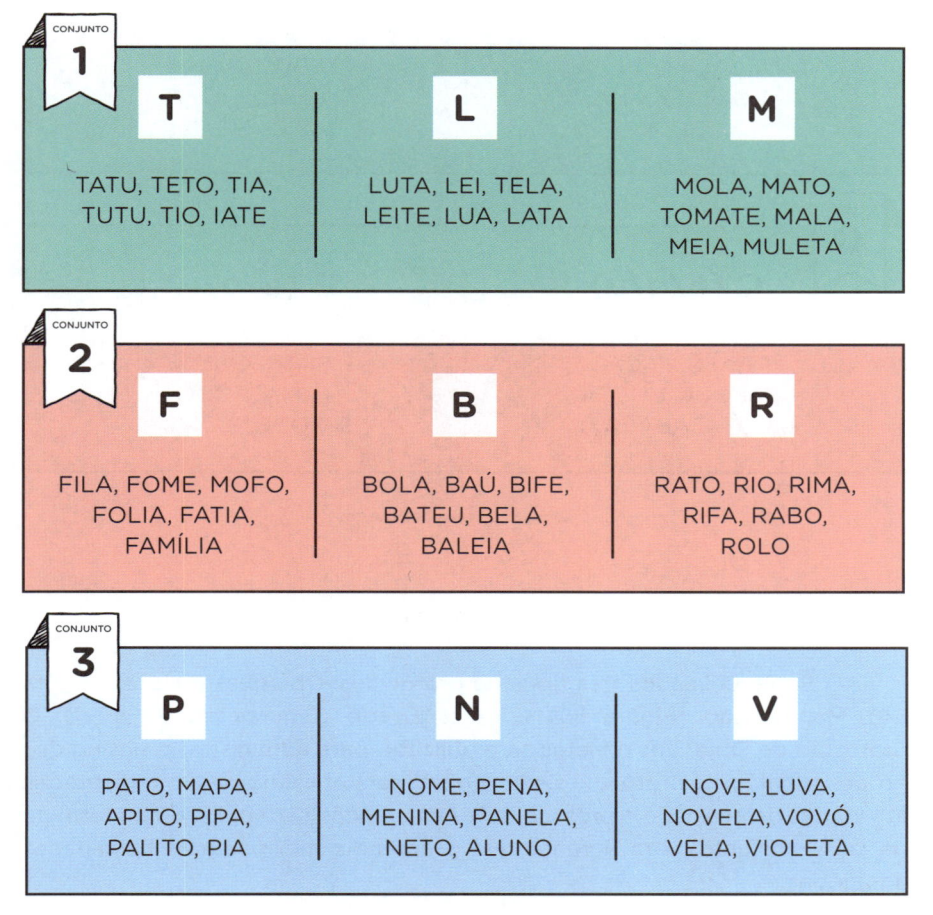

CONJUNTO 1

T	L	M
TATU, TETO, TIA, TUTU, TIO, IATE	LUTA, LEI, TELA, LEITE, LUA, LATA	MOLA, MATO, TOMATE, MALA, MEIA, MULETA

CONJUNTO 2

F	B	R
FILA, FOME, MOFO, FOLIA, FATIA, FAMÍLIA	BOLA, BAÚ, BIFE, BATEU, BELA, BALEIA	RATO, RIO, RIMA, RIFA, RABO, ROLO

CONJUNTO 3

P	N	V
PATO, MAPA, APITO, PIPA, PALITO, PIA	NOME, PENA, MENINA, PANELA, NETO, ALUNO	NOVE, LUVA, NOVELA, VOVÓ, VELA, VIOLETA

FIGURA 53 – CONJUNTOS SILÁBICOS

CONJUNTO 4

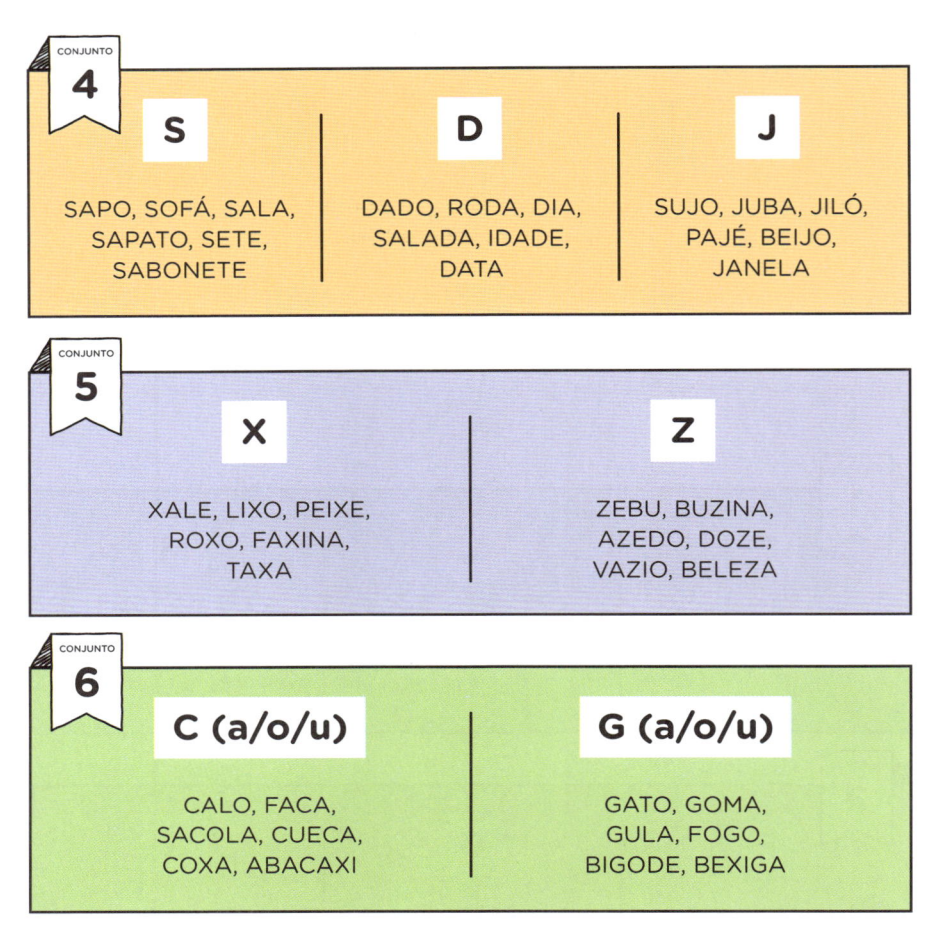

S
SAPO, SOFÁ, SALA, SAPATO, SETE, SABONETE

D
DADO, RODA, DIA, SALADA, IDADE, DATA

J
SUJO, JUBA, JILÓ, PAJÉ, BEIJO, JANELA

CONJUNTO 5

X
XALE, LIXO, PEIXE, ROXO, FAXINA, TAXA

Z
ZEBU, BUZINA, AZEDO, DOZE, VAZIO, BELEZA

CONJUNTO 6

C (a/o/u)
CALO, FACA, SACOLA, CUECA, COXA, ABACAXI

G (a/o/u)
GATO, GOMA, GULA, FOGO, BIGODE, BEXIGA

FIGURA 53 - CONJUNTOS SILÁBICOS

3.4.2 PROTOCOLOS

Serão utilizados três tipos de protocolos: Objetivos e Metas (Figura 54), Manutenção (Figura 55) e Certo/Errado (Figuras de 56 a 71). O protocolo de Objetivos e Metas será utilizado para administrar o ensino dos grupos silábicos; o protocolo Certo/Errado será utilizado para o registro das atividades de ensino; e o protocolo de Manutenção será utilizado ao término de cada conjunto, para garantir que o aprendiz não perca as habilidades adquiridas.

1.3 ENSINO DE SÍLABAS SIMPLES

Conjuntos	Grupos Silábicos	Situação		
		Não ensinado	Ensino	Manutenção
1	1 - T			
	2 - L			
	3 - M			
2	4 - F			
	5 - B			
	6 - R			
3	7 - P			
	8 - N			
	9 - V			
4	10 - S			
	11 - D			
	12 - J			
5	13 - X			
	14 - Z			
6	15 - C			
	16 - G			

FIGURA 54 – 1.3 OBJETIVOS E METAS

1.3 MANUTENÇÃ: ENSINO DE SÍLABAS SIMPLES

Aprendiz: _____ Educador: _____

Grupos	Datas												
1 - T													
2 - L													
3 - M													
4 - F													
5 - B													
6 - R													
7 - P													
8 - N													
9 - V													
10 - S													
11 - D													
12 - J													
13 - X													
14 - Z													
15 - C													
16 - G													
Acertos													

FIGURA 55 – 1.3 MANUTENÇÃO

1.3 ENSINO DE SÍLABAS SIMPLES (NÃO FALANTES): T

PROCEDIMENTO: Sente em uma cadeira de frente para o aprendiz e obtenha a atenção dele. Apresente o material para o aprendiz identificar. Caso ele não consiga dê ajudas e elogie (ou ofereça algo que ele goste) quando fizer. Diminua as ajudas gradativamente.
1. Comece apenas com "sílabas na sequência" e faça somente essa etapa até o aprendiz conseguir 100% de acertos por um dia.
2. Após um dia de 100% de acertos em "sílabas na sequência", inicie "sequência aleatória", mas não deixe de fazer "sílabas na sequência" antes.
3. Após um dia de 100% de acertos em "sequência aleatória", inicie a leitura das palavras em "C", mas não deixe de fazer "sílabas na sequência" e nem "sequência aleatória", antes.
4. Após um dia de 100% de acertos na leitura das palavras em "C", inicie a leitura das palavras em "PB", mas não deixe de fazer "sílabas na sequência", "sequência aleatória" e nem palavras em "C" antes.
5. Após um dia de 100% de acertos na leitura das palavras em "PB", inicie a próxima sílaba, sem deixar de fazer toda a sequência dessa sílaba antes, a fim de manter as habilidades aprendidas.

C= COLORIDO   PB= PRETO E BRANCO

Aprendiz: _____ Educador: _____ Data: ___/___/___

Sílabas na sequência					Sequência aleatória						TA	TU	TE	TO	TI	A	TU	TU	TI	O	I	A	TE
TA	TE	TI	TO	TU	TA	TE	TI	TO	TU	C													
										PB													

Aprendiz: _____ Educador: _____ Data: ___/___/___

Sílabas na sequência					Sequência aleatória						TA	TU	TE	TO	TI	A	TU	TU	TI	O	I	A	TE
TA	TE	TI	TO	TU	TA	TE	TI	TO	TU	C													
										PB													

Aprendiz: _____ Educador: _____ Data: ___/___/___

Sílabas na sequência					Sequência aleatória						TA	TU	TE	TO	TI	A	TU	TU	TI	O	I	A	TE
TA	TE	TI	TO	TU	TA	TE	TI	TO	TU	C													
										PB													

Aprendiz: _____ Educador: _____ Data: ___/___/___

Sílabas na sequência					Sequência aleatória						TA	TU	TE	TO	TI	A	TU	TU	TI	O	I	A	TE
TA	TE	TI	TO	TU	TA	TE	TI	TO	TU	C													
										PB													

Aprendiz: _____ Educador: _____ Data: ___/___/___

Sílabas na sequência					Sequência aleatória						TA	TU	TE	TO	TI	A	TU	TU	TI	O	I	A	TE
TA	TE	TI	TO	TU	TA	TE	TI	TO	TU	C													
										PB													

Aprendiz: _____ Educador: _____ Data: ___/___/___

Sílabas na sequência					Sequência aleatória						TA	TU	TE	TO	TI	A	TU	TU	TI	O	I	A	TE
TA	TE	TI	TO	TU	TA	TE	TI	TO	TU	C													
										PB													

MARCAÇÃO	
V – ACERTOU SEM AJUDAS	**X** –ACERTOU COM AJUDAS OU ERROU

FIGURA 56 – 1.3 ENSINO DE SÍLABAS SIMPLES (NÃO FALANTES): T

1.3 ENSINO DE SÍLABAS SIMPLES (NÃO FALANTES): L

PROCEDIMENTO: Sente em uma cadeira de frente para o aprendiz e obtenha a atenção dele. Apresente o material para o aprendiz identificar. Caso ele não consiga dê ajudas e elogie (ou ofereça algo que ele goste) quando fizer. Diminua as ajudas gradativamente.
1. Comece apenas com "sílabas na sequência" e faça somente essa etapa até o aprendiz conseguir 100% de acertos por um dia.
2. Após um dia de 100% de acertos em "sílabas na sequência", inicie "sequência aleatória", mas não deixe de fazer "sílabas na sequência" antes.
3. Após um dia de 100% de acertos em "sequência aleatória", inicie a leitura das palavras em "C", mas não deixe de fazer "sílabas na sequência" e nem "sequência aleatória", antes.
4. Após um dia de 100% de acertos na leitura das palavras em "C", inicie a leitura das palavras em "PB", mas não deixe de fazer "sílabas na sequência", "sequência aleatória" e nem palavras em "C" antes.
5. Após um dia de 100% de acertos na leitura das palavras em "PB", inicie a próxima sílaba, sem deixar de fazer toda a sequência dessa sílaba antes, a fim de manter as habilidades aprendidas.

C= COLORIDO   PB= PRETO E BRANCO

Aprendiz: _____ **Educador:** _____ **Data:** ___/___/___

Sílabas na sequência					Sequência aleatória						LU	TA	LE	I	TE	LA	LA	TA	LU	A	LE	I	TE
LA	LE	LI	LO	LU	LA	LE	LI	LO	LU	C													
										PB													

Aprendiz: _____ **Educador:** _____ **Data:** ___/___/___

Sílabas na sequência					Sequência aleatória						LU	TA	LE	I	TE	LA	LA	TA	LU	A	LE	I	TE
LA	LE	LI	LO	LU	LA	LE	LI	LO	LU	C													
										PB													

Aprendiz: _____ **Educador:** _____ **Data:** ___/___/___

Sílabas na sequência					Sequência aleatória						LU	TA	LE	I	TE	LA	LA	TA	LU	A	LE	I	TE
LA	LE	LI	LO	LU	LA	LE	LI	LO	LU	C													
										PB													

Aprendiz: _____ **Educador:** _____ **Data:** ___/___/___

Sílabas na sequência					Sequência aleatória						LU	TA	LE	I	TE	LA	LA	TA	LU	A	LE	I	TE
LA	LE	LI	LO	LU	LA	LE	LI	LO	LU	C													
										PB													

Aprendiz: _____ **Educador:** _____ **Data:** ___/___/___

Sílabas na sequência					Sequência aleatória						LU	TA	LE	I	TE	LA	LA	TA	LU	A	LE	I	TE
LA	LE	LI	LO	LU	LA	LE	LI	LO	LU	C													
										PB													

Aprendiz: _____ **Educador:** _____ **Data:** ___/___/___

Sílabas na sequência					Sequência aleatória						LU	TA	LE	I	TE	LA	LA	TA	LU	A	LE	I	TE
LA	LE	LI	LO	LU	LA	LE	LI	LO	LU	C													
										PB													

MARCAÇÃO	
V – ACERTOU SEM AJUDAS	**X** –ACERTOU COM AJUDAS OU ERROU

FIGURA 57 – 1.3 ENSINO DE SÍLABAS SIMPLES (NÃO FALANTES): L

1.3 ENSINO DE SÍLABAS SIMPLES (NÃO FALANTES): M

PROCEDIMENTO: Sente em uma cadeira de frente para o aprendiz e obtenha a atenção dele. Apresente o material para o aprendiz identificar. Caso ele não consiga dê ajudas e elogie (ou ofereça algo que ele goste) quando fizer. Diminua as ajudas gradativamente.
1. Comece apenas com "sílabas na sequência" e faça somente essa etapa até o aprendiz conseguir 100% de acertos por um dia.
2. Após um dia de 100% de acertos em "sílabas na sequência", inicie "sequência aleatória", mas não deixe de fazer "sílabas na sequência" antes.
3. Após um dia de 100% de acertos em "sequência aleatória", inicie a leitura das palavras em "C", mas não deixe de fazer "sílabas na sequência" e nem "sequência aleatória", antes.
4. Após um dia de 100% de acertos na leitura das palavras em "C", inicie a leitura das palavras em "PB", mas não deixe de fazer "sílabas na sequência", "sequência aleatória" e nem palavras em "C" antes.
5. Após um dia de 100% de acertos na leitura das palavras em "PB", inicie a próxima sílaba, sem deixar de fazer toda a sequência dessa sílaba antes, a fim de manter as habilidades aprendidas.

C= COLORIDO   PB= PRETO E BRANCO

Aprendiz: _____ Educador: _____ Data: ___/___/___

Sílabas na sequência					Sequência aleatória						MO	LA	MA	TO	TO	MA	TE	MA	LA	ME	I	A	MU	LE	TA
MA	ME	MI	MO	MU	MA	ME	MI	MO	MU	C															
										PB															

Aprendiz: _____ Educador: _____ Data: ___/___/___

Sílabas na sequência					Sequência aleatória						MO	LA	MA	TO	TO	MA	TE	MA	LA	ME	I	A	MU	LE	TA
MA	ME	MI	MO	MU	MA	ME	MI	MO	MU	C															
										PB															

Aprendiz: _____ Educador: _____ Data: ___/___/___

Sílabas na sequência					Sequência aleatória						MO	LA	MA	TO	TO	MA	TE	MA	LA	ME	I	A	MU	LE	TA
MA	ME	MI	MO	MU	MA	ME	MI	MO	MU	C															
										PB															

Aprendiz: _____ Educador: _____ Data: ___/___/___

Sílabas na sequência					Sequência aleatória						MO	LA	MA	TO	TO	MA	TE	MA	LA	ME	I	A	MU	LE	TA
MA	ME	MI	MO	MU	MA	ME	MI	MO	MU	C															
										PB															

Aprendiz: _____ Educador: _____ Data: ___/___/___

Sílabas na sequência					Sequência aleatória						MO	LA	MA	TO	TO	MA	TE	MA	LA	ME	I	A	MU	LE	TA
MA	ME	MI	MO	MU	MA	ME	MI	MO	MU	C															
										PB															

Aprendiz: _____ Educador: _____ Data: ___/___/___

Sílabas na sequência					Sequência aleatória						MO	LA	MA	TO	TO	MA	TE	MA	LA	ME	I	A	MU	LE	TA
MA	ME	MI	MO	MU	MA	ME	MI	MO	MU	C															
										PB															

MARCAÇÃO	
V – ACERTOU SEM AJUDAS	**X** – ACERTOU COM AJUDAS OU ERROU

FIGURA 58 – 1.3 ENSINO DE SÍLABAS SIMPLES (NÃO FALANTES): M

1.3 ENSINO DE SÍLABAS SIMPLES (NÃO FALANTES): F

PROCEDIMENTO: Sente em uma cadeira de frente para o aprendiz e obtenha a atenção dele. Apresente o material para o aprendiz identificar. Caso ele não consiga dê ajudas e elogie (ou ofereça algo que ele goste) quando fizer. Diminua as ajudas gradativamente.
1. Comece apenas com "sílabas na sequência" e faça somente essa etapa até o aprendiz conseguir 100% de acertos por um dia.
2. Após um dia de 100% de acertos em "sílabas na sequência", inicie "sequência aleatória", mas não deixe de fazer "sílabas na sequência" antes.
3. Após um dia de 100% de acertos em "sequência aleatória", inicie a leitura das palavras em "C", mas não deixe de fazer "sílabas na sequência" e nem "sequência aleatória", antes.
4. Após um dia de 100% de acertos na leitura das palavras em "C", inicie a leitura das palavras em "PB", mas não deixe de fazer "sílabas na sequência", "sequência aleatória" e nem palavras em "C" antes.
5. Após um dia de 100% de acertos na leitura das palavras em "PB", inicie a próxima sílaba, sem deixar de fazer toda a sequência dessa sílaba antes, a fim de manter as habilidades aprendidas.

C= COLORIDO   PB= PRETO E BRANCO

Aprendiz: _____ Educador: _____ Data: ___/___/___

Sílabas na sequência						Sequência aleatória							FI	LA	FO	ME	MO	FO	FO	LI	A	FA	TI	A	FA	MI	LI	A
FA	FE	FI	FO	FU	FA	FE	FI	FO	FU	C															
										PB															

Aprendiz: _____ Educador: _____ Data: ___/___/___

Sílabas na sequência						Sequência aleatória							FI	LA	FO	ME	MO	FO	FO	LI	A	FA	TI	A	FA	MI	LI	A
FA	FE	FI	FO	FU	FA	FE	FI	FO	FU	C															
										PB															

Aprendiz: _____ Educador: _____ Data: ___/___/___

Sílabas na sequência						Sequência aleatória							FI	LA	FO	ME	MO	FO	FO	LI	A	FA	TI	A	FA	MI	LI	A
FA	FE	FI	FO	FU	FA	FE	FI	FO	FU	C															
										PB															

Aprendiz: _____ Educador: _____ Data: ___/___/___

Sílabas na sequência						Sequência aleatória							FI	LA	FO	ME	MO	FO	FO	LI	A	FA	TI	A	FA	MI	LI	A
FA	FE	FI	FO	FU	FA	FE	FI	FO	FU	C															
										PB															

Aprendiz: _____ Educador: _____ Data: ___/___/___

Sílabas na sequência						Sequência aleatória							FI	LA	FO	ME	MO	FO	FO	LI	A	FA	TI	A	FA	MI	LI	A
FA	FE	FI	FO	FU	FA	FE	FI	FO	FU	C															
										PB															

Aprendiz: _____ Educador: _____ Data: ___/___/___

Sílabas na sequência						Sequência aleatória							FI	LA	FO	ME	MO	FO	FO	LI	A	FA	TI	A	FA	MI	LI	A
FA	FE	FI	FO	FU	FA	FE	FI	FO	FU	C															
										PB															

MARCAÇÃO	
V – ACERTOU SEM AJUDAS	**X** –ACERTOU COM AJUDAS OU ERROU

FIGURA 59 – 1.3 ENSINO DE SÍLABAS SIMPLES (NÃO FALANTES): F

1.3 ENSINO DE SÍLABAS SIMPLES (NÃO FALANTES): B

PROCEDIMENTO: Sente em uma cadeira de frente para o aprendiz e obtenha a atenção dele. Apresente o material para o aprendiz identificar. Caso ele não consiga dê ajudas e elogie (ou ofereça algo que ele goste) quando fizer. Diminua as ajudas gradativamente.
1. Comece apenas com "sílabas na sequência" e faça somente essa etapa até o aprendiz conseguir 100% de acertos por um dia.
2. Após um dia de 100% de acertos em "sílabas na sequência", inicie "sequência aleatória", mas não deixe de fazer "sílabas na sequência" antes.
3. Após um dia de 100% de acertos em "sequência aleatória", inicie a leitura das palavras em "C", mas não deixe de fazer "sílabas na sequência" e nem "sequência aleatória", antes.
4. Após um dia de 100% de acertos na leitura das palavras em "C", inicie a leitura das palavras em "PB", mas não deixe de fazer "sílabas na sequência", "sequência aleatória" e nem palavras em "C" antes.
5. Após um dia de 100% de acertos na leitura das palavras em "PB", inicie a próxima sílaba, sem deixar de fazer toda a sequência dessa sílaba antes, a fim de manter as habilidades aprendidas.

C= COLORIDO   PB= PRETO E BRANCO

Aprendiz: _____ Educador: _____ Data: ___/___/___

Sílabas na sequência					Sequência aleatória						BO	LA	BA	U	BI	FE	BA	TE	U	BE	LA	BA	LE	I	A
BA	BE	BI	BO	BU	BA	BE	BI	BO	BU	C															
										PB															

Aprendiz: _____ Educador: _____ Data: ___/___/___

Sílabas na sequência					Sequência aleatória						BO	LA	BA	U	BI	FE	BA	TE	U	BE	LA	BA	LE	I	A
BA	BE	BI	BO	BU	BA	BE	BI	BO	BU	C															
										PB															

Aprendiz: _____ Educador: _____ Data: ___/___/___

Sílabas na sequência					Sequência aleatória						BO	LA	BA	U	BI	FE	BA	TE	U	BE	LA	BA	LE	I	A
BA	BE	BI	BO	BU	BA	BE	BI	BO	BU	C															
										PB															

Aprendiz: _____ Educador: _____ Data: ___/___/___

Sílabas na sequência					Sequência aleatória						BO	LA	BA	U	BI	FE	BA	TE	U	BE	LA	BA	LE	I	A
BA	BE	BI	BO	BU	BA	BE	BI	BO	BU	C															
										PB															

Aprendiz: _____ Educador: _____ Data: ___/___/___

Sílabas na sequência					Sequência aleatória						BO	LA	BA	U	BI	FE	BA	TE	U	BE	LA	BA	LE	I	A
BA	BE	BI	BO	BU	BA	BE	BI	BO	BU	C															
										PB															

Aprendiz: _____ Educador: _____ Data: ___/___/___

Sílabas na sequência					Sequência aleatória						BO	LA	BA	U	BI	FE	BA	TE	U	BE	LA	BA	LE	I	A
BA	BE	BI	BO	BU	BA	BE	BI	BO	BU	C															
										PB															

MARCAÇÃO	
V – ACERTOU SEM AJUDAS	X – ACERTOU COM AJUDAS OU ERROU

FIGURA 60 – 1.3 ENSINO DE SÍLABAS SIMPLES (NÃO FALANTES): B

1.3 ENSINO DE SÍLABAS SIMPLES (NÃO FALANTES): R

PROCEDIMENTO: Sente em uma cadeira de frente para o aprendiz e obtenha a atenção dele. Apresente o material para o aprendiz identificar. Caso ele não consiga dê ajudas e elogie (ou ofereça algo que ele goste) quando fizer. Diminua as ajudas gradativamente.
1. Comece apenas com "sílabas na sequência" e faça somente essa etapa até o aprendiz conseguir 100% de acertos por um dia.
2. Após um dia de 100% de acertos em "sílabas na sequência", inicie "sequência aleatória", mas não deixe de fazer "sílabas na sequência" antes.
3. Após um dia de 100% de acertos em "sequência aleatória", inicie a leitura das palavras em "C", mas não deixe de fazer "sílabas na sequência" e nem "sequência aleatória", antes.
4. Após um dia de 100% de acertos na leitura das palavras em "C", inicie a leitura das palavras em "PB", mas não deixe de fazer "sílabas na sequência", "sequência aleatória" e nem palavras em "C" antes.
5. Após um dia de 100% de acertos na leitura das palavras em "PB", inicie a próxima sílaba, sem deixar de fazer toda a sequência dessa sílaba antes, a fim de manter as habilidades aprendidas.

C= COLORIDO   PB= PRETO E BRANCO

Aprendiz: _____ Educador: _____ Data: ___/___/___

Sílabas na sequência					Sequência aleatória						RA	TO	RI	O	RI	MA	RI	FA	RA	BO	RO	LO
RA	RE	RI	RO	RU	RA	RE	RI	RO	RU	C												
										PB												

Aprendiz: _____ Educador: _____ Data: ___/___/___

Sílabas na sequência					Sequência aleatória						RA	TO	RI	O	RI	MA	RI	FA	RA	BO	RO	LO
RA	RE	RI	RO	RU	RA	RE	RI	RO	RU	C												
										PB												

Aprendiz: _____ Educador: _____ Data: ___/___/___

Sílabas na sequência					Sequência aleatória						RA	TO	RI	O	RI	MA	RI	FA	RA	BO	RO	LO
RA	RE	RI	RO	RU	RA	RE	RI	RO	RU	C												
										PB												

Aprendiz: _____ Educador: _____ Data: ___/___/___

Sílabas na sequência					Sequência aleatória						RA	TO	RI	O	RI	MA	RI	FA	RA	BO	RO	LO
RA	RE	RI	RO	RU	RA	RE	RI	RO	RU	C												
										PB												

Aprendiz: _____ Educador: _____ Data: ___/___/___

Sílabas na sequência					Sequência aleatória						RA	TO	RI	O	RI	MA	RI	FA	RA	BO	RO	LO
RA	RE	RI	RO	RU	RA	RE	RI	RO	RU	C												
										PB												

Aprendiz: _____ Educador: _____ Data: ___/___/___

Sílabas na sequência					Sequência aleatória						RA	TO	RI	O	RI	MA	RI	FA	RA	BO	RO	LO
RA	RE	RI	RO	RU	RA	RE	RI	RO	RU	C												
										PB												

MARCAÇÃO	
V – ACERTOU SEM AJUDAS	**X** –ACERTOU COM AJUDAS OU ERROU

FIGURA 61 - 1.3 ENSINO DE SÍLABAS SIMPLES (NÃO FALANTES): R

1.3 ENSINO DE SÍLABAS SIMPLES (NÃO FALANTES): P

PROCEDIMENTO: Sente em uma cadeira de frente para o aprendiz e obtenha a atenção dele. Apresente o material para o aprendiz identificar. Caso ele não consiga dê ajudas e elogie (ou ofereça algo que ele goste) quando fizer. Diminua as ajudas gradativamente.
1. Comece apenas com "sílabas na sequência" e faça somente essa etapa até o aprendiz conseguir 100% de acertos por um dia.
2. Após um dia de 100% de acertos em "sílabas na sequência", inicie "sequência aleatória", mas não deixe de fazer "sílabas na sequência" antes.
3. Após um dia de 100% de acertos em "sequência aleatória", inicie a leitura das palavras em "C", mas não deixe de fazer "sílabas na sequência" e nem "sequência aleatória", antes.
4. Após um dia de 100% de acertos na leitura das palavras em "C", inicie a leitura das palavras em "PB", mas não deixe de fazer "sílabas na sequência", "sequência aleatória" e nem palavras em "C" antes.
5. Após um dia de 100% de acertos na leitura das palavras em "PB", inicie a próxima sílaba, sem deixar de fazer toda a sequência dessa sílaba antes, a fim de manter as habilidades aprendidas.

C= COLORIDO   PB= PRETO E BRANCO

Aprendiz: _____ Educador: _____ Data: ___/___/___

Sílabas na sequência					Sequência aleatória						PA	TO	MA	PA	A	PI	TO	PI	PA	PA	LI	TO	PI	A
PA	PE	PI	PO	PU	PA	PE	PI	PO	PU	C														
										PB														

Aprendiz: _____ Educador: _____ Data: ___/___/___

Sílabas na sequência					Sequência aleatória						PA	TO	MA	PA	A	PI	TO	PI	PA	PA	LI	TO	PI	A
PA	PE	PI	PO	PU	PA	PE	PI	PO	PU	C														
										PB														

Aprendiz: _____ Educador: _____ Data: ___/___/___

Sílabas na sequência					Sequência aleatória						PA	TO	MA	PA	A	PI	TO	PI	PA	PA	LI	TO	PI	A
PA	PE	PI	PO	PU	PA	PE	PI	PO	PU	C														
										PB														

Aprendiz: _____ Educador: _____ Data: ___/___/___

Sílabas na sequência					Sequência aleatória						PA	TO	MA	PA	A	PI	TO	PI	PA	PA	LI	TO	PI	A
PA	PE	PI	PO	PU	PA	PE	PI	PO	PU	C														
										PB														

Aprendiz: _____ Educador: _____ Data: ___/___/___

Sílabas na sequência					Sequência aleatória						PA	TO	MA	PA	A	PI	TO	PI	PA	PA	LI	TO	PI	A
PA	PE	PI	PO	PU	PA	PE	PI	PO	PU	C														
										PB														

Aprendiz: _____ Educador: _____ Data: ___/___/___

Sílabas na sequência					Sequência aleatória						PA	TO	MA	PA	A	PI	TO	PI	PA	PA	LI	TO	PI	A
PA	PE	PI	PO	PU	PA	PE	PI	PO	PU	C														
										PB														

MARCAÇÃO	
V – ACERTOU SEM AJUDAS	**X** – ACERTOU COM AJUDAS OU ERROU

FIGURA 62 – 1.3 ENSINO DE SÍLABAS SIMPLES (NÃO FALANTES): P

1.3 ENSINO DE SÍLABAS SIMPLES (NÃO FALANTES): N

PROCEDIMENTO: Sente em uma cadeira de frente para o aprendiz e obtenha a atenção dele. Apresente o material para o aprendiz identificar. Caso ele não consiga dê ajudas e elogie (ou ofereça algo que ele goste) quando fizer. Diminua as ajudas gradativamente.
1. Comece apenas com "sílabas na sequência" e faça somente essa etapa até o aprendiz conseguir 100% de acertos por um dia.
2. Após um dia de 100% de acertos em "sílabas na sequência", inicie "sequência aleatória", mas não deixe de fazer "sílabas na sequência" antes.
3. Após um dia de 100% de acertos em "sequência aleatória", inicie a leitura das palavras em "C", mas não deixe de fazer "sílabas na sequência" e nem "sequência aleatória", antes.
4. Após um dia de 100% de acertos na leitura das palavras em "C", inicie a leitura das palavras em "PB", mas não deixe de fazer "sílabas na sequência", "sequência aleatória" e nem palavras em "C" antes.
5. Após um dia de 100% de acertos na leitura das palavras em "PB", inicie a próxima sílaba, sem deixar de fazer toda a sequência dessa sílaba antes, a fim de manter as habilidades aprendidas.

C= COLORIDO   PB= PRETO E BRANCO

Aprendiz: _____ Educador: _____ Data: ___/___/___

Sílabas na sequência					Sequência aleatória						NO	ME	PE	NA	ME	NI	NA	PA	NE	LA	NE	TO	A	LU	NO
NA	NE	NI	NO	NU	NA	NE	NI	NO	NU	C															
										PB															

Aprendiz: _____ Educador: _____ Data: ___/___/___

Sílabas na sequência					Sequência aleatória						NO	ME	PE	NA	ME	NI	NA	PA	NE	LA	NE	TO	A	LU	NO
NA	NE	NI	NO	NU	NA	NE	NI	NO	NU	C															
										PB															

Aprendiz: _____ Educador: _____ Data: ___/___/___

Sílabas na sequência					Sequência aleatória						NO	ME	PE	NA	ME	NI	NA	PA	NE	LA	NE	TO	A	LU	NO
NA	NE	NI	NO	NU	NA	NE	NI	NO	NU	C															
										PB															

Aprendiz: _____ Educador: _____ Data: ___/___/___

Sílabas na sequência					Sequência aleatória						NO	ME	PE	NA	ME	NI	NA	PA	NE	LA	NE	TO	A	LU	NO
NA	NE	NI	NO	NU	NA	NE	NI	NO	NU	C															
										PB															

Aprendiz: _____ Educador: _____ Data: ___/___/___

Sílabas na sequência					Sequência aleatória						NO	ME	PE	NA	ME	NI	NA	PA	NE	LA	NE	TO	A	LU	NO
NA	NE	NI	NO	NU	NA	NE	NI	NO	NU	C															
										PB															

Aprendiz: _____ Educador: _____ Data: ___/___/___

Sílabas na sequência					Sequência aleatória						NO	ME	PE	NA	ME	NI	NA	PA	NE	LA	NE	TO	A	LU	NO
NA	NE	NI	NO	NU	NA	NE	NI	NO	NU	C															
										PB															

MARCAÇÃO	
V – ACERTOU SEM AJUDAS	X –ACERTOU COM AJUDAS OU ERROU

FIGURA 63 – 1.3 ENSINO DE SÍLABAS SIMPLES (NÃO FALANTES): N

1.3 ENSINO DE SÍLABAS SIMPLES (NÃO FALANTES): V

PROCEDIMENTO: Sente em uma cadeira de frente para o aprendiz e obtenha a atenção dele. Apresente o material para o aprendiz identificar. Caso ele não consiga dê ajudas e elogie (ou ofereça algo que ele goste) quando fizer. Diminua as ajudas gradativamente.
1. Comece apenas com "sílabas na sequência" e faça somente essa etapa até o aprendiz conseguir 100% de acertos por um dia.
2. Após um dia de 100% de acertos em "sílabas na sequência", inicie "sequência aleatória", mas não deixe de fazer "sílabas na sequência" antes.
3. Após um dia de 100% de acertos em "sequência aleatória", inicie a leitura das palavras em "C", mas não deixe de fazer "sílabas na sequência" e nem "sequência aleatória", antes.
4. Após um dia de 100% de acertos na leitura das palavras em "C", inicie a leitura das palavras em "PB", mas não deixe de fazer "sílabas na sequência", "sequência aleatória" e nem palavras em "C" antes.
5. Após um dia de 100% de acertos na leitura das palavras em "PB", inicie a próxima sílaba, sem deixar de fazer toda a sequência dessa sílaba antes, a fim de manter as habilidades aprendidas.

C= COLORIDO   PB= PRETO E BRANCO

Aprendiz: _____ Educador: _____ Data: ___/___/___

Sílabas na sequência					Sequência aleatória						NO	VE	LU	VA	NO	VE	LA	VO	VO	VE	LA	VI	O	LE	TA
VA	VE	VI	VO	VU	VA	VE	VI	VO	VU	C															
										PB															

Aprendiz: _____ Educador: _____ Data: ___/___/___

Sílabas na sequência					Sequência aleatória						NO	VE	LU	VA	NO	VE	LA	VO	VO	VE	LA	VI	O	LE	TA
VA	VE	VI	VO	VU	VA	VE	VI	VO	VU	C															
										PB															

Aprendiz: _____ Educador: _____ Data: ___/___/___

Sílabas na sequência					Sequência aleatória						NO	VE	LU	VA	NO	VE	LA	VO	VO	VE	LA	VI	O	LE	TA
VA	VE	VI	VO	VU	VA	VE	VI	VO	VU	C															
										PB															

Aprendiz: _____ Educador: _____ Data: ___/___/___

Sílabas na sequência					Sequência aleatória						NO	VE	LU	VA	NO	VE	LA	VO	VO	VE	LA	VI	O	LE	TA
VA	VE	VI	VO	VU	VA	VE	VI	VO	VU	C															
										PB															

Aprendiz: _____ Educador: _____ Data: ___/___/___

Sílabas na sequência					Sequência aleatória						NO	VE	LU	VA	NO	VE	LA	VO	VO	VE	LA	VI	O	LE	TA
VA	VE	VI	VO	VU	VA	VE	VI	VO	VU	C															
										PB															

Aprendiz: _____ Educador: _____ Data: ___/___/___

Sílabas na sequência					Sequência aleatória						NO	VE	LU	VA	NO	VE	LA	VO	VO	VE	LA	VI	O	LE	TA
VA	VE	VI	VO	VU	VA	VE	VI	VO	VU	C															
										PB															

MARCAÇÃO	
V – ACERTOU SEM AJUDAS	**X** – ACERTOU COM AJUDAS OU ERROU

FIGURA 64 – 1.3 ENSINO DE SÍLABAS SIMPLES (NÃO FALANTES): V

1.3 ENSINO DE SÍLABAS SIMPLES (NÃO FALANTES): S

PROCEDIMENTO: Sente em uma cadeira de frente para o aprendiz e obtenha a atenção dele. Apresente o material para o aprendiz identificar. Caso ele não consiga dê ajudas e elogie (ou ofereça algo que ele goste) quando fizer. Diminua as ajudas gradativamente.
1. Comece apenas com "sílabas na sequência" e faça somente essa etapa até o aprendiz conseguir 100% de acertos por um dia.
2. Após um dia de 100% de acertos em "sílabas na sequência", inicie "sequência aleatória", mas não deixe de fazer "sílabas na sequência" antes.
3. Após um dia de 100% de acertos em "sequência aleatória", inicie a leitura das palavras em "C", mas não deixe de fazer "sílabas na sequência" e nem "sequência aleatória" antes.
4. Após um dia de 100% de acertos na leitura das palavras em "C", inicie a leitura das palavras em "PB", mas não deixe de fazer "sílabas na sequência", "sequência aleatória" e nem palavras em "C" antes.
5. Após um dia de 100% de acertos na leitura das palavras em "PB", inicie a próxima sílaba, sem deixar de fazer toda a sequência dessa sílaba antes, a fim de manter as habilidades aprendidas.

C= COLORIDO   PB= PRETO E BRANCO

Aprendiz: _____ Educador: _____ Data: ___/___/___

Sílabas na sequência					Sequência aleatória						SA	PO	SO	FA	SA	LA	SA	PA	TO	SE	TE	SA	BO	NE	TE
SA	SE	SI	SO	SU	SA	SE	SI	SO	SU	C															
										PB															

Aprendiz: _____ Educador: _____ Data: ___/___/___

Sílabas na sequência					Sequência aleatória						SA	PO	SO	FA	SA	LA	SA	PA	TO	SE	TE	SA	BO	NE	TE
SA	SE	SI	SO	SU	SA	SE	SI	SO	SU	C															
										PB															

Aprendiz: _____ Educador: _____ Data: ___/___/___

Sílabas na sequência					Sequência aleatória						SA	PO	SO	FA	SA	LA	SA	PA	TO	SE	TE	SA	BO	NE	TE
SA	SE	SI	SO	SU	SA	SE	SI	SO	SU	C															
										PB															

Aprendiz: _____ Educador: _____ Data: ___/___/___

Sílabas na sequência					Sequência aleatória						SA	PO	SO	FA	SA	LA	SA	PA	TO	SE	TE	SA	BO	NE	TE
SA	SE	SI	SO	SU	SA	SE	SI	SO	SU	C															
										PB															

Aprendiz: _____ Educador: _____ Data: ___/___/___

Sílabas na sequência					Sequência aleatória						SA	PO	SO	FA	SA	LA	SA	PA	TO	SE	TE	SA	BO	NE	TE
SA	SE	SI	SO	SU	SA	SE	SI	SO	SU	C															
										PB															

Aprendiz: _____ Educador: _____ Data: ___/___/___

Sílabas na sequência					Sequência aleatória						SA	PO	SO	FA	SA	LA	SA	PA	TO	SE	TE	SA	BO	NE	TE
SA	SE	SI	SO	SU	SA	SE	SI	SO	SU	C															
										PB															

MARCAÇÃO	
V – ACERTOU SEM AJUDAS	**X** – ACERTOU COM AJUDAS OU ERROU

FIGURA 65 – 1.3 ENSINO DE SÍLABAS SIMPLES (NÃO FALANTES): S

1.3 ENSINO DE SÍLABAS SIMPLES (NÃO FALANTES): D

PROCEDIMENTO: Sente em uma cadeira de frente para o aprendiz e obtenha a atenção dele. Apresente o material para o aprendiz identificar. Caso ele não consiga dê ajudas e elogie (ou ofereça algo que ele goste) quando fizer. Diminua as ajudas gradativamente.
1. Comece apenas com "sílabas na sequência" e faça somente essa etapa até o aprendiz conseguir 100% de acertos por um dia.
2. Após um dia de 100% de acertos em "sílabas na sequência", inicie "sequência aleatória", mas não deixe de fazer "sílabas na sequência" antes.
3. Após um dia de 100% de acertos em "sequência aleatória", inicie a leitura das palavras em "C", mas não deixe de fazer "sílabas na sequência" e nem "sequência aleatória", antes.
4. Após um dia de 100% de acertos na leitura das palavras em "C", inicie a leitura das palavras em "PB", mas não deixe de fazer "sílabas na sequência", "sequência aleatória" e nem palavras em "C" antes.
5. Após um dia de 100% de acertos na leitura das palavras em "PB", inicie a próxima sílaba, sem deixar de fazer toda a sequência dessa sílaba antes, a fim de manter as habilidades aprendidas.

C= COLORIDO   PB= PRETO E BRANCO

Aprendiz: _____ Educador: _____ Data: ___/___/___

Sílabas na sequência					Sequência aleatória						DA	DO	RO	DA	DI	A	SA	LA	DA	I	DA	DE	DA	TA
DA	DE	DI	DO	DU	DA	DE	DI	DO	DU	C														
										PB														

Aprendiz: _____ Educador: _____ Data: ___/___/___

Sílabas na sequência					Sequência aleatória						DA	DO	RO	DA	DI	A	SA	LA	DA	I	DA	DE	DA	TA
DA	DE	DI	DO	DU	DA	DE	DI	DO	DU	C														
										PB														

Aprendiz: _____ Educador: _____ Data: ___/___/___

Sílabas na sequência					Sequência aleatória						DA	DO	RO	DA	DI	A	SA	LA	DA	I	DA	DE	DA	TA
DA	DE	DI	DO	DU	DA	DE	DI	DO	DU	C														
										PB														

Aprendiz: _____ Educador: _____ Data: ___/___/___

Sílabas na sequência					Sequência aleatória						DA	DO	RO	DA	DI	A	SA	LA	DA	I	DA	DE	DA	TA
DA	DE	DI	DO	DU	DA	DE	DI	DO	DU	C														
										PB														

Aprendiz: _____ Educador: _____ Data: ___/___/___

Sílabas na sequência					Sequência aleatória						DA	DO	RO	DA	DI	A	SA	LA	DA	I	DA	DE	DA	TA
DA	DE	DI	DO	DU	DA	DE	DI	DO	DU	C														
										PB														

Aprendiz: _____ Educador: _____ Data: ___/___/___

Sílabas na sequência					Sequência aleatória						DA	DO	RO	DA	DI	A	SA	LA	DA	I	DA	DE	DA	TA
DA	DE	DI	DO	DU	DA	DE	DI	DO	DU	C														
										PB														

MARCAÇÃO	
V – ACERTOU SEM AJUDAS	X – ACERTOU COM AJUDAS OU ERROU

FIGURA 66 – 1.3 ENSINO DE SÍLABAS SIMPLES (NÃO FALANTES): D

1.3 ENSINO DE SÍLABAS SIMPLES (NÃO FALANTES): J

PROCEDIMENTO: Sente em uma cadeira de frente para o aprendiz e obtenha a atenção dele. Apresente o material para o aprendiz identificar. Caso ele não consiga dê ajudas e elogie (ou ofereça algo que ele goste) quando fizer. Diminua as ajudas gradativamente.
1. Comece apenas com "sílabas na sequência" e faça somente essa etapa até o aprendiz conseguir 100% de acertos por um dia.
2. Após um dia de 100% de acertos em "sílabas na sequência", inicie "sequência aleatória", mas não deixe de fazer "sílabas na sequência" antes.
3. Após um dia de 100% de acertos em "sequência aleatória", inicie a leitura das palavras em "C", mas não deixe de fazer "sílabas na sequência" e nem "sequência aleatória", antes.
4. Após um dia de 100% de acertos na leitura das palavras em "C", inicie a leitura das palavras em "PB", mas não deixe de fazer "sílabas na sequência", "sequência aleatória" e nem palavras em "C" antes.
5. Após um dia de 100% de acertos na leitura das palavras em "PB", inicie a próxima sílaba, sem deixar de fazer toda a sequência dessa sílaba antes, a fim de manter as habilidades aprendidas.

C= COLORIDO   PB= PRETO E BRANCO

Aprendiz: _____ Educador: _____ Data: ___/___/___

Sílabas na sequência					Sequência aleatória						SU	JO	JU	BA	JI	LO	PA	JE	BE	I	JO	JA	NE	LA
JA	JE	JI	JO	JU	JA	JE	JI	JO	JU	C														
										PB														

Aprendiz: _____ Educador: _____ Data: ___/___/___

Sílabas na sequência					Sequência aleatória						SU	JO	JU	BA	JI	LO	PA	JE	BE	I	JO	JA	NE	LA
JA	JE	JI	JO	JU	JA	JE	JI	JO	JU	C														
										PB														

Aprendiz: _____ Educador: _____ Data: ___/___/___

Sílabas na sequência					Sequência aleatória						SU	JO	JU	BA	JI	LO	PA	JE	BE	I	JO	JA	NE	LA
JA	JE	JI	JO	JU	JA	JE	JI	JO	JU	C														
										PB														

Aprendiz: _____ Educador: _____ Data: ___/___/___

Sílabas na sequência					Sequência aleatória						SU	JO	JU	BA	JI	LO	PA	JE	BE	I	JO	JA	NE	LA
JA	JE	JI	JO	JU	JA	JE	JI	JO	JU	C														
										PB														

Aprendiz: _____ Educador: _____ Data: ___/___/___

Sílabas na sequência					Sequência aleatória						SU	JO	JU	BA	JI	LO	PA	JE	BE	I	JO	JA	NE	LA
JA	JE	JI	JO	JU	JA	JE	JI	JO	JU	C														
										PB														

Aprendiz: _____ Educador: _____ Data: ___/___/___

Sílabas na sequência					Sequência aleatória						SU	JO	JU	BA	JI	LO	PA	JE	BE	I	JO	JA	NE	LA
JA	JE	JI	JO	JU	JA	JE	JI	JO	JU	C														
										PB														

MARCAÇÃO	
V – ACERTOU SEM AJUDAS	**X** – ACERTOU COM AJUDAS OU ERROU

FIGURA 67 – 1.3 ENSINO DE SÍLABAS SIMPLES (NÃO FALANTES): J

1.3 ENSINO DE SÍLABAS SIMPLES (NÃO FALANTES): X

PROCEDIMENTO: Sente em uma cadeira de frente para o aprendiz e obtenha a atenção dele. Apresente o material para o aprendiz identificar. Caso ele não consiga dê ajudas e elogie (ou ofereça algo que ele goste) quando fizer. Diminua as ajudas gradativamente.
1. Comece apenas com "sílabas na sequência" e faça somente essa etapa até o aprendiz conseguir 100% de acertos por um dia.
2. Após um dia de 100% de acertos em "sílabas na sequência", inicie "sequência aleatória", mas não deixe de fazer "sílabas na sequência" antes.
3. Após um dia de 100% de acertos em "sequência aleatória", inicie a leitura das palavras em "C", mas não deixe de fazer "sílabas na sequência" e nem "sequência aleatória", antes.
4. Após um dia de 100% de acertos na leitura das palavras em "C", inicie a leitura das palavras em "PB", mas não deixe de fazer "sílabas na sequência", "sequência aleatória" e nem palavras em "C" antes.
5. Após um dia de 100% de acertos na leitura das palavras em "PB", inicie a próxima sílaba, sem deixar de fazer toda a sequência dessa sílaba antes, a fim de manter as habilidades aprendidas.

C= COLORIDO   PB= PRETO E BRANCO

Aprendiz: _____ Educador: _____ Data: ___/___/___

Sílabas na sequência					Sequência aleatória						XA	LE	LI	XO	PE	I	XE	RO	XO	FA	XI	NA	TA	XA
XA	XE	XI	XO	XU	XA	XE	XI	XO	XU	C														
										PB														

Aprendiz: _____ Educador: _____ Data: ___/___/___

Sílabas na sequência					Sequência aleatória						XA	LE	LI	XO	PE	I	XE	RO	XO	FA	XI	NA	TA	XA
XA	XE	XI	XO	XU	XA	XE	XI	XO	XU	C														
										PB														

Aprendiz: _____ Educador: _____ Data: ___/___/___

Sílabas na sequência					Sequência aleatória						XA	LE	LI	XO	PE	I	XE	RO	XO	FA	XI	NA	TA	XA
XA	XE	XI	XO	XU	XA	XE	XI	XO	XU	C														
										PB														

Aprendiz: _____ Educador: _____ Data: ___/___/___

Sílabas na sequência					Sequência aleatória						XA	LE	LI	XO	PE	I	XE	RO	XO	FA	XI	NA	TA	XA
XA	XE	XI	XO	XU	XA	XE	XI	XO	XU	C														
										PB														

Aprendiz: _____ Educador: _____ Data: ___/___/___

Sílabas na sequência					Sequência aleatória						XA	LE	LI	XO	PE	I	XE	RO	XO	FA	XI	NA	TA	XA
XA	XE	XI	XO	XU	XA	XE	XI	XO	XU	C														
										PB														

Aprendiz: _____ Educador: _____ Data: ___/___/___

Sílabas na sequência					Sequência aleatória						XA	LE	LI	XO	PE	I	XE	RO	XO	FA	XI	NA	TA	XA
XA	XE	XI	XO	XU	XA	XE	XI	XO	XU	C														
										PB														

MARCAÇÃO	
V – ACERTOU SEM AJUDAS	X – ACERTOU COM AJUDAS OU ERROU

FIGURA 68 – 1.3 ENSINO DE SÍLABAS SIMPLES (NÃO FALANTES): X

1.3 ENSINO DE SÍLABAS SIMPLES (NÃO FALANTES): Z

PROCEDIMENTO: Sente em uma cadeira de frente para o aprendiz e obtenha a atenção dele. Apresente o material para o aprendiz identificar. Caso ele não consiga dê ajudas e elogie (ou ofereça algo que ele goste) quando fizer. Diminua as ajudas gradativamente.
1. Comece apenas com "sílabas na sequência" e faça somente essa etapa até o aprendiz conseguir 100% de acertos por um dia.
2. Após um dia de 100% de acertos em "sílabas na sequência", inicie "sequência aleatória", mas não deixe de fazer "sílabas na sequência" antes.
3. Após um dia de 100% de acertos em "sequência aleatória", inicie a leitura das palavras em "C", mas não deixe de fazer "sílabas na sequência" e nem "sequência aleatória", antes.
4. Após um dia de 100% de acertos na leitura das palavras em "C", inicie a leitura das palavras em "PB", mas não deixe de fazer "sílabas na sequência", "sequência aleatória" e nem palavras em "C" antes.
5. Após um dia de 100% de acertos na leitura das palavras em "PB", inicie a próxima sílaba, sem deixar de fazer toda a sequência dessa sílaba antes, a fim de manter as habilidades aprendidas.

C= COLORIDO   PB= PRETO E BRANCO

Aprendiz: _____ Educador: _____ Data: ___/___/___

Sílabas na sequência					Sequência aleatória						ZE	BU	BU	ZI	NA	A	ZE	DO	DO	ZE	VA	ZI	O	BE	LE	ZA
ZA	ZE	ZI	ZO	ZU	ZA	ZE	ZI	ZO	ZU	C																
										PB																

Aprendiz: _____ Educador: _____ Data: ___/___/___

Sílabas na sequência					Sequência aleatória						ZE	BU	BU	ZI	NA	A	ZE	DO	DO	ZE	VA	ZI	O	BE	LE	ZA
ZA	ZE	ZI	ZO	ZU	ZA	ZE	ZI	ZO	ZU	C																
										PB																

Aprendiz: _____ Educador: _____ Data: ___/___/___

Sílabas na sequência					Sequência aleatória						ZE	BU	BU	ZI	NA	A	ZE	DO	DO	ZE	VA	ZI	O	BE	LE	ZA
ZA	ZE	ZI	ZO	ZU	ZA	ZE	ZI	ZO	ZU	C																
										PB																

Aprendiz: _____ Educador: _____ Data: ___/___/___

Sílabas na sequência					Sequência aleatória						ZE	BU	BU	ZI	NA	A	ZE	DO	DO	ZE	VA	ZI	O	BE	LE	ZA
ZA	ZE	ZI	ZO	ZU	ZA	ZE	ZI	ZO	ZU	C																
										PB																

Aprendiz: _____ Educador: _____ Data: ___/___/___

Sílabas na sequência					Sequência aleatória						ZE	BU	BU	ZI	NA	A	ZE	DO	DO	ZE	VA	ZI	O	BE	LE	ZA
ZA	ZE	ZI	ZO	ZU	ZA	ZE	ZI	ZO	ZU	C																
										PB																

Aprendiz: _____ Educador: _____ Data: ___/___/___

Sílabas na sequência					Sequência aleatória						ZE	BU	BU	ZI	NA	A	ZE	DO	DO	ZE	VA	ZI	O	BE	LE	ZA
ZA	ZE	ZI	ZO	ZU	ZA	ZE	ZI	ZO	ZU	C																
										PB																

MARCAÇÃO	
V – ACERTOU SEM AJUDAS	**X** – ACERTOU COM AJUDAS OU ERROU

FIGURA 69 - 1.3 ENSINO DE SÍLABAS SIMPLES (NÃO FALANTES): Z

1.3 ENSINO DE SÍLABAS SIMPLES (NÃO FALANTES): C

PROCEDIMENTO: Sente em uma cadeira de frente para o aprendiz e obtenha a atenção dele. Apresente o material para o aprendiz identificar. Caso ele não consiga dê ajudas e elogie (ou ofereça algo que ele goste) quando fizer. Diminua as ajudas gradativamente.
1. Comece apenas com "sílabas na sequência" e faça somente essa etapa até o aprendiz conseguir 100% de acertos por um dia.
2. Após um dia de 100% de acertos em "sílabas na sequência", inicie "sequência aleatória", mas não deixe de fazer "sílabas na sequência" antes.
3. Após um dia de 100% de acertos em "sequência aleatória", inicie a leitura das palavras em "C", mas não deixe de fazer "sílabas na sequência" e nem "sequência aleatória", antes.
4. Após um dia de 100% de acertos na leitura das palavras em "C", inicie a leitura das palavras em "PB", mas não deixe de fazer "sílabas na sequência", "sequência aleatória" e nem palavras em "C" antes.
5. Após um dia de 100% de acertos na leitura das palavras em "PB", inicie a próxima sílaba, sem deixar de fazer toda a sequência dessa sílaba antes, a fim de manter as habilidades aprendidas.

C= COLORIDO   PB= PRETO E BRANCO

Aprendiz: _____ Educador: _____ Data: ___/___/___

Sílabas na sequência			Sequência aleatória				CA	LO	FA	CA	SA	CO	LA	CU	E	CA	CO	XA	A	BA	CA	XI
CA	CO	CU	CA	CO	CU	C																
						PB																

Aprendiz: _____ Educador: _____ Data: ___/___/___

Sílabas na sequência			Sequência aleatória				CA	LO	FA	CA	SA	CO	LA	CU	E	CA	CO	XA	A	BA	CA	XI
CA	CO	CU	CA	CO	CU	C																
						PB																

Aprendiz: _____ Educador: _____ Data: ___/___/___

Sílabas na sequência			Sequência aleatória				CA	LO	FA	CA	SA	CO	LA	CU	E	CA	CO	XA	A	BA	CA	XI
CA	CO	CU	CA	CO	CU	C																
						PB																

Aprendiz: _____ Educador: _____ Data: ___/___/___

Sílabas na sequência			Sequência aleatória				CA	LO	FA	CA	SA	CO	LA	CU	E	CA	CO	XA	A	BA	CA	XI
CA	CO	CU	CA	CO	CU	C																
						PB																

Aprendiz: _____ Educador: _____ Data: ___/___/___

Sílabas na sequência			Sequência aleatória				CA	LO	FA	CA	SA	CO	LA	CU	E	CA	CO	XA	A	BA	CA	XI
CA	CO	CU	CA	CO	CU	C																
						PB																

Aprendiz: _____ Educador: _____ Data: ___/___/___

Sílabas na sequência			Sequência aleatória				CA	LO	FA	CA	SA	CO	LA	CU	E	CA	CO	XA	A	BA	CA	XI
CA	CO	CU	CA	CO	CU	C																
						PB																

MARCAÇÃO	
V – ACERTOU SEM AJUDAS	X – ACERTOU COM AJUDAS OU ERROU

FIGURA 70 – 1.3 ENSINO DE SÍLABAS SIMPLES (NÃO FALANTES): C

1.3 ENSINO DE SÍLABAS SIMPLES (NÃO FALANTES): G

PROCEDIMENTO: Sente em uma cadeira de frente para o aprendiz e obtenha a atenção dele. Apresente o material para o aprendiz identificar. Caso ele não consiga dê ajudas e elogie (ou ofereça algo que ele goste) quando fizer. Diminua as ajudas gradativamente.
Comece apenas com "sílabas na sequência" e faça somente essa etapa até o aprendiz conseguir 100% de acertos por um dia.
. Após um dia de 100% de acertos em "sílabas na sequência", inicie "sequência aleatória", mas não deixe de fazer "sílabas na sequência" antes.
. Após um dia de 100% de acertos em "sequência aleatória", inicie a leitura das palavras em "C", mas não deixe de fazer "sílabas na sequência" e nem "sequência aleatória", antes.
. Após um dia de 100% de acertos na leitura das palavras em "C", inicie a leitura das palavras em "PB", mas não deixe de fazer "sílabas na sequência", "sequência aleatória" nem palavras em "C" antes.
. Após um dia de 100% de acertos na leitura das palavras em "PB", inicie a próxima sílaba, sem deixar de fazer toda a sequência dessa sílaba antes, a fim de manter as habilidades aprendidas.

C= COLORIDO   PB= PRETO E BRANCO

Aprendiz: _____ Educador: _____ Data: ___/___/___

Sílabas na sequência			Sequência aleatória				GA	TO	GO	MA	GU	LA	FO	GO	BI	GO	DE	BE	XI	GA
GA	GO	GU	GA	GO	GU	C														
						PB														

Aprendiz: _____ Educador: _____ Data: ___/___/___

Sílabas na sequência			Sequência aleatória				GA	TO	GO	MA	GU	LA	FO	GO	BI	GO	DE	BE	XI	GA
GA	GO	GU	GA	GO	GU	C														
						PB														

Aprendiz: _____ Educador: _____ Data: ___/___/___

Sílabas na sequência			Sequência aleatória				GA	TO	GO	MA	GU	LA	FO	GO	BI	GO	DE	BE	XI	GA
GA	GO	GU	GA	GO	GU	C														
						PB														

Aprendiz: _____ Educador: _____ Data: ___/___/___

Sílabas na sequência			Sequência aleatória				GA	TO	GO	MA	GU	LA	FO	GO	BI	GO	DE	BE	XI	GA
GA	GO	GU	GA	GO	GU	C														
						PB														

Aprendiz: _____ Educador: _____ Data: ___/___/___

Sílabas na sequência			Sequência aleatória				GA	TO	GO	MA	GU	LA	FO	GO	BI	GO	DE	BE	XI	GA
GA	GO	GU	GA	GO	GU	C														
						PB														

Aprendiz: _____ Educador: _____ Data: ___/___/___

Sílabas na sequência			Sequência aleatória				GA	TO	GO	MA	GU	LA	FO	GO	BI	GO	DE	BE	XI	GA
GA	GO	GU	GA	GO	GU	C														
						PB														

MARCAÇÃO	
V – ACERTOU SEM AJUDAS	X – ACERTOU COM AJUDAS OU ERROU

FIGURA 71 – 1.3 ENSINO DE SÍLABAS SIMPLES (NÃO FALANTES): G

3.4.3 PROTOCOLO DE OBJETIVOS E METAS

O programa de ensino de sílabas simples é constituído por seis conjuntos compostos por dois ou três grupos silábicos cada um (ver Figura 53). O protocolo de Objetivos e Metas (Figura 54) tem a função de auxiliar na administração do ensino, grupo por grupo. Comece o ensino a partir do primeiro grupo silábico e avance, um por um, à medida que o aprendiz atingir o critério de aprendizagem em cada grupo, até o décimo sexto. Para começar, você deve marcar um X a lápis na coluna "Ensino", na altura da linha do primeiro grupo silábico (T). Nas outras linhas marque um X na coluna "Não ensinado". Quando o aprendiz atingir o critério de aprendizagem no primeiro grupo, você deve apagar o X que está na coluna "Ensino", fazer um novo X na coluna "Manutenção" (altura da linha do grupo silábico T) e marcar um X na coluna "Ensino", na altura da linha do próximo grupo silábico (L). Siga dessa maneira, sucessivamente, até o último grupo silábico.

3.4.4 PROTOCOLO DE MANUTENÇÃO

O programa para o ensino de sílabas simples é longo e por isso o uso do protocolo de Manutenção será realizado ao término de cada Conjunto. Descreveremos posteriormente, em procedimentos, o momento da utilização desse protocolo, que é simples de ser preenchido; basta colocar a data da realização da atividade e escrever V para acertos e X para erros ou ajudas (Figura 55).

3.4.5 PROTOCOLOS CERTO/ERRADO

Para cada grupo silábico há um protocolo específico (ver Figuras 56 a 71). Utilize pastas ou um fichário para organizar os seus registros. O educador deve preencher o nome do aprendiz, o nome dele e a data da atividade. Cada retângulo deve ser utilizado para um dia de atividade; há a especificação das etapas do ensino e espaços em branco nos quais o educador deve escrever V para acertos e X para erros ou respostas com ajuda.

3.4.6 MATERIAIS

O material a ser utilizado para cada grupo silábico (Anexo 3) é composto por: a) sílabas escritas em letras de imprensa maiúsculas, estando vogais em vermelho, consoantes em preto e delimitações em azul; b) palavras de cada grupo silábico escritas em letras de imprensa maiúsculas, estando vogais em vermelho, consoantes em preto e delimitações em azul; c) palavras de cada grupo silábico escritas em letras pretas de imprensa maiúsculas.

3.4.7 PROCEDIMENTOS DE ENSINO

O ensino de cada sílaba será dividido em quatro etapas. As etapas serão cumulativas, ou seja, quando o aprendiz atingir o critério em uma etapa, você iniciará a próxima etapa, mas não deixará de fazer a etapa atual nem as anteriores. Siga rigorosamente a sequência de ensino e os critérios de aprendizagem e de Manutenção, para obter sucesso no ensino. As etapas serão descritas a seguir:

1) SÍLABAS NA SEQUÊNCIA: este será o primeiro contato do aprendiz com o grupo silábico. Dessa maneira, na primeira sessão, você deverá se preocupar em ensinar ao aprendiz a lógica da junção entre consoante e vogal, que se transforma em sílaba. Comece mostrando ao aprendiz a consoante, enfatizando o som e não o nome dela. Explique para o aprendiz que juntando aquela consoante, que tem um som específico, com a vogal, forma-se a sílaba (mostre para ele); faça isso com todas as vogais. Após essa apresentação, nomeie as sílabas na sequência, apontando para cada sílaba ao nomear, e peça ao aprendiz para observar. Nas sessões posteriores não é necessário fazer essa apresentação novamente. A atividade começa quando você dita cada sílaba na sequência (TA, TE, TI, TO, TU) e pede ao

FIGURA 72 – SÍLABAS NA SEQUÊNCIA

aprendiz para apontar a sílaba ditada (ex. diga "me mostre o TA"). O aprendiz deve mostrar cada sílaba à medida que você pergunta; caso ele não consiga, ajude apontando para a sílaba correta (Figura 72). Marque no protocolo em "Sílabas na sequência", abaixo de cada sílaba, V para respostas corretas do aprendiz e X para respostas incorretas. Os espaços destinados ao registro das outras etapas deverão ficar em branco. Quando o aprendiz obtiver 100% de acertos em um dia de atividade, nesta etapa, você poderá inserir a etapa seguinte e a sua atividade passará a ser realizada com as duas etapas.

2) SEQUÊNCIA ALEATÓRIA: para evitar que o aprendiz decore a sequência e não aprenda as sílabas, nesta etapa você vai pedir ao aprendiz para identificar as sílabas fora de ordem. Você deve ditar cada uma das sílabas, em sequência aleatória, e solicitar ao aprendiz que te mostre qual sílaba você ditou (diga, por exemplo, "onde está o TO?"). Marque no protocolo em "Sequência aleatória", abaixo de cada sílaba, V para respostas corretas do aprendiz e X para respostas incorretas. Os espaços destinados ao registro das etapas seguintes devem ficar em branco. Quando o aprendiz obtiver 100% de acertos em um dia de atividade, nesta etapa, você poderá inserir a etapa seguinte e a sua atividade passará a ser realizada com três etapas.

3) PALAVRAS COLORIDAS (C): nesta etapa o aprendiz vai identificar palavras compostas pelas sílabas que estão sendo ensinadas e por sílabas que foram ensinadas anteriormente. As cores diferentes para consoantes, vogais

FIGURA 73 - PALAVRAS COLORIDAS

e demarcações são procedimentos de ajuda para diminuir a probabilidade de erros (Figura 73). Você deve ditar, pausadamente, cada uma das palavras, em sequência aleatória, e solicitar ao aprendiz que te mostre qual palavra você ditou (diga, por exemplo, "onde está escrito TATU"?). Marque no protocolo, abaixo de cada palavra, na linha "C", V para identificação correta e X para respostas incorretas. Os espaços destinados ao registro da etapa seguinte deverão ficar em branco. Quando o aprendiz obtiver 100% de acertos em um dia de atividade, nesta etapa, você poderá inserir a etapa seguinte e a sua atividade passará a ser realizada com quatro etapas.

4) Palavras em preto e branco (PB): as palavras serão apresentadas em preto porque as cores utilizadas na etapa anterior são procedimentos de ajuda. Assim, nesta etapa, retiramos essas ajudas (Figura 74). Você deve ditar, pausadamente, cada uma das palavras, em sequência aleatória, e solicitar ao aprendiz que te mostre qual palavra você ditou (diga, por exemplo, "Onde está escrito IATE"?). Marque no protocolo, abaixo de cada palavra, na linha "PB", V para identificação correta e X para respostas incorretas. O critério de aprendizagem nesta etapa é de 100% em um dia de atividade; nesse caso você pode iniciar as atividades com o grupo silábico seguinte. Atente-se aos critérios de Manutenção do grupo silábico aprendido.

FIGURA 74 - PALAVRAS EM PRETO E BRANCO

3.4.8 PROCEDIMENTOS PARA A MANUTENÇÃO DAS SÍLABAS POR CONJUNTO SILÁBICO

Lembre-se que este programa é constituído por seis conjuntos compostos por dois ou três grupos silábicos cada um e que a sequência de introdução das sílabas foi planejada para ensinar e manter as habilidades aprendidas (ver Figura 53). Para o ensino de cada grupo silábico, deve-se utilizar os protocolos específicos, indicados anteriormente (ver Figuras 56 a 71). À medida que um grupo silábico é aprendido, o uso do protocolo de ensino do tipo Certo/Errado das sílabas aprendidas deve ser mantido até o término do conjunto do qual as sílabas fazem parte. Por exemplo, o Conjunto 1 é composto pelos grupos silábicos de T, L e M. Quando o aprendiz atinge o critério de aprendizagem em T e passa para as sílabas de L, mantêm-se as atividades e o protocolo de T para evitar que o aprendiz perca as habilidades aprendidas. O mesmo ocorrerá quando o aprendiz obtiver critério para início das sílabas de M; mantêm-se as atividades e os protocolos de T e L. Ao término das sílabas de M, que é o último grupo silábico do Conjunto 1, para-se de utilizar os protocolos de ensino de T, L e M e passa-se a utilizar o protocolo de Manutenção (Figura 55).

3.4.9 USO DO PROTOCOLO DE MANUTENÇÃO

O uso do protocolo de Manutenção (Figura 55) tem a função de auxiliar na conservação das habilidades aprendidas, por meio de uma simplificação do procedimento utilizado no ensino, assim como do registro. Após o término de um conjunto, deve-se parar de utilizar os protocolos de ensino desse conjunto e iniciar o registro no protocolo de Manutenção. A manutenção do conjunto aprendido deve ser feita em todas as sessões de ensino, antes ou após a atividade com a sílaba que está sendo ensinada no momento.

Para as sílabas dos conjuntos silábicos que estão em manutenção, não é necessário fazer todas as etapas do ensino para mantê-las; faça apenas "Sequência aleatória" e "Palavras em preto e branco (PB)". Deve-se marcar no protocolo: V para desempenhos precisos e X para desempenhos com erros ou necessidade de ajudas.

3.4.10 OUTROS ASPECTOS IMPORTANTES DO ENSINO

A seguir serão descritos alguns aspectos do ensino de sílabas simples que devem ser observados pelo educador.

1) Sequência do ensino: é necessário seguir a sequência de ensino proposta e não pode pular etapas ou mudar a ordem de apresentação dos grupos silábicos. O procedimento foi planejado para favorecer o ensino e a manutenção, então siga as regras.

2) Tempo da atividade: quando a atividade ficar longa, em função da quantidade de grupos silábicos (ensino e manutenção), pode-se começar a atividade a partir do conjunto que está sendo ensinado e fazer a manutenção no final. Por exemplo, se o aprendiz está fazendo as sílabas de D, que está no Grupo 4, você pode começar a atividade a partir do Grupo 4 (comece com o S) e fazer a manutenção dos Grupos 1, 2 e 3 após a realização do Grupo 4.

3) Recursos para melhorar o desempenho: cobrir parte do material para melhorar a atenção do aprendiz ou cortar o material para apresentar cada estímulo individualmente são recursos que podem ser utilizados.

Importante: Após o aprendiz finalizar o programa Ensino de sílabas simples (1.3), pode-se iniciar o Ensino de sílabas complexas (1.4).

3.5 ENSINO DE SÍLABAS COMPLEXAS (1.4)

O objetivo deste programa é ensinar o aprendiz a identificar palavras compostas por sílabas complexas. Sílabas complexas são sílabas irregulares, que não apresentam o padrão consoante-vogal que observamos nas sílabas simples. Como o próprio nome diz, essas sílabas são complexas, por isso o ensino deve ser feito de maneira bastante cuidadosa e gradativa.

3.5.1 PROTOCOLOS

Serão utilizados três tipos de protocolos: Objetivos e Metas (Figura 75), Manutenção (Figura 76) e Certo/Errado (Figura 77). O protocolo de Objetivos e Metas será utilizado para administrar o ensino das sílabas; o protocolo Certo/Errado será utilizado para o registro das atividades de ensino; e o protocolo de Manutenção será utilizado ao término de cada Conjunto, para garantir que o aprendiz não perca as habilidades adquiridas.

3.5.2 PROTOCOLO DE OBJETIVOS E METAS

A Figura 75 apresenta o protocolo de Objetivos e Metas que você utilizará para direcionar o ensino. Observe no protocolo que há uma tabela composta pelas seguintes colunas: "Conjuntos", "Sílabas", "Palavras" e

"Situação". As sílabas foram agrupadas por similaridade em 8 conjuntos; no total serão ensinadas 42 sílabas complexas. As palavras que você vai usar para o ensino estão na coluna "Palavras"; serão 5 palavras para cada sílaba complexa, totalizando 210 palavras.

Ao começar o ensino, você deve marcar um X a lápis na coluna "Ensino", na altura da linha do primeiro grupo silábico (vogal + L). Nas outras linhas marque um X na coluna "Não ensinado". Quando o aprendiz atingir o critério de aprendizagem no primeiro grupo, você deve apagar o X que está na coluna "Ensino", fazer um novo X na coluna "Manutenção" (altura de vogal + L) e marcar um X na coluna "Ensino", na altura da linha do próximo grupo silábico (vogal + M). Siga dessa maneira, sucessivamente, até o último grupo silábico.

3.5.3 PROTOCOLO DE MANUTENÇÃO

O programa para o ensino de sílabas complexas é longo e por isso o uso do protocolo de Manutenção será realizado ao término de cada Conjunto. Descreveremos posteriormente, em procedimentos, o momento da utilização deste protocolo, que é simples de ser preenchido; basta colocar a data da realização da atividade e escrever V para acertos e X para erros ou ajudas (Figura 76).

3.5.4 PROTOCOLOS CERTO/ERRADO

Este protocolo será utilizado durante todo o ensino das sílabas complexas (Figura 77). O educador deve preencher o nome do aprendiz, o nome dele e a data da atividade. Cada retângulo deve ser utilizado para um dia de atividade. O retângulo é composto por duas linhas e 7 colunas; na primeira coluna está escrito "Leitura Prévia"; na segunda "Palavras" e "Acertos"; nas 5 colunas seguintes há espaços em branco nos quais o educador deve preencher as palavras que serão utilizadas no ensino, conforme consta no protocolo de Objetivos e Metas (ver Figura 75). Na primeira linha das colunas seguintes há um espaço em branco, abaixo de Leitura Prévia, que o educador deve preencher V quando realizar essa etapa e X quando não realizar. Além disso, nessa mesma linha, abaixo de cada palavra, há espaços em branco nos quais o educador deve escrever V para acertos na leitura e X para erros ou respostas com ajuda.

1.4 ENSINO DE SÍLABAS COMPLEXAS

CONJUNTOS	SÍBALAS (grupos silábicos)	PALAVRAS	SITUAÇÃO		
			Não Ensinado	Ensino	Manutenção
Vogal + consoante	vogal + L	alto, anel, polvo, elmo, filme			
	vogal + M	capim, umbigo empada, tombo, samba			
	vogal + R	porta, arte, urso, marca, partir			
	vogal + N	anjo, sentou, mando, ponte, fundo			
	vogal +Z	capuz, giz, paz, timidez, luz			
	vogal + S	susto, cavalos, agosto, lista, espada			
h/lh/nh/ch	h no início	hoje, hino, holofote, humano, hiena			
	lh +vogal	toalha, coelho, abelhudo, olho repolho			
	nh + vogal	unha, cozinha, nenhuma, sonho, linha			
	ch + vogal	bicho, chave, mochila, chuva, chupeta			
cl/gl/pl/fl/tl/vl/bl	cl + vogal	clave, clima, reclame, declive, Cleide			
	gl + vogal	globo, iglu, sigla, glaucoma, glote			
	pl + vogal	placa, aplicado planeta, diploma, pluma			
	fl + vogal	floco, flauta, flanela, fluxo, aflito			
	tl + vogal/vl + vogal	atleta, decatlo, atleticano, biatleta, Vladimir			
	bl + vogal	bloco, nublado, tablado, sublime, publicado			
pr/br/gr/cr/dr/tr/fr/vr	pr + vogal	prato, prefeito, privado, prova, prumo			
	br + vogal	bravo, brejo, briga, bruxa, broto			
	gr + vogal	greve, grude, gruta, grade, grife			
	cr + vogal	cravo, recreio, microfone, crua, crocodilo			
	dr + vogal	dreno, droga, pedrada, padre, madrugada			
	tr + vogal	trajeto, treino, pediatra, atropelado, trufa			
	fr + vogal	freio, fruta, calafrio, frouxo, fraco			
	vr +vogal	palavra, livro, livreto, nevrite, nevropatia			
ce/ci/ge/gi e gue/gui/que/qui	ce/ci	cinema, receita, macio, capacete, vacina			
	ge/gi	magia, tigela, fugiu, gemada, gilete			
	gue/gui	foguete, águia, guia, guizo, jegue			
	que-qui	queijo, quilo, quiabo, máquina, toque			
s/r/ç/ão/ões	ss/s	pessoa, ossos, casado, cassado, casaco			
	r inicial/r brando/rr	rato, ferro, faro, barro, barata			
	ça-ço-çu	moça, bagaço, fumaça, pedaço, taça			
	ão/ões	cão, aviões, mão, balões, leão, pães			
x/s/sc/xc	x com som ch	abacaxi, bexiga, caixa, lixo, vexame			
	x com som de z	exato, executivo, exilado, exótico, exame			
	x com som de s	texto, sexta, excluir, extremidade, experimento			
	s com som de z	asa, casa, camiseta, fase, liso			
	sc/ xc	exceto, excluído, nasceu, piscina, descida			
	s | ss | z | c | ç	misto, acesso, acidez, açaí, asilo			
Acentos	Agudo (´)	sofá, dominó, jacaré, baú, cipó			
	Grave (`)	àquela, àquilo, às, à, àquele			
	Circunflexo (^)	você, judô, purê, camelô, tênis			
	Til (~)	mãe, limão, galã, fã, põe			

FIGURA 75 – 1.4 OBJETIVOS E METAS

1.4 MANUTENÇÃO: ENSINO DE SÍLABAS COMPLEXAS

Aprendiz: _____ Educador: _____

GRUPOS	DATAS											
Vogal + consoante												
2. h/lh/nh/ch												
cl/gl/pl/fl/tl/vl/bl												
pr/br/gr/cr/dr/tr/fr/vr												
ce/ci/ge/gi /gue/gui/que/qui												
s/r/ç/ão/ões												
x/s/sc/xc												
Acentos												
ACERTOS												

FIGURA 76 – 1.4 MANUTENÇÃO

1.4 ENSINO DE SÍLABAS COMPLEXAS: NÃO FALANTES
CONJUNTO:_____

PROCEDIMENTO:
1. Apresente o material de apoio para a Leitura Prévia que está indicada no protocolo de Objetivos e Metas (Conjuntos 1 ao 6).
2. Apresente as palavras impressas, dite o nome de uma de cada vez em sequência aleatória e peça ao aprendiz para mostrar a palavra que foi ditada.

MARQUE V PARA LEITURA CORRETA E X PARA ERROS OU AJUDAS.

Aprendiz: _____ Educador: _____ Data: ___/___/___

Leitura prévia	Palavras					
	Acertos					

Aprendiz: _____ Educador: _____ Data: ___/___/___

Leitura prévia	Palavras					
	Acertos					

Aprendiz: _____ Educador: _____ Data: ___/___/___

Leitura prévia	Palavras					
	Acertos					

Aprendiz: _____ Educador: _____ Data: ___/___/___

Leitura prévia	Palavras					
	Acertos					

Aprendiz: _____ Educador: _____ Data: ___/___/___

Leitura prévia	Palavras					
	Acertos					

Aprendiz: _____ Educador: _____ Data: ___/___/___

Leitura prévia	Palavras					
	Acertos					

Aprendiz: _____ Educador: _____ Data: ___/___/___

Leitura prévia	Palavras					
	Acertos					

MARCAÇÃO	
V – ACERTOU SEM AJUDAS	**X** – ACERTOU COM AJUDAS OU ERROU

FIGURA 77 – 1.4 CERTO/ERRADO

3.5.5 PROCEDIMENTOS DE ENSINO E MATERIAL DE APOIO

Serão ensinadas 42 sílabas complexas, organizadas em 8 conjuntos, conforme apresentado na Figura 75. Você vai começar com a primeira sílaba (vogal + L) e vai seguir na sequência, uma a uma, até a última (Til (~)). As palavras que você vai utilizar para o ensino estão na coluna "Palavras" da Figura 75; serão 5 palavras para cada sílaba complexa.

A primeira coisa que você deve fazer é organizar as palavras que serão utilizadas na atividade, que têm que ser escritas em letras de imprensa maiúsculas. Você pode escrevê-las a mão ou digitá-las.

Observe que no protocolo de ensino (Figura 77) há um espaço denominado "Leitura Prévia"; seis dos oito conjuntos têm um material de apoio, apresentado no Anexo 4, que deve ser utilizado antes da leitura das palavras de ensino.

Após organizar o material você deve começar a atividade fazendo a leitura prévia: leia as sílabas que serão trabalhadas e peça ao aprendiz para apontá-las enquanto você lê. Por exemplo, se estiver trabalhando o grupo 8 (lh +vogal), leia LHA, LHE, LHI, LHO, LHU e peça ao aprendiz para apontar para essas sílabas enquanto você as lê (Figura 78). A função da leitura prévia é preparar o aprendiz para a sílaba que estará nas palavras de ensino e não há problemas se você o ajudar nesse momento da atividade. Marque no protocolo, abaixo de Leitura Prévia, V quando realizar essa etapa (mesmo se der ajudas ao aprendiz) e X quando não realizar.

FIGURA 78 - LEITURA PRÉVIA

Após a leitura prévia, coloque as palavras sobre a mesa, dite uma de cada vez em sequência aleatória e peça ao aprendiz para apontar para a palavra ditada (Figura 79). Marque no protocolo V para acertos e X para erros ou ajudas. Quando o aprendiz obtiver 100% de acertos em um dia de atividade, em um grupo silábico, prepare-se para iniciar o ensino do grupo seguinte.

FIGURA 79 - PALAVRAS COM SÍLABAS COMPLEXAS

Lembre-se que este programa é constituído por oito conjuntos compostos pelas sílabas complexas. Para o ensino de cada grupo silábico, deve-se utilizar o protocolo de ensino (Figura 77). À medida que um grupo silábico é aprendido, o uso do protocolo Certo/Errado das sílabas aprendidas deve ser mantido até o término do Conjunto do qual as sílabas fazem parte. Por exemplo, o Conjunto 1 é composto por: 1. vogal + L; 2. vogal + M; 3. vogal + R; 4. vogal + N; 5. vogal + Z e; 6. vogal + S. Quando o aprendiz obtém o critério de aprendizagem em 1. vogal +L e passa para 2. vogal + M, mantém-se as atividades e o protocolo de 1. vogal +L, para evitar que o aprendiz perca as habilidades aprendidas. O mesmo ocorrerá quando o aprendiz atingir o critério para início das sílabas seguintes. Ao término da última sílaba do conjunto, que é 6. vogal + S, para-se de utilizar os protocolos de ensino e passa-se a utilizar o protocolo de Manutenção (Figura 76).

3.5.6 USO DO PROTOCOLO DE MANUTENÇÃO

O uso do protocolo de Manutenção (Figura 76) tem a função de auxiliar na conservação das habilidades aprendidas, por meio de uma simplificação do procedimento utilizado no ensino, assim como do registro.
Após o término de um conjunto, deve-se parar de utilizar os protocolos de ensino desse conjunto e iniciar o registro no protocolo de Manutenção. Escolha uma palavra de cada sílaba trabalhada e peça ao aprendiz para lê-las; troque as palavras a cada dia de manutenção para evitar que o aprendiz decore-as. A manutenção do conjunto aprendido deve ser feita em todas as sessões de ensino, antes ou após a atividade com a sílaba que está sendo ensinada no momento.

Quando o aprendiz atingir o critério de acertos na última sílaba (42. Til (~)), pode-se encerrar este programa de ensino.

Capítulo 4

ENSINO DE LEITURA PARA APRENDIZES FALANTES COM DIFICULDADES DE PRONÚNCIA

Neste capítulo descreveremos os procedimentos para o ensino de habilidades de leitura oral para aprendizes falantes com dificuldades de pronúncia, seguindo o Currículo de Habilidades de Leitura: Falantes com Dificuldades de Pronúncia (Figura 3).

4.1 SEQUÊNCIA PARA O ENSINO DE APRENDIZES FALANTES COM DIFICULDADES DE PRONÚNCIA

Muitos aprendizes com autismo falam, porém apresentam dificuldades importantes na pronúncia de sons e palavras. Leitura e fala são habilidades distintas, e mesmo que o aprendiz não fale bem é possível ensiná-lo a ler, ou seja, não é necessário esperar que o aprendiz fale melhor para iniciar o ensino de habilidades de leitura. A melhora da pronúncia depende de vários fatores, e intervenções nessa área devem ser direcionadas por profissionais de fonoaudiologia.

Quando o aprendiz tem dificuldades de pronúncia, não podemos contar apenas com respostas orais (fala) e precisamos exigir respostas que envolvam relações auditivo-visuais (identificação), para ter a certeza de que o aprendiz realmente está lendo. É importante ressaltar que o nosso objetivo é ensinar habilidades de leitura e não vamos ter exigências altas para uma pronúncia perfeita; exigiremos desempenhos altos nas tarefas de identificação (auditivo-visuais), mas nas de nomeação (fala) teremos que flexibilizar.

A Figura 80 apresenta uma rota para a implementação dos programas de ensino; você vai começar do 1.1 Identificar e nomear vogais e seguirá sucessivamente, programa por programa, até chegar ao 1.7 Pontuação. Para inserir um novo programa, é necessário que o aprendiz atinja o critério de aprendizagem no programa anterior, conforme será descrito a seguir.

```
┌─────────────────────────────────┐
│ 1.1 Identificar e nomear vogais │
└─────────────────────────────────┘
                │
                ▼
┌─────────────────────────────────┐
│      1.2 Identificar e nomear   │
│         encontros vocálicos     │
└─────────────────────────────────┘
                │
                ▼
┌─────────────────────────────────┐
│   1.3 Ensino de sílabas simples │
└─────────────────────────────────┘
       ↙                  ↘
┌──────────────────────┐  ┌──────────────────────────┐
│ 1.4 Ensino de        │  │ 1.5 Fluência de          │
│ sílabas complexas    │  │ leitura oral             │
└──────────────────────┘  └──────────────────────────┘
                              ↙          ↘
┌──────────────────────────┐    ┌──────────────────────┐
│ 1.6 Leitura em           │    │ 1.7 Pontuação        │
│ letra cursiva            │    │                      │
└──────────────────────────┘    └──────────────────────┘
```

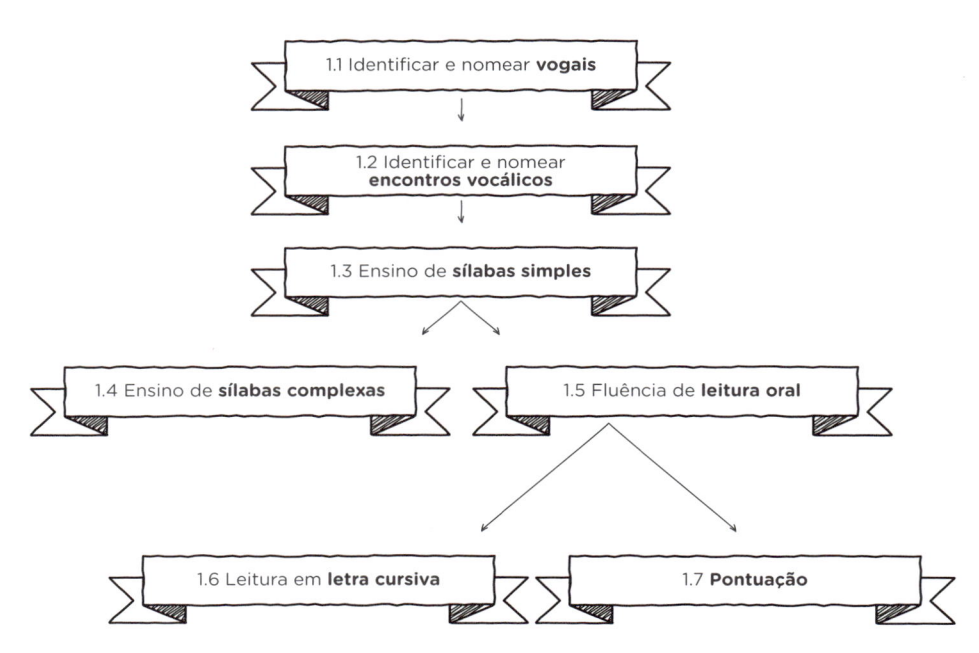

FIGURA 80 – ROTA PARA APRENDIZES COM DIFICULDADES DE PRONÚNCIA

4.2 IDENTIFICAR E NOMEAR VOGAIS (1.1)

O objetivo é ensinar o aprendiz a selecionar a vogal correta, quando esta é ditada pelo educador, e a falar oralmente o nome da vogal, quando a vogal impressa é apresentada pelo educador.

4.2.1 PROTOCOLO

O protocolo utilizado nesta atividade é do tipo Certo/Errado (Figura 81). Utilize uma pasta para organizar seus registros. O educador deve preencher o nome do aprendiz, o nome dele e a data da atividade.

Cada retângulo deve ser utilizado para um dia de atividade. O retângulo é composto por três linhas e seis colunas; na primeira coluna está escrito Vogais, Tentativas e Acertos. Na primeira linha das colunas seguintes estão escritas as vogais; na segunda linha referente às tentativas está I para as tentativas de identificação e N para as tentativas de nomeação; na terceira linha há espaços em branco nos quais o educador deve escrever V para acertos e X para erros ou respostas com ajuda.

Nas tentativas I- Identificação, as respostas são consideradas corretas quando o educador dita a letra e o aprendiz indica a letra ditada pelo educador. Nas tentativas N- Nomeação, as respostas são consideradas corretas quando o educador mostra uma vogal, pergunta para o aprendiz: "Que letra é essa?" e o aprendiz fala o nome correto da vogal.

1.1 IDENTIFICAR E NOMEAR VOGAIS

PROCEDIMENTO: Obtenha a atenção do aprendiz. Nas tentativas de identificação (I) diga o nome da letra e peça ao aprendiz para selecioná-la (pegar ou apontar) entre outras letras. Nas tentativas de nomeação (N) pergunte "que letra é essa?". Sempre que o aprendiz acertar você deve elogiar e/ou oferecer algo que ele goste. Se o aprendiz não realizar a tentativa ou errar, você deve auxiliar para que ele acerte. Diminua as ajudas gradativamente.

Aprendiz: _____ Educador: _____ Data: ___/___/___

Vogais	A		E		I		O		U	
Tentativas	I	N	I	N	I	N	I	N	I	N
Acertos										

Acertos Identificação: _____ Acertos Nomeação: _____

Aprendiz: _____ Educador: _____ Data: ___/___/___

Vogais	A		E		I		O		U	
Tentativas	I	N	I	N	I	N	I	N	I	N
Acertos										

Acertos Identificação: _____ Acertos Nomeação: _____

Aprendiz: _____ Educador: _____ Data: ___/___/___

Vogais	A		E		I		O		U	
Tentativas	I	N	I	N	I	N	I	N	I	N
Acertos										

Acertos Identificação: _____ Acertos Nomeação: _____

Aprendiz: _____ Educador: _____ Data: ___/___/___

Vogais	A		E		I		O		U	
Tentativas	I	N	I	N	I	N	I	N	I	N
Acertos										

Acertos Identificação: _____ Acertos Nomeação: _____

Aprendiz: _____ Educador: _____ Data: ___/___/___

Vogais	A		E		I		O		U	
Tentativas	I	N	I	N	I	N	I	N	I	N
Acertos										

Acertos Identificação: _____ Acertos Nomeação: _____

MARCAÇÃO
V – ACERTOU
X – ACERTOU COM AJUDA OU ERROU

FIGURA 81 – 1.1 IDENTIFICAR E NOMEAR VOGAIS

4.2.2 PROCEDIMENTO

O material a ser utilizado nesta atividade é composto pelas vogais (Anexo 1), que serão impressas em letras de imprensa maiúsculas e em vermelho. Cada vogal estará inserida em um espaço demarcado por borda em azul, conforme mostra a Figura 83. As vogais serão apresentadas dessa maneira, para auxiliar o aprendiz a olhar para cada letra independente, aumentando assim as chances de acertos.

O procedimento é composto por tentativas de identificação e de nomeação. Comece sempre com a identificação de todas as vogais e posteriormente faça a nomeação delas. A seguir está a descrição do que deve ser feito na identificação e na nomeação.

Identificação: organize as letras impressas (letras de imprensa maiúsculas) sobre a mesa, em sequência aleatória (ex. O, E, I, A, U). Fale uma vogal de cada vez, em ordem aleatória, e peça ao aprendiz para indicar (apontar ou pegar) a vogal ditada (ex. você pode dizer: "onde está a letra A?", "pega a letra A" ou "me mostre a letra A"). O aprendiz deve indicar a letra ditada pelo educador. Caso o aprendiz indique a letra errada, o educador deve corrigir, pontuando para o aprendiz qual é a opção correta (Figura 82).

FIGURA 82 – IDENTIFICAÇÃO DE VOGAIS

1-INSTRUÇÃO

2-TENTATIVA INCORRETA

3- TENTATIVA CORRETA

Nomeação: mostre uma vogal impressa de cada vez, em sequência aleatória, e pergunte ao aprendiz: "Que letra é essa?". Frente a letra impressa o aprendiz deve falar o nome da vogal. Caso o aprendiz não fale ou fale de maneira incorreta, o educador deve auxiliar falando o nome da letra para que o aprendiz repita (Figura 83).

Alguns aprendizes com autismo podem demonstrar dificuldades em aprender as vogais e há alternativas para deixar o ensino mais fácil:

FIGURA 83 – NOMEAÇÃO DE VOGAIS

1) Comece apresentando apenas uma letra e vá acrescentando as outras gradativamente, à medida que o aprendiz atinge o critério de aprendizagem, que será de 3 dias de 100% de marcações V no protocolo. Por exemplo, comece apenas com a vogal A, fazendo a identificação e a nomeação dessa letra. Quando o aprendiz obtiver 3 dias de registro com 100% de marcações V, acrescente outra vogal, como O, e passe a fazer a atividade com as vogais A e O. Siga assim sucessivamente até inserir todas as vogais. Lembre-se de inserir inicialmente vogais com menos similaridades: por exemplo, os sons das vogais E e I são parecidos, assim como O e U, o que pode aumentar as chances de erros do aprendiz, deixando o processo de aprendizagem mais lento.

2) Apresentar a identificação e a nomeação da mesma vogal na sequência pode ser um procedimento facilitador para aprendizes que demonstram dificuldades, pelo fato da proximidade da apresentação dos estímulos. Por exemplo, peça ao aprendiz para indicar a letra A e na sequência pergunte: "Que letra é essa?", pedindo a nomeação. À medida que o aprendiz for acertando, pare de usar esse procedimento e comece a variar a sequência de identificação e nomeações, para garantir que ele realmente aprenda as vogais e não decore a sequência identificação/nomeação.

4.2.3 CRITÉRIO DE APRENDIZAGEM

Quando o aprendiz demonstra dificuldades de pronúncia, não vamos considerar as tentativas de nomeação como critério de aprendizagem, apenas as de identificação. Dessa maneira, quando o aprendiz obtiver 3 dias de registro, com 100% das marcações em V para todas as tentativas de identificação de todas as vogais, você pode parar este programa e iniciar o Identificar e nomear encontros vocálicos (1.2). Não há protocolo de manutenção para este programa, pois o ensino de encontros vocálicos é suficiente para manter as vogais.

4.3 IDENTIFICAR E NOMEAR ENCONTROS VOCÁLICOS (1.2)

Encontros vocálicos são constituídos por palavras compostas pela junção de duas vogais, sem a presença de qualquer consoante. O objetivo deste programa é ensinar o aprendiz a selecionar o encontro vocálico correto, quando ditado pelo educador, e a ler oralmente o encontro vocálico, quando apresentado pelo educador.

4.3.1 PROTOCOLO

O protocolo a ser utilizado nesta atividade é do tipo Certo/Errado (Figura 84). Utilize uma pasta para organizar os seus registros. O educador deve preencher o nome do aprendiz, o nome dele e a data da atividade. Cada retângulo deve ser utilizado para um dia de atividade. O retângulo é composto por 3 linhas e 11 colunas; na primeira coluna está escrito Encontro,

1.2 IDENTIFICAR E NOMEAR ENCONTROS VOCÁLICOS

PROCEDIMENTO: Obtenha a atenção do aprendiz. Nas tentativas de identificação (I) leia o encontro vocálico e peça ao aprendiz para selecioná-lo (pegar ou apontar) entre outros encontros. Nas tentativas de nomeação (N) pergunte "o que está escrito?". Sempre que o aprendiz acertar você deve elogiar e/ou oferecer algo que ele goste. Se o aprendiz não realizar a tentativa ou errar, você deve auxiliar para que ele acerte. Diminua as ajudas gradativamente.

Aprendiz: _____ Educador: _____ Data: ___/___/___

Encontro	AI		EU		OI		UI		IA		AU		OU		AO		EI		IO	
Tentativas	I	N	I	N	I	N	I	N	I	N	I	N	I	N	I	N	I	N	I	N
Acertos																				

Acertos nomeação: _____ Acertos identificação: _____

Aprendiz: _____ Educador: _____ Data: ___/___/___

Encontro	AI		EU		OI		UI		IA		AU		OU		AO		EI		IO	
Tentativas	I	N	I	N	I	N	I	N	I	N	I	N	I	N	I	N	I	N	I	N
Acertos																				

Acertos nomeação: _____ Acertos identificação: _____

Aprendiz: _____ Educador: _____ Data: ___/___/___

Encontro	AI		EU		OI		UI		IA		AU		OU		AO		EI		IO	
Tentativas	I	N	I	N	I	N	I	N	I	N	I	N	I	N	I	N	I	N	I	N
Acertos																				

Acertos nomeação: _____ Acertos identificação: _____

Aprendiz: _____ Educador: _____ Data: ___/___/___

Encontro	AI		EU		OI		UI		IA		AU		OU		AO		EI		IO	
Tentativas	I	N	I	N	I	N	I	N	I	N	I	N	I	N	I	N	I	N	I	N
Acertos																				

Acertos nomeação: _____ Acertos identificação: _____

Aprendiz: _____ Educador: _____ Data: ___/___/___

Encontro	AI		EU		OI		UI		IA		AU		OU		AO		EI		IO	
Tentativas	I	N	I	N	I	N	I	N	I	N	I	N	I	N	I	N	I	N	I	N
Acertos																				

Acertos nomeação: _____ Acertos identificação: _____

MARCAÇÃO
V – ACERTOU
X – ACERTOU COM AJUDA OU ERROU

FIGURA 84 – 1.2 IDENTIFICAR E NOMEAR ENCONTROS VOCÁLICOS

Tentativas e Acertos. Na primeira linha das colunas seguintes estão escritos os encontros; na segunda linha referente às tentativas está I para as tentativas de identificação e N para as tentativas de nomeação; na terceira linha há espaços em branco nos quais o educador deve escrever V para acertos e X para erros ou respostas com ajuda. Nas tentativas I - Identificação as respostas são consideradas corretas quando o educador dita o encontro e o aprendiz indica o encontro ditado pelo educador. Nas tentativas N - Nomeação, as respostas são consideradas corretas quando o educador mostra um encontro, pergunta para o aprendiz: "O que está escrito?" e o aprendiz lê oralmente o encontro vocálico apresentado.

4.3.2 PROCEDIMENTO

O material a ser utilizado nesta atividade é composto pelos encontros vocálicos (Anexo 2), que serão impressos em letras de imprensa maiúsculas, tendo as vogais em vermelho com bordas em azul para cada vogal, conforme mostra a Figura 85. Os encontros serão organizados dessa maneira para auxiliar o aprendiz a olhar para cada vogal ao ler o encontro vocálico, aumentando assim as chances de acertos.

O procedimento é composto por tentativas de identificação e de nomeação. Comece sempre com a identificação e posteriormente faça a nomeação. A seguir está a descrição do que deve ser feito na identificação e na nomeação.

Identificação: Organize os encontros impressos sobre a mesa, em sequência aleatória. Fale um encontro de cada vez, em ordem aleatória, e peça ao aprendiz para indicar (apontar ou pegar) o encontro ditado (ex.

FIGURA 85 – IDENTIFICAR ENCONTROS VOCÁLICOS

você pode dizer: "onde está escrito oi?", "pega o oi" ou "me mostre o oi"). O aprendiz deve indicar o encontro ditado pelo educador. Caso o aprendiz indique o encontro errado o educador deve corrigir, pontuando para o aprendiz qual é a opção correta (Figura 85).

Nomeação: mostre um encontro vocálico de cada vez, em sequência aleatória, e pergunte ao aprendiz: "O que está escrito?". O aprendiz deve ler oralmente o encontro apresentado, mesmo que essa leitura não ocorra com fluência; o critério para considerar a resposta como correta é se o aprendiz nomeia precisamente cada vogal do encontro vocálico. Caso o aprendiz não leia todas as vogais do encontro ou leia com erros, o educador deve auxiliar lendo o encontro vocálico para que o aprendiz repita-o oralmente (Figura 86).

1-TENTATIVA CORRETA

2-TENTATIVA INCORRETA

FIGURA 86 – NOMEAR ENCONTROS VOCÁLICOS

Alguns aprendizes com autismo podem demonstrar dificuldades em aprender os encontros vocálicos e há alternativas para deixar o ensino mais fácil:

1) Comece com um encontro vocálico e acrescente os outros gradativamente, à medida que o aprendiz atingir o critério de aprendizagem, que será de 3 dias de 100% de marcações V no protocolo, apenas nas tentativas de identificação. Por exemplo, comece com AI, fazendo a identificação apenas desse encontro. Quando o aprendiz obtiver 3 dias de registro com 100% de marcações V, acrescente outro encontro, como EU, e passe a fazer a atividade com AI e EU. Siga assim sucessivamente até inserir todos os encontros.

2) Apresentar a identificação e a nomeação do mesmo encontro vocálico na sequência, pode ser um procedimento facilitador para aprendizes que demonstram dificuldades, pelo fato da proximidade da apresentação dos estímulos. Por exemplo, peça ao aprendiz para indicar o encontro AI e na sequência pergunte: "O que está escrito?" pedindo a nomeação. À medida que o aprendiz for acertando, pare de usar esse procedimento e comece a variar a sequência de identificação e nomeações para garantir que o aprendiz realmente aprenda os encontros e não decore a sequência identificação/nomeação.

4.3.3 CRITÉRIO DE APRENDIZAGEM

Quando o aprendiz demonstrar dificuldades de pronúncia, não vamos considerar as tentativas de nomeação como critério de aprendizagem, apenas as de identificação. Dessa maneira, quando o aprendiz obtiver 3 dias de registro, com 100% das marcações em V para todas as tentativas de identificação de todos os encontros vocálicos, você pode parar este programa e iniciar o Ensino de sílabas simples (1.3). Não há protocolo de manutenção para este programa, pois o ensino de sílabas simples é suficiente para manter as vogais e os encontros vocálicos.

4.4 ENSINO DE SÍLABAS SIMPLES (1.3)

O "Ensino de sílabas simples" é o programa mais importante do currículo e tem o objetivo de ensinar o aprendiz a ler qualquer palavra constituída por sílabas simples, do tipo consoante/vogal, escrita em letras de imprensa maiúsculas. A seguir alguns pontos importantes a serem ressaltados a respeito deste programa de ensino:

1) Há dois aspectos importantes a serem considerados no processo de aprendizagem de leitura: a leitura oral, que é a capacidade de ler qualquer palavra impressa sem necessariamente compreender o conteúdo expresso no texto, e a leitura com compreensão, que envolve ler e compreender o conteúdo expresso no texto. Esses dois aspectos da leitura são fundamentais e ensinar ambos simultaneamente para aprendizes com autismo pode ser muito complexo e pouco efetivo. Ensinar leitura oral é mais simples do que ensinar leitura com compreensão. Além disso, não é possível ler com compreensão sem apresentar leitura oral, por isso, neste momento, vamos focar na leitura oral.

2) O objetivo deste programa é ensinar leitura oral e não leitura com compreensão; isso significa que o aprendiz não precisa compreender o sentido das palavras trabalhadas, apenas lê-las de maneira correta. A compreensão de leitura é uma habilidade fundamental, porém deverá ser trabalhada posteriormente.

3) O procedimento que será descrito a seguir é baseado no ensino das sílabas e, por isso, é esperado que o aprendiz aprenda a ler as palavras de maneira escandida, ou seja, falando sílaba por sílaba. A fluência da leitura (velocidade e precisão) vai melhorando gradativamente e será trabalhada posteriormente.

4) Muitos aprendizes com autismo podem apresentar dificuldades importantes na pronúncia de alguns sons ou palavras. O objetivo deste programa é ensinar a ler oralmente e não há a necessidade de exigir a pronúncia correta dos sons e das palavras, pois o aprendiz pode ser capaz de ler mesmo não pronunciando as palavras corretamente. A pronúncia correta depende de habilidades motoras de boca e de língua e exige estimulação especializada de fonoaudiologia, o que está além dos objetivos deste programa.

4.4.1 CONJUNTOS SILÁBICOS, SEQUÊNCIA DE APRESENTAÇÃO DAS SÍLABAS E PALAVRAS SELECIONADAS

As sílabas foram organizadas em seis conjuntos silábicos e você precisa seguir a sequência especificada para o ensino das sílabas, conforme está na Figura 87. A sequência não é aleatória e foi escolhida considerando a diferença entre os sons das sílabas e a quantidade de palavras que podem ser derivadas de cada sílaba, para podermos trabalhar ensino e manutenção simultaneamente. Alguns pontos importantes sobre a sequência do ensino das sílabas:

1) Na Figura 87 está escrito "Conjunto" e há a numeração de 1 a 6; isso significa que as sílabas foram organizadas em 6 conjuntos.

2) Cada Conjunto é composto por sílabas caraterizadas por sons muito diferentes, para evitar que o aprendiz confunda as sílabas. Sons muito parecidos como os de B, D, P e T, se forem ensinados muito próximos, podem dificultar o processo de aprendizagem.

3) Manutenções foram programadas ao término de cada Conjunto e serão descritas a seguir.

4) Palavras apresentadas na Figura 87. Utilize essas palavras, pois elas foram selecionadas para facilitar a aprendizagem e a manutenção das habilidades aprendidas.

5) Atente-se a um aspecto importante das palavras que foram selecionadas para a atividade. Quando o aprendiz está na primeira sílaba, ele só conhece as sílabas de T, assim as palavras selecionadas para esse momento da aprendizagem são compostas exclusivamente por sílabas de T e vogais. Quando o aprendiz está na segunda sílaba, ele já conhece sílabas de T e L, por isso as palavras escolhidas são compostas exclusivamente por sílabas de T, L e vogais. Quando o aprendiz está na terceira sílaba, ele já conhece sílabas de T, L e M, por isso as palavras escolhidas são compostas por sílabas de T, L, M e vogais. Esse critério foi usado para todas as palavras selecionadas, com o objetivo de facilitar a aprendizagem e promover a manutenção das sílabas aprendidas, ao longo do ensino de sílabas novas.

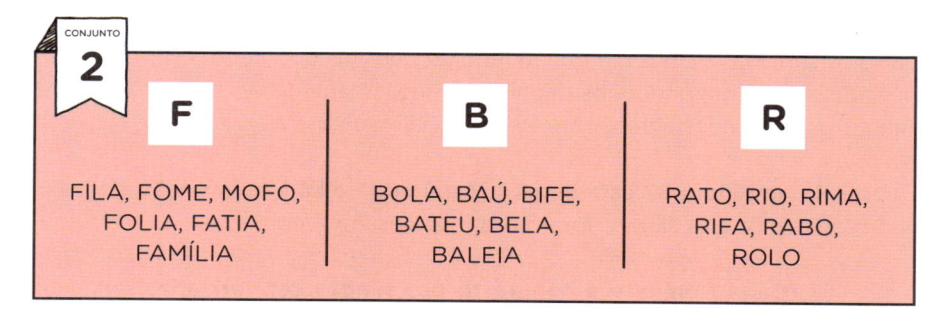

CONJUNTO 1

T	L	M
TATU, TETO, TIA, TUTU, TIO, IATE	LUTA, LEI, TELA, LEITE, LUA, LATA	MOLA, MATO, TOMATE, MALA, MEIA, MULETA

CONJUNTO 2

F	B	R
FILA, FOME, MOFO, FOLIA, FATIA, FAMÍLIA	BOLA, BAÚ, BIFE, BATEU, BELA, BALEIA	RATO, RIO, RIMA, RIFA, RABO, ROLO

FIGURA 87 – CONJUNTOS SILÁBICOS

CONJUNTO 3

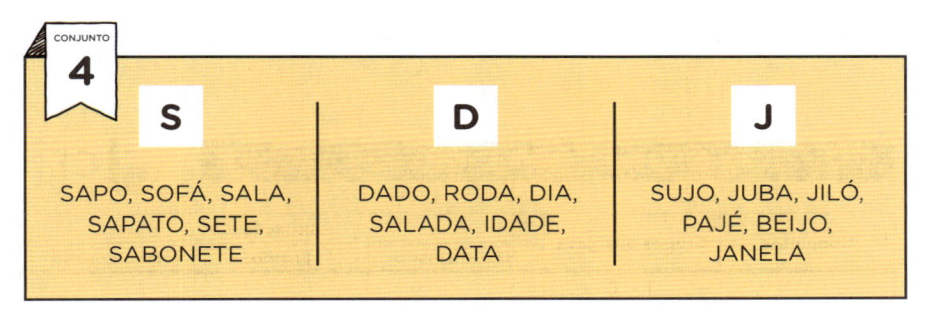

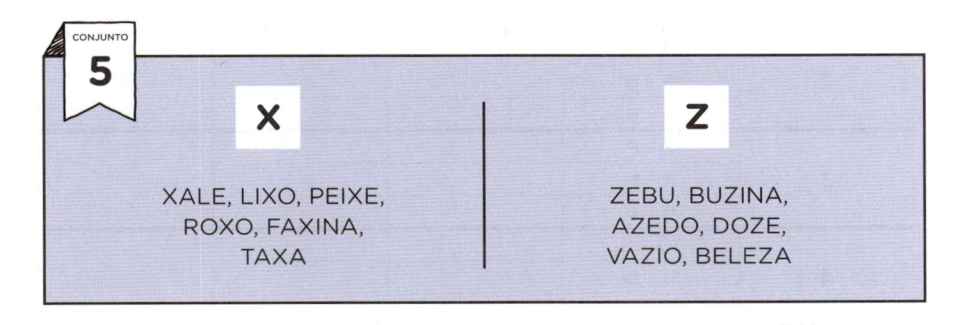

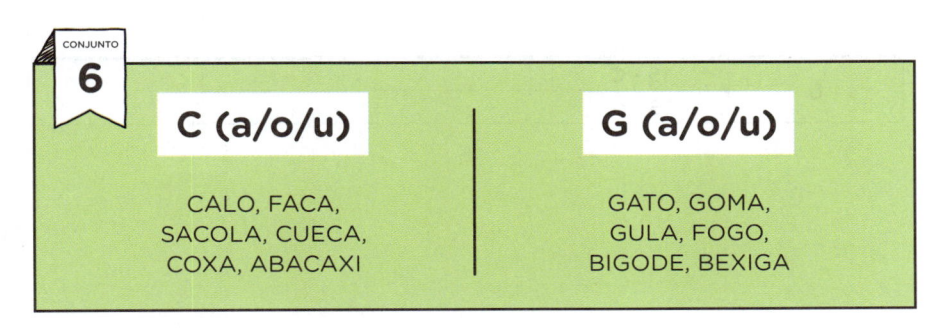

P — PATO, MAPA, APITO, PIPA, PALITO, PIA

N — NOME, PENA, MENINA, PANELA, NETO, ALUNO

V — NOVE, LUVA, NOVELA, VOVÓ, VELA, VIOLETA

CONJUNTO 4

S — SAPO, SOFÁ, SALA, SAPATO, SETE, SABONETE

D — DADO, RODA, DIA, SALADA, IDADE, DATA

J — SUJO, JUBA, JILÓ, PAJÉ, BEIJO, JANELA

CONJUNTO 5

X — XALE, LIXO, PEIXE, ROXO, FAXINA, TAXA

Z — ZEBU, BUZINA, AZEDO, DOZE, VAZIO, BELEZA

CONJUNTO 6

C (a/o/u) — CALO, FACA, SACOLA, CUECA, COXA, ABACAXI

G (a/o/u) — GATO, GOMA, GULA, FOGO, BIGODE, BEXIGA

FIGURA 87 – CONJUNTOS SILÁBICOS

4.4.2 PROTOCOLOS

Serão utilizados três tipos de protocolos: Objetivos e Metas (Figura 88), Manutenção (Figura 89) e Certo/Errado (Figuras de 90 a 105). O protocolo de Objetivos e Metas será utilizado para administrar o ensino dos grupos silábicos; o protocolo Certo/Errado será utilizado para o registro das atividades de ensino; e o protocolo de Manutenção será utilizado ao término de cada Conjunto, para garantir que o aprendiz não perca as habilidades adquiridas.

1.3 ENSINO DE SÍLABAS SIMPLES

Conjuntos	Grupos Silábicos	Situação		
		Não ensinado	Ensino	Manutenção
1	1 - T			
	2 - L			
	3 - M			
2	4 - F			
	5 - B			
	6 - R			
3	7 - P			
	8 - N			
	9 - V			
4	10 - S			
	11 - D			
	12 - J			
5	13 - X			
	14 - Z			
6	15 - C			
	16 - G			

FIGURA 88 - 1.3 OBJETIVOS E METAS

1.3 MANUTENÇÃ: ENSINO DE SÍLABAS SIMPLES

Aprendiz: _____ Educador: _____

Grupos	Datas															
1 - T																
2 - L																
3 - M																
4 - F																
5 - B																
6 - R																
7 - P																
8 - N																
9 - V																
10 - S																
11 - D																
12 - J																
13 - X																
14 - Z																
15 - C																
16 - G																
Acertos																

FIGURA 89 - 1.3 MANUTENÇÃO

1.3 ENSINO DE SÍLABAS SIMPLES (DIFICULDADES NA PRONÚNCIA): T

PROCEDIMENTO: Sente em uma cadeira de frente para o aprendiz e obtenha a atenção dele. Apresente o material para o aprendiz nomear. Caso ele não consiga de ajudas e elogie (ou ofereça algo que ele goste) quando fizer. Diminua as ajudas gradativamente.
1. Comece apenas com "sílabas na sequência" e faça somente essa etapa até o aprendiz conseguir 60% de acertos por um dia, considerando as dificuldades de pronúncia.
2. Após um dia de 60% de acertos em "sílabas na sequência", inicie "sequência aleatória", mas não deixe de fazer "sílabas na sequência" antes.
3. Após um dia de 60% de acertos em "sequência aleatória" (considerando as dificuldades de pronúncia), inicie a "identificação", mas não deixe de fazer as etapas anteriores previamente.
4. Após um dia de 100% de acertos em "identificação", inicie a leitura das palavras em "C", mas não deixe de fazer as etapas anteriores previamente.
5. Após um dia de 50% de acertos na leitura das palavras em "C" (considerando as dificuldades de pronúncia), inicie a identificação das palavras em "PB", mas não deixe de fazer as etapas anteriores previamente.
6. Após um dia de 100% de acertos na identificação das palavras em "PB", inicie a próxima sílaba, sem deixar de fazer toda a sequência dessa sílaba antes, a fim de manter as habilidades aprendidas.

C= COLORIDO   PB= PRETO E BRANCO   I= IDENTIFICAÇÃO

Aprendiz: _____   **Educador:** _____   **Data:** ___/___/___

Sílabas na sequência							Sequência aleatória							Identificação aleatória							C	
TA	TE	TI	TO	TU			TA	TE	TI	TO	TU			TA	TE	TI	TO	TU				
																					PB/I	

Aprendiz: _____   **Educador:** _____   **Data:** ___/___/___

Sílabas na sequência							Sequência aleatória							Identificação aleatória							C	
TA	TE	TI	TO	TU			TA	TE	TI	TO	TU			TA	TE	TI	TO	TU				
																					PB/I	

Aprendiz: _____   **Educador:** _____   **Data:** ___/___/___

Sílabas na sequência							Sequência aleatória							Identificação aleatória							C	
TA	TE	TI	TO	TU			TA	TE	TI	TO	TU			TA	TE	TI	TO	TU				
																					PB/I	

MARCAÇÃO
V - ACERTOU SEM AJUDAS   **X** - ACERTOU COM AJUDAS OU ERROU

FIGURA 90 – 1.3 ENSINO DE SÍLABAS SIMPLES (DIFICULDADES DE PRONÚNCIA): T

1.3 ENSINO DE SÍLABAS SIMPLES (DIFICULDADES NA PRONÚNCIA): L

PROCEDIMENTO: Sente em uma cadeira de frente para o aprendiz e obtenha a atenção dele. Apresente o material para o aprendiz nomear. Caso ele não consiga de ajudas e elogie (ou ofereça algo que ele goste) quando fizer. Diminua as ajudas gradativamente.
1. Comece apenas com "sílabas na sequência" e faça somente essa etapa até o aprendiz conseguir 60% de acertos por um dia, considerando as dificuldades na pronuncia.
2. Após um dia de 60% de acertos em "sílabas na sequência", inicie "sequência aleatória", mas não deixe de fazer "sílabas na sequência" antes.
3. Após um dia de 60% de acertos em "sequência aleatória" (considerando as dificuldades de pronúncia), inicie a "identificação", mas não deixe de fazer as etapas anteriores previamente.
4. Após um dia de 100% de acertos na leitura das palavras em "C", mas não deixe de fazer as etapas anteriores previamente.
5. Após um dia de 50% de acertos na leitura das palavras em "C" (considerando as dificuldades de pronúncia), inicie a identificação das palavras em "PB", mas não deixe de fazer as etapas anteriores previamente.
6. Após um dia de 100% de acertos na identificação das palavras em "PB", inicie a próxima sílaba, sem deixar de fazer toda a sequência dessa sílaba antes, a fim de manter as habilidades aprendidas.

C= COLORIDO   PB= PRETO E BRANCO   I= IDENTIFICAÇÃO

Aprendiz: _____ **Educador:** _____ **Data:** ___/___/___

Sílabas na sequência						Sequência aleatória						Identificação aleatória						
LA	LE	LI	LO	LU		LA	LE	LI	LO	LU		LA	LE	LI	LO	LU	C	
																		PB/I
												LU	TA	LE	I	TE	LA	
												LA	TA	LU	A	LE	I	TE

Aprendiz: _____ **Educador:** _____ **Data:** ___/___/___

Sílabas na sequência						Sequência aleatória						Identificação aleatória						
LA	LE	LI	LO	LU		LA	LE	LI	LO	LU		LA	LE	LI	LO	LU	C	
																		PB/I
												LU	TA	LE	I	TE	LA	
												LA	TA	LU	A	LE	I	TE

Aprendiz: _____ **Educador:** _____ **Data:** ___/___/___

Sílabas na sequência						Sequência aleatória						Identificação aleatória						
LA	LE	LI	LO	LU		LA	LE	LI	LO	LU		LA	LE	LI	LO	LU	C	
																		PB/I
												LU	TA	LE	I	TE	LA	
												LA	TA	LU	A	LE	I	TE

MARCAÇÃO

V - ACERTOU SEM AJUDAS	X - ACERTOU COM AJUDAS OU ERROU

FIGURA 91 - 1.3 ENSINO DE SÍLABAS SIMPLES (DIFICULDADES DE PRONÚNCIA): L

1.3 ENSINO DE SÍLABAS SIMPLES (DIFICULDADES NA PRONÚNCIA): M

PROCEDIMENTO: Sente em uma cadeira de frente para o aprendiz e obtenha a atenção dele. Apresente o material para o aprendiz nomear. Caso ele não consiga de ajudas e elogie (ou ofereça algo que ele goste) quando fizer. Diminua as ajudas gradativamente.
1. Comece apenas com "sílabas na sequência" e faça somente essa etapa até o aprendiz conseguir 60% de acertos por um dia, considerando as dificuldades na pronúncia.
2. Após um dia de 60% de acertos em "sílabas na sequência", inicie "sequência aleatória", mas não deixe de fazer "sílabas na sequência" antes.
3. Após um dia de 60% de acertos em "sequência aleatória" (considerando as dificuldades de pronúncia), inicie a "identificação", mas não deixe de fazer as etapas anteriores previamente.
4. Após um dia de 100% de acertos em "identificação", inicie a leitura das palavras em "C", mas não deixe de fazer as etapas anteriores previamente.
5. Após um dia de 50% de acertos na leitura das palavras em "C" (considerando as dificuldades de pronúncia), inicie a identificação das palavras em "PB", mas não deixe de fazer as etapas anteriores previamente.
6. Após um dia de 100% de acertos na identificação das palavras em "PB", inicie a próxima sílaba, sem deixar de fazer toda a sequência dessa sílaba antes, a fim de manter as habilidades aprendidas.

C= COLORIDO   PB= PRETO E BRANCO   I= IDENTIFICAÇÃO

Aprendiz: _____ **Educador:** _____ **Data:** ___/___/___

	Sílabas na sequência					Sequência aleatória					Identificação aleatória				
	MA	ME	MI	MO	MU	MA	ME	MI	MO	MU	MA	ME	MI	MO	MU
C															
PB/I															

MO	LA	MA	TO	MA	TE	MA	LA	ME	I	A	MU	LE	TA

Aprendiz: _____ **Educador:** _____ **Data:** ___/___/___

	Sílabas na sequência					Sequência aleatória					Identificação aleatória				
	MA	ME	MI	MO	MU	MA	ME	MI	MO	MU	MA	ME	MI	MO	MU
C															
PB/I															

MO	LA	MA	TO	MA	TE	MA	LA	ME	I	A	MU	LE	TA

Aprendiz: _____ **Educador:** _____ **Data:** ___/___/___

	Sílabas na sequência					Sequência aleatória					Identificação aleatória				
	MA	ME	MI	MO	MU	MA	ME	MI	MO	MU	MA	ME	MI	MO	MU
C															
PB/I															

MO	LA	MA	TO	MA	TE	MA	LA	ME	I	A	MU	LE	TA

MARCAÇÃO

V – ACERTOU SEM AJUDAS	X – ACERTOU COM AJUDAS OU ERROU

FIGURA 92 – 1.3 ENSINO DE SÍLABAS SIMPLES (DIFICULDADES DE PRONÚNCIA): M

1.3 ENSINO DE SÍLABAS SIMPLES (DIFICULDADES NA PRONÚNCIA): F

PROCEDIMENTO: Sente em uma cadeira de frente para o aprendiz e obtenha a atenção dele. Apresente o material para o aprendiz nomear. Caso ele não consiga dê ajudas e elogie (ou ofereça algo que ele goste) quando fizer. Diminua as ajudas gradativamente.

1. Comece apenas com "sílabas na sequência" e faça somente essa etapa até o aprendiz conseguir 60% de acertos por um dia, considerando as dificuldades na pronúncia.
2. Após um dia de 60% de acertos em "sílabas na sequência", inicie "sequência aleatória", mas não deixe de fazer "sílabas na sequência" antes.
3. Após um dia de 60% de acertos em "sequência aleatória" (considerando as dificuldades de pronúncia), inicie a "identificação", mas não deixe de fazer as etapas anteriores previamente.
4. Após um dia de 100% de acertos em "identificação", inicie a leitura das palavras em "C", mas não deixe de fazer as etapas anteriores previamente.
5. Após um dia de 50% de acertos na leitura das palavras em "C" (considerando as dificuldades de pronúncia), inicie a identificação das palavras em "PB", mas não deixe de fazer as etapas anteriores previamente.
6. Após um dia de 100% de acertos na identificação das palavras em "PB", inicie a próxima sílaba, sem deixar de fazer toda a sequência dessa sílaba antes, a fim de manter as habilidades aprendidas.

C= COLORIDO   PB= PRETO E BRANCO   I= IDENTIFICAÇÃO

Aprendiz: _____ **Educador:** _____ **Data:** ___/___/___

Sílabas na sequência					Sequência aleatória					Identificação aleatória											
FA	FE	FI	FO	FU	FA	FE	FI	FO	FU	C	FI	LA	FO	ME	MO	FO	LI	A	FA	TI	A	FA	MI	LI	A
										PB/I															

Aprendiz: _____ **Educador:** _____ **Data:** ___/___/___

Sílabas na sequência					Sequência aleatória					Identificação aleatória											
FA	FE	FI	FO	FU	FA	FE	FI	FO	FU	C	FI	LA	FO	ME	MO	FO	LI	A	FA	TI	A	FA	MI	LI	A
										PB/I															

Aprendiz: _____ **Educador:** _____ **Data:** ___/___/___

Sílabas na sequência					Sequência aleatória					Identificação aleatória											
FA	FE	FI	FO	FU	FA	FE	FI	FO	FU	C	FI	LA	FO	ME	MO	FO	LI	A	FA	TI	A	FA	MI	LI	A
										PB/I															

MARCAÇÃO

V - ACERTOU SEM AJUDAS	X - ACERTOU COM AJUDAS OU ERROU

FIGURA 93 - 1.3 ENSINO DE SÍLABAS SIMPLES (DIFICULDADES DE PRONÚNCIA): F

1.3 ENSINO DE SÍLABAS SIMPLES (DIFICULDADES NA PRONÚNCIA): B

PROCEDIMENTO: Sente em uma cadeira de frente para o aprendiz e obtenha a atenção dele. Apresente o material para o aprendiz e nomear. Caso ele não consiga dê ajudas e elogie (ou ofereça algo que ele goste) quando fizer. Diminua as ajudas gradativamente.
1. Comece apenas com "sílabas na sequência" e faça somente essa etapa até o aprendiz conseguir 60% de acertos por um dia, considerando as dificuldades na pronúncia.
2. Após um dia de 60% de acertos em "sílabas na sequência", inicie "sequência aleatória", mas não deixe de fazer "sílabas na sequência" antes.
3. Após um dia de 60% de acertos em "sequência aleatória" (considerando as dificuldades de pronúncia), inicie a "identificação", mas não deixe de fazer as etapas anteriores previamente.
4. Após um dia de 100% de acertos em "identificação", inicie a leitura das palavras em "C", mas não deixe de fazer as etapas anteriores previamente.
5. Após um dia de 50% de acertos na leitura das palavras em "C" (considerando as dificuldades de pronúncia), inicie a identificação das palavras em "PB", mas não deixe de fazer as etapas anteriores previamente.
6. Após um dia de 100% de acertos na identificação das palavras em "PB", inicie a próxima sílaba, sem deixar de fazer toda a sequência dessa sílaba antes, a fim de manter as habilidades aprendidas.

C= COLORIDO   PB= PRETO E BRANCO   I= IDENTIFICAÇÃO

Aprendiz: _____   **Educador:** _____   **Data:** ___/___/___

Sílabas na sequência				Sequência aleatória				Identificação aleatória				BO	LA	BA	U	BI	FE	BA	TE	U	BE	LA	BA	LE	I	A
BA	BE	BI	BO	BU	BA	BE	BI	BO	BU	BA	BE	BI	BO	BU												
															C											
															PB/I											

Aprendiz: _____   **Educador:** _____   **Data:** ___/___/___

Sílabas na sequência				Sequência aleatória				Identificação aleatória				BO	LA	BA	U	BI	FE	BA	TE	U	BE	LA	BA	LE	I	A
BA	BE	BI	BO	BU	BA	BE	BI	BO	BU	BA	BE	BI	BO	BU												
															C											
															PB/I											

Aprendiz: _____   **Educador:** _____   **Data:** ___/___/___

Sílabas na sequência				Sequência aleatória				Identificação aleatória				BO	LA	BA	U	BI	FE	BA	TE	U	BE	LA	BA	LE	I	A
BA	BE	BI	BO	BU	BA	BE	BI	BO	BU	BA	BE	BI	BO	BU												
															C											
															PB/I											

MARCAÇÃO	
V - ACERTOU SEM AJUDAS	X - ACERTOU COM AJUDAS OU ERROU

FIGURA 94 - 1.3 ENSINO DE SÍLABAS SIMPLES (DIFICULDADES DE PRONÚNCIA): B

1.3 ENSINO DE SÍLABAS SIMPLES (DIFICULDADES NA PRONÚNCIA): R

PROCEDIMENTO: Sente em uma cadeira de frente para o aprendiz e obtenha a atenção dele. Apresente o material para o aprendiz nomear. Caso ele não consiga de ajudas e elogie (ou ofereça algo que ele goste) quando fizer. Diminua as ajudas gradativamente.
1. Comece apenas com "sílabas na sequência" e faça somente essa etapa até o aprendiz conseguir 60% de acertos por um dia, considerando as dificuldades na pronúncia.
2. Após um dia de 60% de acertos em "sílabas na sequência", inicie "sequência aleatória", mas não deixe de fazer "sílabas na sequência" antes.
3. Após um dia de 60% de acertos em "sequência aleatória" (considerando as dificuldades de pronúncia), inicie a "identificação", mas não deixe de fazer as etapas anteriores previamente.
4. Após um dia de 100% de acertos em "identificação", inicie a leitura das palavras em "C", mas não deixe de fazer as etapas anteriores previamente.
5. Após um dia de 50% de acertos na leitura das palavras em "C" (considerando as dificuldades de pronúncia), inicie a identificação das palavras em "PB", mas não deixe de fazer as etapas anteriores previamente.
6. Após um dia de 100% de acertos na identificação das palavras em "PB", inicie a próxima sílaba, sem deixar de fazer toda a sequência dessa sílaba antes, a fim de manter as habilidades aprendidas.

C= COLORIDO   PB= PRETO E BRANCO   I= IDENTIFICAÇÃO

Aprendiz: _____ **Educador:** _____ **Data:** ___/___/___

Sílabas na sequência						Sequência aleatória						Identificação aleatória									
RA	RE	RI	RO	RU		RA	RE	RI	RO	RU		RA	TO	RI	O	RI	MA	RI	FA	RA	BO	RO	LO

C	
PB/I	

Aprendiz: _____ **Educador:** _____ **Data:** ___/___/___

Sílabas na sequência						Sequência aleatória						Identificação aleatória									
RA	RE	RI	RO	RU		RA	RE	RI	RO	RU		RA	TO	RI	O	RI	MA	RI	FA	RA	BO	RO	LO

C	
PB/I	

Aprendiz: _____ **Educador:** _____ **Data:** ___/___/___

Sílabas na sequência						Sequência aleatória						Identificação aleatória									
RA	RE	RI	RO	RU		RA	RE	RI	RO	RU		RA	TO	RI	O	RI	MA	RI	FA	RA	BO	RO	LO

C	
PB/I	

MARCAÇÃO
V - ACERTOU SEM AJUDAS   X - ACERTOU COM AJUDAS OU ERROU

FIGURA 95 – 1.3 ENSINO DE SÍLABAS SIMPLES (DIFICULDADES DE PRONÚNCIA): R

1.3 ENSINO DE SÍLABAS SIMPLES (DIFICULDADES NA PRONÚNCIA): P

PROCEDIMENTO: Sente em uma cadeira de frente para o aprendiz e obtenha a atenção dele. Apresente o material para o aprendiz nomear. Caso ele não consiga dê ajudas e elogie (ou ofereça algo que ele goste) quando fizer. Diminua as ajudas gradativamente.
1. Comece apenas com "sílabas na sequência" e faça somente essa etapa até o aprendiz conseguir 60% de acertos por um dia, considerando as dificuldades na pronúncia.
2. Após um dia de 60% de acertos em "sílabas na sequência", inicie "sequência aleatória", mas não deixe de fazer "sílabas na sequência" antes.
3. Após um dia de 60% de acertos em "sequência aleatória" (considerando as dificuldades de pronúncia), inicie a "identificação", mas não deixe de fazer as etapas anteriores previamente.
4. Após um dia de 100% de acertos em "identificação", inicie a leitura das palavras em "C", mas não deixe de fazer as etapas anteriores previamente.
5. Após um dia de 50% de acertos na leitura das palavras em "C" (considerando as dificuldades de pronúncia), inicie a identificação das palavras em "PB", mas não deixe de fazer as etapas anteriores previamente.
6. Após um dia de 100% de acertos na identificação das palavras em "PB", inicie a próxima sílaba, sem deixar de fazer toda a sequência dessa sílaba antes, a fim de manter as habilidades aprendidas.

C= COLORIDO   PB= PRETO E BRANCO   I= IDENTIFICAÇÃO

Aprendiz: _____ **Educador:** _____ **Data:** ___/___/___

Sílabas na sequência						Sequência aleatória						Identificação aleatória							PA	TO	MA	PA	A	PI	TO	PI	PA	PA	LI	TO	PI	A
PA	PE	PI	PO	PU		PA	PE	PI	PO	PU		PA	PE	PI	PO	PU	C														
																	PB/I														

Aprendiz: _____ **Educador:** _____ **Data:** ___/___/___

Sílabas na sequência						Sequência aleatória						Identificação aleatória							PA	TO	MA	PA	A	PI	TO	PI	PA	PA	LI	TO	PI	A
PA	PE	PI	PO	PU		PA	PE	PI	PO	PU		PA	PE	PI	PO	PU	C														
																	PB/I														

Aprendiz: _____ **Educador:** _____ **Data:** ___/___/___

Sílabas na sequência						Sequência aleatória						Identificação aleatória							PA	TO	MA	PA	A	PI	TO	PI	PA	PA	LI	TO	PI	A
PA	PE	PI	PO	PU		PA	PE	PI	PO	PU		PA	PE	PI	PO	PU	C														
																	PB/I														

MARCAÇÃO
X = ACERTOU SEM AJUDAS
X = ACERTOU COM AJUDAS OU ERROU

FIGURA 96 - 1.3 ENSINO DE SÍLABAS SIMPLES (DIFICULDADES DE PRONÚNCIA): P

1.3 ENSINO DE SÍLABAS SIMPLES (DIFICULDADES NA PRONÚNCIA): N

PROCEDIMENTO: Sente em uma cadeira de frente para o aprendiz e obtenha a atenção dele. Apresente o material para o aprendiz nomear. Caso ele não consiga dê ajudas e elogie (ou ofereça algo que ele goste) quando fizer. Diminua as ajudas gradativamente.
1. Comece apenas com "sílabas na sequência" e faça somente essa etapa até o aprendiz conseguir 60% de acertos por um dia, considerando as dificuldades na pronúncia.
2. Após um dia de 60% de acertos em "sílabas na sequência", inicie "sequência aleatória", mas não deixe de fazer "sílabas na sequência" antes.
3. Após um dia de 60% de acertos em "sequência aleatória" (considerando as dificuldades de pronúncia), inicie a "identificação", mas não deixe de fazer as etapas anteriores previamente.
4. Após um dia de 100% de acertos em "identificação", inicie à leitura das palavras em "C", mas não deixe de fazer as etapas anteriores previamente.
5. Após um dia de 50% de acertos na leitura das palavras em "C" (considerando as dificuldades de pronúncia), inicie a identificação das palavras em "PB", mas não deixe de fazer as etapas anteriores previamente.
6. Após um dia de 100% de acertos na identificação das palavras em "PB", inicie a próxima sílaba, sem deixar de fazer toda a sequência dessa sílaba antes, a fim de manter as habilidades aprendidas.

C= COLORIDO   PB= PRETO E BRANCO   I= IDENTIFICAÇÃO

Aprendiz: _____   Educador: _____   Data: ___/___/___

Sílabas na sequência					Sequência aleatória					Identificação aleatória						NO	ME	PE	NA	ME	NI	NA	PA	NE	LA	TO	A	LU	NO
NA	NE	NI	NO	NU	NA	NE	NI	NO	NU	NA	NE	NI	NO	NU	C													
															PB/I													

Aprendiz: _____   Educador: _____   Data: ___/___/___

Sílabas na sequência					Sequência aleatória					Identificação aleatória						NO	ME	PE	NA	ME	NI	NA	PA	NE	LA	TO	A	LU	NO
NA	NE	NI	NO	NU	NA	NE	NI	NO	NU	NA	NE	NI	NO	NU	C													
															PB/I													

Aprendiz: _____   Educador: _____   Data: ___/___/___

Sílabas na sequência					Sequência aleatória					Identificação aleatória						NO	ME	PE	NA	ME	NI	NA	PA	NE	LA	TO	A	LU	NO
NA	NE	NI	NO	NU	NA	NE	NI	NO	NU	NA	NE	NI	NO	NU	C													
															PB/I													

MARCAÇÃO
V - ACERTOU SEM AJUDAS   X - ACERTOU COM AJUDAS OU ERROU

FIGURA 97 – 1.3 ENSINO DE SÍLABAS SIMPLES (DIFICULDADES DE PRONÚNCIA): N

1.3 ENSINO DE SÍLABAS SIMPLES (DIFICULDADES NA PRONÚNCIA): V

PROCEDIMENTO: Sente em uma cadeira de frente para o aprendiz e obtenha a atenção dele. Apresente o material para o aprendiz nomear. Caso ele não consiga dê ajudas e elogie (ou ofereça algo que ele goste) quando fizer. Diminua as ajudas gradativamente.
1. Comece apenas com "sílabas na sequência" e faça somente essa etapa até o aprendiz conseguir 60% de acertos por um dia, considerando as dificuldades na pronúncia.
2. Após um dia de 60% de acertos em "sílabas na sequência", inicie "sequência aleatória", mas não deixe de fazer "sílabas na sequência" antes.
3. Após um dia de 60% de acertos em "sequência aleatória" (considerando as dificuldades de pronúncia), inicie a "identificação", mas não deixe de fazer as etapas anteriores previamente.
4. Após um dia de 100% de acertos em "identificação", inicie a leitura das palavras em "C", mas não deixe de fazer as etapas anteriores previamente.
5. Após um dia de 50% de acertos na leitura das palavras em "C" (considerando as dificuldades de pronúncia), inicie a identificação das palavras em "PB", mas não deixe de fazer as etapas anteriores previamente.
6. Após um dia de 100% de acertos na identificação das palavras em "PB", inicie a próxima sílaba, sem deixar de fazer toda a sequência dessa sílaba antes, a fim de manter as habilidades aprendidas.

C= COLORIDO   PB= PRETO E BRANCO   I= IDENTIFICAÇÃO

Aprendiz: _____ **Educador:** _____ **Data:** ___/___/___

Sílabas na sequência						Sequência aleatória						Identificação aleatória					
VA	VE	VI	VO	VU	C	VA	VE	VI	VO	VU	C	VA	VE	VI	VO	VU	C
NO	VE	LU	VA	NO	VE	LA	VO	VE	LA	VI	O	LE	TA				PB/I

Aprendiz: _____ **Educador:** _____ **Data:** ___/___/___

Sílabas na sequência						Sequência aleatória						Identificação aleatória					
VA	VE	VI	VO	VU	C	VA	VE	VI	VO	VU	C	VA	VE	VI	VO	VU	C
NO	VE	LU	VA	NO	VE	LA	VO	VE	LA	VI	O	LE	TA				PB/I

Aprendiz: _____ **Educador:** _____ **Data:** ___/___/___

Sílabas na sequência						Sequência aleatória						Identificação aleatória					
VA	VE	VI	VO	VU	C	VA	VE	VI	VO	VU	C	VA	VE	VI	VO	VU	C
NO	VE	LU	VA	NO	VE	LA	VO	VE	LA	VI	O	LE	TA				PB/I

MARCAÇÃO
V - ACERTOU SEM AJUDAS   **X** - ACERTOU COM AJUDAS OU ERROU

FIGURA 98 - 1.3 ENSINO DE SÍLABAS SIMPLES (DIFICULDADES DE PRONÚNCIA): V

1.3 ENSINO DE SÍLABAS SIMPLES (DIFICULDADES NA PRONÚNCIA): S

PROCEDIMENTO: Sente em uma cadeira de frente para o aprendiz e obtenha a atenção dele. Apresente o material para o aprendiz e faça somente essa etapa até o aprendiz nomear. Caso ele não consiga de ajudas e elogie (ou ofereça algo que ele goste) quando fizer. Diminua as ajudas gradativamente.

1. Comece apenas com "sílabas na sequência" e faça somente essa etapa até o aprendiz conseguir 60% de acertos por um dia, considerando as dificuldades na pronúncia.
2. Após um dia de 60% de acertos em "sílabas na sequência", inicie "sequência aleatória", mas não deixe de fazer "sílabas na sequência" antes.
3. Após um dia de 60% de acertos em "sequência aleatória" (considerando as dificuldades de pronúncia), inicie a "identificação", mas não deixe de fazer as etapas anteriores previamente.
4. Após um dia de 100% de acertos em "identificação", inicie a leitura das palavras em "C", mas não deixe de fazer as etapas anteriores previamente.
5. Após um dia de 50% de acertos na leitura das palavras em "C" (considerando as dificuldades de pronúncia), inicie a identificação das palavras em "PB", mas não deixe de fazer as palavras anteriores previamente.
6. Após um dia de 100% de acertos na identificação das palavras em "PB", inicie a próxima sílaba, sem deixar de fazer toda a sequência dessa sílaba antes, a fim de manter as habilidades aprendidas.

C= COLORIDO   PB= PRETO E BRANCO   I= IDENTIFICAÇÃO

Aprendiz: _____ **Educador:** _____ **Data:** ___/___/___

Sílabas na sequência						Sequência aleatória						Identificação aleatória																
SA	SE	SI	SO	SU		SA	SE	SI	SO	SU		SA	SE	SI	SO	SU		SA	PO	SO	FA	SA	LA	SA	PA	TO	SE	TE	SA	BO	NE	TE
																		C														
																		PB/I														

Aprendiz: _____ **Educador:** _____ **Data:** ___/___/___

Sílabas na sequência						Sequência aleatória						Identificação aleatória																
SA	SE	SI	SO	SU		SA	SE	SI	SO	SU		SA	SE	SI	SO	SU		SA	PO	SO	FA	SA	LA	SA	PA	TO	SE	TE	SA	BO	NE	TE
																		C														
																		PB/I														

Aprendiz: _____ **Educador:** _____ **Data:** ___/___/___

Sílabas na sequência						Sequência aleatória						Identificação aleatória																
SA	SE	SI	SO	SU		SA	SE	SI	SO	SU		SA	SE	SI	SO	SU		SA	PO	SO	FA	SA	LA	SA	PA	TO	SE	TE	SA	BO	NE	TE
																		C														
																		PB/I														

MARCAÇÃO

V – ACERTOU SEM AJUDAS   **X** – ACERTOU COM AJUDAS OU ERROU

FIGURA 99 – 1.3 ENSINO DE SÍLABAS SIMPLES (DIFICULDADES DE PRONÚNCIA): S

1.3 ENSINO DE SÍLABAS SIMPLES (DIFICULDADES NA PRONÚNCIA): D

PROCEDIMENTO: Sente em uma cadeira de frente para o aprendiz e obtenha a atenção dele. Apresente o material para o aprendiz nomear. Caso ele não consiga de ajudas e elogie (ou ofereça algo que ele goste) quando fizer. Diminua as ajudas gradativamente.

1. Comece apenas com "sílabas na sequência" e faça somente essa etapa até o aprendiz conseguir 60% de acertos por um dia, considerando as dificuldades na pronúncia.
2. Após um dia de 60% de acertos em "sílabas na sequência", mas não deixe de fazer "sílabas na sequência" antes.
3. Após um dia de 60% de acertos em "sequência aleatória" (considerando as dificuldades de pronúncia), inicie a "identificação", mas não deixe de fazer as etapas anteriores previamente.
4. Após um dia de 100% de acertos em "identificação", inicie à leitura das palavras em "C", mas não deixe de fazer as etapas anteriores previamente.
5. Após um dia de 50% de acertos na leitura das palavras em "C" (considerando as dificuldades de pronúncia), inicie a identificação das palavras em "PB", mas não deixe de fazer as etapas anteriores previamente.
6. Após um dia de 100% de acertos na identificação das palavras em "PB", inicie a próxima sílaba, sem deixar de fazer toda a sequência dessa sílaba antes, a fim de manter as habilidades aprendidas.

C= COLORIDO   PB= PRETO E BRANCO   I= IDENTIFICAÇÃO

Aprendiz: _____   **Educador:** _____   **Data:** ___/___/___

Sílabas na sequência						Sequência aleatória						Identificação aleatória										
DA	DE	DI	DO	DU		DA	DE	DI	DO	DU		DA	DE	DI	DO	DU	DA	RO	DA	DI	A	SA	LA	DA	I	DA	DE	DA	TA
					C						C																		
																												PB/I	

Aprendiz: _____   **Educador:** _____   **Data:** ___/___/___

Sílabas na sequência						Sequência aleatória						Identificação aleatória										
DA	DE	DI	DO	DU		DA	DE	DI	DO	DU		DA	DE	DI	DO	DU	DA	RO	DA	DI	A	SA	LA	DA	I	DA	DE	DA	TA
					C						C																		
																												PB/I	

Aprendiz: _____   **Educador:** _____   **Data:** ___/___/___

Sílabas na sequência						Sequência aleatória						Identificação aleatória										
DA	DE	DI	DO	DU		DA	DE	DI	DO	DU		DA	DE	DI	DO	DU	DA	RO	DA	DI	A	SA	LA	DA	I	DA	DE	DA	TA
					C						C																		
																												PB/I	

MARCAÇÃO
V - ACERTOU SEM AJUDAS	X - ACERTOU COM AJUDAS OU ERROU

FIGURA 100 - 1.3 ENSINO DE SÍLABAS SIMPLES (DIFICULDADES DE PRONÚNCIA): D

1.3 ENSINO DE SÍLABAS SIMPLES (DIFICULDADES NA PRONÚNCIA): J

PROCEDIMENTO: Sente em uma cadeira de frente para o aprendiz e obtenha a atenção dele. Apresente o material para o aprendiz nomear. Caso ele não consiga de ajudas e elogie (ou oferece algo que ele goste) quando fizer. Diminua as ajudas gradativamente.

1. Começa apenas com "sílabas na sequência" e faça somente essa etapa até o aprendiz conseguir 60% de acertos por um dia, considerando as dificuldades na pronúncia.
2. Após um dia de 60% de acertos em "sílabas na sequência", inicie "sequência aleatória", mas não deixe de fazer "sílabas na sequência" antes.
3. Após um dia de 60% de acertos em "sequência aleatória" (considerando as dificuldades de pronúncia), inicie a "identificação", mas não deixe de fazer as etapas anteriores previamente.
4. Após um dia de 100% de acertos em "identificação", inicie a leitura das palavras em "C", mas não deixe de fazer as etapas anteriores previamente.
5. Após um dia de 50% de acertos na leitura das palavras em "C" (considerando as dificuldades de pronúncia), inicie a identificação das palavras em "PB", mas não deixe de fazer as etapas anteriores previamente.
6. Após um dia de 100% de acertos na identificação das palavras em "PB", inicie a próxima sílaba, sem deixar de fazer toda a sequência dessa sílaba antes, a fim de manter as habilidades aprendidas.

C= COLORIDO   PB= PRETO E BRANCO   I= IDENTIFICAÇÃO

Aprendiz: _____ **Educador:** _____ **Data:** ___/___/___

Sílabas na sequência						Sequência aleatória						Identificação aleatória												
JA	JE	JI	JO	JU		JA	JE	JI	JO	JU		JA	JE	JI	JO	JU		SU	JO	JU	BA	JI	LO	PA	JE	BE	I	JO	JA	NE	LA
																	C														
																	PB/I														

Aprendiz: _____ **Educador:** _____ **Data:** ___/___/___

Sílabas na sequência						Sequência aleatória						Identificação aleatória												
JA	JE	JI	JO	JU		JA	JE	JI	JO	JU		JA	JE	JI	JO	JU		SU	JO	JU	BA	JI	LO	PA	JE	BE	I	JO	JA	NE	LA
																	C														
																	PB/I														

Aprendiz: _____ **Educador:** _____ **Data:** ___/___/___

Sílabas na sequência						Sequência aleatória						Identificação aleatória												
JA	JE	JI	JO	JU		JA	JE	JI	JO	JU		JA	JE	JI	JO	JU		SU	JO	JU	BA	JI	LO	PA	JE	BE	I	JO	JA	NE	LA
																	C														
																	PB/I														

MARCAÇÃO

V - ACERTOU SEM AJUDAS	X - ACERTOU COM AJUDAS OU ERROU

FIGURA 101 - 1.3 ENSINO DE SÍLABAS SIMPLES (DIFICULDADES DE PRONÚNCIA): J

1.3 ENSINO DE SÍLABAS SIMPLES (DIFICULDADES NA PRONÚNCIA): X

PROCEDIMENTO: Sente em uma cadeira de frente para o aprendiz e obtenha a atenção dele. Apresente o material para o aprendiz nomear. Caso ele não consiga de ajudas e elogie (ou ofereça algo que ele goste) quando fizer. Diminua as ajudas gradativamente.

1. Comece apenas com "sílabas na sequência" e faça somente essa etapa até o aprendiz conseguir 60% de acertos por um dia, considerando as dificuldades na pronúncia.
2. Após um dia de 60% de acertos em "sílabas na sequência", inicie "sequência aleatória", mas não deixe de fazer "sílabas na sequência" antes.
3. Após um dia de 60% de acertos em "sequência aleatória" (considerando as dificuldades de pronúncia), inicie a "identificação", mas não deixe de fazer as etapas anteriores previamente.
4. Após um dia de 100% de acertos em "identificação", inicie a leitura das palavras em "C", mas não deixe de fazer as etapas anteriores previamente.
5. Após um dia de 50% de acertos na leitura das palavras em "C" (considerando as dificuldades de pronúncia), inicie a identificação das palavras em "PB", mas não deixe de fazer as etapas anteriores previamente.
6. Após um dia de 100% de acertos na identificação das palavras em "PB", inicie a próxima sílaba, sem deixar de fazer toda a sequência dessa sílaba antes, a fim de manter as habilidades aprendidas.

C= COLORIDO   PB= PRETO E BRANCO   I= IDENTIFICAÇÃO

Aprendiz: _____   **Educador:** _____   **Data:** ___/___/___

Sílabas na sequência						Sequência aleatória						Identificação aleatória					
XA	XE	XI	XO	XU		XA	XE	XI	XO	XU		XA	XE	XI	XO	XU	

C	XA	LE	LI	XO	PE	I	XE	RO	XO	FA	XI	NA	TA	XA
PB/I														

Aprendiz: _____   **Educador:** _____   **Data:** ___/___/___

Sílabas na sequência						Sequência aleatória						Identificação aleatória					
XA	XE	XI	XO	XU		XA	XE	XI	XO	XU		XA	XE	XI	XO	XU	

C	XA	LE	LI	XO	PE	I	XE	RO	XO	FA	XI	NA	TA	XA
PB/I														

Aprendiz: _____   **Educador:** _____   **Data:** ___/___/___

Sílabas na sequência						Sequência aleatória						Identificação aleatória					
XA	XE	XI	XO	XU		XA	XE	XI	XO	XU		XA	XE	XI	XO	XU	

C	XA	LE	LI	XO	PE	I	XE	RO	XO	FA	XI	NA	TA	XA
PB/I														

MARCAÇÃO
V - ACERTOU SEM AJUDAS   **X** - ACERTOU COM AJUDAS OU ERROU

FIGURA 102 – 1.3 ENSINO DE SÍLABAS SIMPLES (DIFICULDADES DE PRONÚNCIA): X

1.3 ENSINO DE SÍLABAS SIMPLES (DIFICULDADES NA PRONÚNCIA): Z

PROCEDIMENTO: Sente em uma cadeira de frente para o aprendiz e obtenha a atenção dele. Apresente o material para o aprendiz nomear. Caso ele não consiga de ajudas e elogie (ou ofereça algo que ele goste) quando fizer. Diminua as ajudas gradativamente.
1. Comece apenas com "sílabas na sequência" e faça somente essa etapa até o aprendiz conseguir 60% de acertos por um dia, considerando as dificuldades na pronúncia.
2. Após um dia de 60% de acertos em "sílabas na sequência", inicie "sequência aleatória", mas não deixe de fazer "sílabas na sequência" antes.
3. Após um dia de 60% de acertos em "sequência aleatória" (considerando as dificuldades de pronúncia), inicie a "identificação", mas não deixe de fazer as etapas anteriores previamente.
4. Após um dia de 100% de acertos em "identificação", inicie a leitura das palavras em "C", mas não deixe de fazer as etapas anteriores previamente.
5. Após um dia de 50% de acertos na leitura das palavras em "C" (considerando as dificuldades de pronúncia), inicie a identificação das palavras em "PB", mas não deixe de fazer as etapas anteriores previamente.
6. Após um dia de 100% de acertos na identificação das palavras em "PB", inicie a próxima sílaba, sem deixar de fazer toda a sequência dessa sílaba antes, a fim de manter as habilidades aprendidas.

C= COLORIDO   PB= PRETO E BRANCO   I= IDENTIFICAÇÃO

Aprendiz: _____ **Educador:** _____ **Data:** ___/___/___

Sílabas na sequência				Sequência aleatória				Identificação aleatória					ZE	BU	ZI	NA	A	ZE	DO	DO	ZE	VA	ZI	O	BE	LE	ZA
ZA	ZE	ZI	ZO	ZU	ZA	ZE	ZI	ZO	ZU	ZA	ZE	ZI	ZO	ZU	C											
															PB/I											

Aprendiz: _____ **Educador:** _____ **Data:** ___/___/___

Sílabas na sequência				Sequência aleatória				Identificação aleatória					ZE	BU	ZI	NA	A	ZE	DO	DO	ZE	VA	ZI	O	BE	LE	ZA
ZA	ZE	ZI	ZO	ZU	ZA	ZE	ZI	ZO	ZU	ZA	ZE	ZI	ZO	ZU	C											
															PB/I											

Aprendiz: _____ **Educador:** _____ **Data:** ___/___/___

Sílabas na sequência				Sequência aleatória				Identificação aleatória					ZE	BU	ZI	NA	A	ZE	DO	DO	ZE	VA	ZI	O	BE	LE	ZA
ZA	ZE	ZI	ZO	ZU	ZA	ZE	ZI	ZO	ZU	ZA	ZE	ZI	ZO	ZU	C											
															PB/I											

MARCAÇÃO
V – ACERTOU SEM AJUDAS   **X** – ACERTOU COM AJUDAS OU ERROU

FIGURA 103 – 1.3 ENSINO DE SÍLABAS SIMPLES (DIFICULDADES DE PRONÚNCIA): Z

1.3 ENSINO DE SÍLABAS SIMPLES (DIFICULDADES NA PRONÚNCIA): C

PROCEDIMENTO: Sente em uma cadeira de frente para o aprendiz e obtenha a atenção dele. Apresente o material para o aprendiz nomear. Caso ele não consiga de ajudas e elogie (ou ofereça algo que ele goste) quando fizer. Diminua as ajudas gradativamente.
1. Comece apenas com "sílabas na sequência" e faça somente essa etapa até o aprendiz conseguir 60% de acertos por um dia, considerando as dificuldades na pronúncia.
2. Após um dia de 60% de acertos em "sílabas na sequência", inicie "sequência aleatória", mas não deixe de fazer "sílabas na sequência" antes.
3. Após um dia de 60% de acertos em "sequência aleatória" (considerando as dificuldades de pronúncia), inicie a "identificação", mas não deixe de fazer as etapas anteriores previamente.
4. Após um dia de 100% de acertos em "sequência aleatória", inicie a leitura das palavras em "C", mas não deixe de fazer as etapas anteriores previamente.
5. Após um dia de 50% de acertos em "identificação", inicie a identificação das palavras em "PB", mas não deixe de fazer as etapas anteriores previamente.
6. Após um dia de 100% de acertos na identificação das palavras em "PB", inicie a próxima sílaba, sem deixar de fazer toda a sequência dessa sílaba antes, a fim de manter as habilidades aprendidas.

C= COLORIDO   PB= PRETO E BRANCO   I= IDENTIFICAÇÃO

Aprendiz: _____ **Educador:** _____ **Data:** ___/___/___

Sílabas na sequência			Sequência aleatória			Identificação aleatória			C
CA	CO	CU	CA	CO	CU	CA	CO	CU	
CA	LO	FA	CA	SA	CO	LA	CU	E	CA	CO	XA	A	BA	CA	XI
PB/I															

Aprendiz: _____ **Educador:** _____ **Data:** ___/___/___

Sílabas na sequência			Sequência aleatória			Identificação aleatória			C
CA	CO	CU	CA	CO	CU	CA	CO	CU	
CA	LO	FA	CA	SA	CO	LA	CU	E	CA	CO	XA	A	BA	CA	XI
PB/I															

Aprendiz: _____ **Educador:** _____ **Data:** ___/___/___

Sílabas na sequência			Sequência aleatória			Identificação aleatória			C
CA	CO	CU	CA	CO	CU	CA	CO	CU	
CA	LO	FA	CA	SA	CO	LA	CU	E	CA	CO	XA	A	BA	CA	XI
PB/I															

MARCAÇÃO
V – ACERTOU SEM AJUDAS   **X** – ACERTOU COM AJUDAS OU ERROU

FIGURA 104 – 1.3 ENSINO DE SÍLABAS SIMPLES (DIFICULDADES DE PRONÚNCIA): C

1.3 ENSINO DE SÍLABAS SIMPLES (DIFICULDADES NA PRONÚNCIA): G

PROCEDIMENTO: Sente em uma cadeira de frente para o aprendiz e obtenha a atenção dele. Apresente o material para o aprendiz nomear. Caso ele não consiga de ajudas e elogie (ou ofereça algo que ele goste) quando fizer. Diminua as ajudas gradativamente.

1. Comece apenas com "sílabas na sequência" e faça somente essa etapa até o aprendiz conseguir 60% de acertos por um dia, considerando as dificuldades na pronúncia.
2. Após um dia de 60% de acertos em "sílabas na sequência", inicie "sequência aleatória", mas não deixe de fazer "sílabas na sequência" antes.
3. Após um dia de 60% de acertos em "sequência aleatória" (considerando as dificuldades de pronúncia), inicie a "identificação", mas não deixe de fazer as etapas anteriores previamente.
4. Após um dia de 100% de acertos em "identificação", inicie a leitura das palavras em "C", mas não deixe de fazer as etapas anteriores previamente.
5. Após um dia de 50% de acertos na leitura das palavras em "C" (considerando as dificuldades de pronúncia), inicie a identificação das palavras em "PB", mas não deixe de fazer as etapas anteriores previamente.
6. Após um dia de 100% de acertos na identificação das palavras em "PB", inicie a próxima sílaba, sem deixar de fazer toda a sequência dessa sílaba antes, a fim de manter as habilidades aprendidas.

C= COLORIDO   PB= PRETO E BRANCO   I= IDENTIFICAÇÃO

Aprendiz: _____ **Educador:** _____ **Data:** ___/___/___

Sílabas na sequência			Sequência aleatória			Identificação aleatória			C		
GA	GO	GU	GA	GO	GU	GA	GO	GU			
									GA	TO	GO	MA	GU	LA	FO	GO	BI	GO	DE	BE	XI	GA
									PB/I													

Aprendiz: _____ **Educador:** _____ **Data:** ___/___/___

Sílabas na sequência			Sequência aleatória			Identificação aleatória			C		
GA	GO	GU	GA	GO	GU	GA	GO	GU			
									GA	TO	GO	MA	GU	LA	FO	GO	BI	GO	DE	BE	XI	GA
									PB/I													

Aprendiz: _____ **Educador:** _____ **Data:** ___/___/___

Sílabas na sequência			Sequência aleatória			Identificação aleatória			C		
GA	GO	GU	GA	GO	GU	GA	GO	GU			
									GA	TO	GO	MA	GU	LA	FO	GO	BI	GO	DE	BE	XI	GA
									PB/I													

MARCAÇÃO
V - ACERTOU SEM AJUDAS   X - ACERTOU COM AJUDAS OU ERROU

FIGURA 105 - 1.3 ENSINO DE SÍLABAS SIMPLES (DIFICULDADES DE PRONÚNCIA): G

4.4.3 PROTOCOLO DE OBJETIVOS E METAS

O programa de ensino de sílabas simples é constituído por seis conjuntos compostos por dois ou três grupos silábicos em cada um (ver Figura 87). O protocolo de Objetivos e Metas (Figura 88) tem a função de auxiliar na administração do ensino, grupo por grupo. Comece o ensino a partir do primeiro grupo silábico e avance, um por um, à medida que o aprendiz atingir o critério de aprendizagem em cada grupo, até o décimo sexto. Para começar, você deve marcar um X a lápis na coluna "Ensino", na altura da linha do primeiro grupo silábico (T). Nas outras linhas marque um X na coluna "Não ensinado". Quando o aprendiz atingir o critério de aprendizagem no primeiro grupo, você deve apagar o X que está na coluna "Ensino", fazer um novo X na coluna "Manutenção" (altura da linha do grupo silábico T) e marcar um X na coluna "Ensino", na altura da linha do próximo grupo silábico (L). Siga dessa maneira, sucessivamente, até o último grupo silábico.

4.4.4 PROTOCOLO DE MANUTENÇÃO

O programa para o ensino de sílabas simples é longo e por isso o uso do protocolo de manutenção será realizado ao término de cada Conjunto. Descreveremos posteriormente, em procedimentos, o momento da utilização deste protocolo, que é simples de ser preenchido; basta colocar a data da realização da atividade e escrever V para acertos e X para erros ou ajudas (Figura 89).

4.4.5 PROTOCOLOS CERTO/ERRADO

Para cada grupo silábico há um protocolo específico (ver Figuras 90 a 105). Utilize pastas ou um fichário para organizar os seus registros. O educador deve preencher o nome do aprendiz, o nome dele e a data da atividade. Cada retângulo deve ser utilizado para um dia de atividade; há a especificação das etapas do ensino e espaços em branco nos quais o educador deve escrever V para acertos e X para erros ou respostas com ajuda.

4.4.6 MATERIAIS

O material a ser utilizado para cada grupo silábico (Anexo 3) é composto por: a) sílabas escritas em letras de imprensa maiúsculas, estando vogais em vermelho, consoantes em preto e delimitações em azul; b) palavras de cada grupo silábico escritas em letras de imprensas maiúsculas, estando vogais em vermelho, consoantes em preto e delimitações em azul; c) palavras de cada grupo silábico escritas em letras pretas de imprensa maiúsculas.

4.4.7 PROCEDIMENTOS DE ENSINO

O ensino de cada sílaba será dividido em quatro etapas. As etapas serão cumulativas, ou seja, quando o aprendiz atingir o critério em uma etapa, você iniciará a próxima etapa, mas não deixará de fazer a etapa atual e nem as anteriores. Siga rigorosamente a sequência de ensino e os critérios de aprendizagem e de manutenção para obter sucesso no ensino. As etapas serão descritas a seguir:

1) SÍLABAS NA SEQUÊNCIA: este será o primeiro contato do aprendiz com o grupo silábico. Dessa maneira, na primeira sessão, você deverá se preocupar em ensinar ao aprendiz a lógica da junção entre consoante e vogal, que se transforma em sílaba. Comece mostrando ao aprendiz a consoante, enfatizando o som e não o nome dela. Explique para o aprendiz que juntando aquela consoante, que tem um som específico, com a vogal, forma-se a sílaba (mostre para ele); faça isso com todas as vogais. Após essa apresentação, nomeie as sílabas na sequência, apontando para cada sílaba ao nomear, e peça ao aprendiz para fazer o mesmo. Nas sessões posteriores não é necessário fazer essa apresentação novamente. A atividade começa quando você aponta para cada sílaba na sequência (TA, TE, TI, TO, TU) e pergunta para o aprendiz ao mesmo tempo que aponta: "que sílaba é essa?". O aprendiz deve falar o nome de cada sílaba à medida que você pergunta; caso ele não consiga, ajude dando o modelo (Figura

FIGURA 106 – SÍLABAS NA SEQUÊNCIA

106). Marque no protocolo em "Sílabas na sequência", abaixo de cada sílaba, V para respostas corretas do aprendiz e X para respostas incorretas. Os espaços destinados ao registro das outras etapas deverão ficar em branco. Como o aprendiz apresenta dificuldades na pronúncia, você não exigirá uma pronúncia correta e, dessa maneira, pronúncias aproximadas serão aceitas como corretas. Quando o aprendiz obtiver 60% de acertos (3 acertos) em um dia de atividade, nesta etapa, você poderá inserir a etapa seguinte e a sua atividade passará a ser realizada com as duas etapas.

2) SEQUÊNCIA ALEATÓRIA: nesta etapa você vai pedir ao aprendiz para nomear as sílabas fora de ordem, para evitar que ele decore a sequência e não aprenda as sílabas. Aponte, em sequência aleatória (ex. TI, TU, TE, TA, TO), para cada sílaba e simultaneamente pergunte ao aprendiz: "que sílaba é essa?". O aprendiz deve falar o nome de cada sílaba à medida que você pergunta; caso ele não consiga, ajude dando o modelo (Figura 107). Marque no protocolo em "Sequência aleatória", abaixo de cada sílaba, V para respostas corretas do aprendiz e X para respostas incorretas. Os espaços destinados ao registro das etapas seguintes deverão ficar em branco. Como o aprendiz apresenta dificuldades na pronúncia, você não exigirá uma pronúncia correta e, dessa maneira, pronúncias aproximadas serão aceitas como corretas. Quando o aprendiz obtiver 60% de acertos (3 acertos) em um dia de atividade, nesta etapa, você poderá inserir a etapa seguinte e a sua atividade passará a ser realizada com três etapas.

FIGURA 107 - SEQUÊNCIA ALEATÓRIA

3) IDENTIFICAÇÃO ALEATÓRIA: como o aprendiz apresenta dificuldades de pronúncia, teremos que obter mais evidências, por outra via diferente da nomeação, de que ele realmente aprendeu as sílabas, por isso a identificação será requerida. Você deve ditar cada uma das sílabas (Figura 108), em sequência aleatória, e solicitar ao aprendiz que te mostre qual sílaba você ditou (diga, por exemplo, "onde está o TO?"). Marque no protocolo em "Identificação aleatória", abaixo de cada sílaba, V para respostas corretas do aprendiz e X para respostas incorretas. Os espaços destinados ao registro das etapas seguintes devem ficar em branco. Quando o aprendiz obtiver 100% de acertos em um dia de atividade, nesta etapa, você poderá inserir a etapa seguinte e a sua atividade passará a ser realizada com quatro etapas.

FIGURA 108 – IDENTIFICAÇÃO ALEATÓRIA

4) PALAVRAS COLORIDAS (C): nesta etapa o aprendiz vai ler oralmente palavras compostas pelas sílabas que estão sendo ensinadas e por sílabas que foram ensinadas anteriormente. As cores diferentes para consoantes, vogais e demarcações são procedimentos de ajuda para aumentar a precisão da leitura e diminuir a probabilidade de erros. O aprendiz deve nomear corretamente cada sílaba de cada palavra; você pode apontar para cada sílaba a ser lida ou pedir ao aprendiz para apontar enquanto nomeia, pois apontar para o texto aumenta a probabilidade de o aprendiz olhar para o estímulo e nomear corretamente (Figura 109). Marque no protocolo, abaixo de cada sílaba das palavras, na linha "C", V para nomeação correta de cada sílaba e X para respostas incorretas. Os espaços destinados ao registro da etapa seguinte deverão ficar em branco. Como o aprendiz apresenta dificuldades na pronúncia, você não exigirá uma pronúncia correta e, dessa maneira, pronúncias aproximadas serão aceitas como corretas. Quando o aprendiz obtiver 50% de acertos em um dia de atividade, nesta etapa, você pode inserir a etapa seguinte e a sua atividade passará a ser realizada com as cinco etapas. Importante: nas etapas anteriores ensinamos o aprendiz a nomear as sílabas e, por isso, a tendência é que ele leia com pausas entre as sílabas (ex. "TA e TU" para TATU). Para melhorar gradativamente a fluência da leitura oral, releia a palavra com fluência, após a nomeação realizada pelo aprendiz, e peça a ele para repeti-la. Por exemplo: se o aprendiz leu "TA e TU", você pode dizer na sequência: "tatu". À medida que o aprendiz for apresentando mais fluência, você pode deixar de reler as palavras e passar a perguntar para ele após a nomeação: "o que você leu?", para que ele fale a palavra lida com fluência. É importante ressaltar que não é necessário que o aprendiz indique o sentido da palavra lida, pois o objetivo não é compreensão de leitura, mas leitura oral.

FIGURA 109 – PALAVRAS COLORIDAS

5) IDENTIFICAÇÃO DE PALAVRAS EM PRETO E BRANCO (PB/I): as palavras serão apresentadas em preto porque as cores utilizadas na etapa anterior são procedimentos de ajuda. Assim, nesta etapa, retiramos essas ajudas (Figura 110). Você deve ditar, pausadamente, cada uma das palavras, em sequência aleatória, e solicitar ao aprendiz que te mostre qual palavra você ditou (diga, por exemplo, "Onde está escrito IATE"?). Marque no protocolo, abaixo de cada palavra, na linha "PB", V para identificação correta e X para respostas incorretas. O critério de aprendizagem nesta etapa é de 100% em um dia de atividade; nesse caso você pode iniciar as atividades com o Grupo silábico seguinte. Atente-se aos critérios de manutenção do grupo silábico aprendido.

FIGURA 110 – IDENTIFICAÇÃO DE PALAVRAS EM PRETO E BRANCO

4.4.8 PROCEDIMENTOS PARA A MANUTENÇÃO DAS SÍLABAS POR CONJUNTO SILÁBICO

Lembre-se que este programa é constituído por seis conjuntos compostos por dois ou três grupos silábicos cada um e que a sequência de introdução das sílabas foi planejada para ensinar e manter as habilidades aprendidas (ver Figura 87). Para o ensino de cada grupo silábico, deve-se utilizar os protocolos específicos, indicados anteriormente (ver Figuras 90 a 105). À medida que um grupo silábico é aprendido, o uso do protocolo de ensino do tipo Certo/Errado das sílabas aprendidas deve ser mantido até o término do Conjunto do qual as sílabas fazem parte. Por exemplo, o Conjunto 1 é composto pelos grupos silábicos de T, L e M. Quando o aprendiz atinge o critério de aprendizagem em T e passa para as sílabas de L, mantêm-se as atividades e o protocolo de T para evitar que o aprendiz perca as habilidades aprendidas. O mesmo ocorrerá quando o aprendiz obtiver critério para início das sílabas de M; mantêm-se as atividades e os protocolos de T e L. Ao término das sílabas de M, que é o último grupo silábico do Conjunto 1, para-se de utilizar os protocolos de ensino de T, L e M e passa-se a utilizar o protocolo de Manutenção (Figura 89).

4.4.9 USO DO PROTOCOLO DE MANUTENÇÃO

O uso do protocolo de manutenção (Figura 89) tem a função de auxiliar na conservação das habilidades aprendidas, por meio de uma simplificação do procedimento utilizado no ensino, assim como do registro. Após o término de um conjunto, deve-se parar de utilizar os protocolos de ensino desse conjunto e iniciar o registro no protocolo de manutenção. A manutenção do conjunto aprendido deve ser feita em todas as sessões de ensino, antes ou após a atividade com a sílaba que está sendo ensinada no momento.

Para as sílabas dos conjuntos silábicos que estão em manutenção, não é necessário fazer todas as etapas do ensino para mantê-las; faça apenas "Sequência aleatória" e "Identificação de palavras em preto e branco (PB/I)". Deve-se marcar no protocolo: V para desempenhos precisos e X para desempenhos com erros ou necessidade de ajudas.

4.4.10 OUTROS ASPECTOS IMPORTANTES DO ENSINO

A seguir serão descritos alguns aspectos do ensino de sílabas simples que devem ser observados pelo educador.

1) O que não deve ser feito: na hora de ensinar a junção entre consoante e vogal, muitos educadores tendem a dizer, por exemplo, "T com A, TA" e esse hábito pode ser um dificultador. A leitura é uma habilidade visual, ou seja, o aprendiz precisa olhar para os estímulos impressos e nomeá-los com precisão. Quando você fala para o aprendiz a junção das letras, a tendência é ele não olhar para o impresso e falar a sílaba, com referência no que você falou e não no que ele viu. Experimente perguntar para o aprendiz, sem o material impresso: "T com A?" e ele vai te responder "TA", mesmo sem a presença da sílaba impressa, o que indica que ele não está lendo, mas fazendo associação auditiva. Uma alternativa para não ter que falar dessa maneira é apontar as letras impressas, sem falar o nome delas, e perguntar ao aprendiz: "essa letra, juntando com essa, vira o quê?". Dessa maneira o aprendiz terá que olhar para o material impresso para nomear.

2) Sequência do ensino: é necessário seguir a sequência de ensino proposta e não pode pular etapas ou mudar a ordem de apresentação dos grupos silábicos. O procedimento foi planejado para favorecer o ensino e a manutenção, então siga as regras.

3) Tempo da atividade: quando a atividade ficar longa, em função da quantidade de grupos silábicos (ensino e manutenção), pode-se começar a atividade a partir do conjunto que está sendo ensinado e fazer a manutenção no final. Por exemplo, se o aprendiz está fazendo as sílabas de D, que está no Grupo 4, você pode começar a atividade a partir do Grupo 4 (comece com o S) e fazer a manutenção dos Grupos 1, 2 e 3 após a realização do Grupo 4.

4) Recursos para melhorar o desempenho: cobrir parte do material para melhorar a atenção do aprendiz ou cortar o material para apresentar cada estímulo individualmente são recursos que podem ser utilizados.

Importante: Após o aprendiz finalizar o programa Ensino de sílabas simples (1.3), pode-se iniciar os programas Ensino de sílabas complexas (1.4) e Fluência de leitura oral (1.5) simultaneamente (ver Figura 80).

4.5 ENSINO DE SÍLABAS COMPLEXAS (1.4)

O objetivo deste programa é ensinar o aprendiz a ler oralmente palavras compostas por sílabas complexas. Sílabas complexas são sílabas irregulares, que não apresentam o padrão consoante-vogal que observamos nas sílabas simples. Como o próprio nome diz, essas sílabas são complexas, por isso o ensino deve ser feito de maneira bastante cuidadosa e gradativa.

4.5.1 PROTOCOLOS

Serão utilizados três tipos de protocolos: Objetivos e Metas (Figura 111), Manutenção (Figura 112) e Certo/Errado (Figura 113). O protocolo de Objetivos e Metas será utilizado para administrar o ensino das sílabas; o protocolo Certo/Errado será utilizado para o registro das atividades de ensino; e o protocolo de Manutenção será utilizado ao término de cada Conjunto, para garantir que o aprendiz não perca as habilidades adquiridas.

4.5.2 PROTOCOLO DE OBJETIVOS E METAS

A Figura 111 apresenta o protocolo de Objetivos e Metas que você utilizará para direcionar o ensino. Observe no protocolo que há uma tabela composta pelas seguintes colunas: "Conjuntos", "Sílabas", "Palavras" e "Situação". As sílabas foram agrupadas por similaridade em 8 conjuntos; no total serão ensinadas 42 sílabas complexas. As palavras que você vai usar para o ensino estão na coluna "Palavras"; serão 5 palavras para cada sílaba complexa, totalizando 210 palavras.

Ao começar o ensino você deve marcar um X a lápis na coluna "Ensino", na altura da linha do primeiro grupo silábico (vogal + L). Nas outras linhas marque um X na coluna "Não ensinado". Quando o aprendiz atingir o critério de aprendizagem no primeiro grupo, você deve apagar o X que está

1.4 ENSINO DE SÍLABAS COMPLEXAS

CONJUNTOS	SÍBALAS (grupos silábicos)	PALAVRAS	SITUAÇÃO Não Ensinado	Ensino	Manutenção
Vogal + consoante	vogal + L	alto, anel, polvo, elmo, filme			
	vogal + M	capim, umbigo empada, tombo, samba			
	vogal + R	porta, arte, urso, marca, partir			
	vogal + N	anjo, sentou, mando, ponte, fundo			
	vogal +Z	capuz, giz, paz, timidez, luz			
	vogal + S	susto, cavalos, agosto, lista, espada			
h/lh/nh/ch	h no início	hoje, hino, holofote, humano, hiena			
	lh +vogal	toalha, coelho, abelhudo, olho repolho			
	nh + vogal	unha, cozinha, nenhuma, sonho, linha			
	ch + vogal	bicho, chave, mochila, chuva, chupeta			
cl/gl/pl/fl/tl/vl/bl	cl + vogal	clave, clima, reclame, declive, Cleide			
	gl + vogal	globo, iglu, sigla, glaucoma, glote			
	pl + vogal	placa, aplicado planeta, diploma, pluma			
	fl + vogal	floco, flauta, flanela, fluxo, aflito			
	tl + vogal/vl + vogal	atleta, decatlo, atleticano, biatleta, Vladimir			
	bl + vogal	bloco, nublado, tablado, sublime, publicado			
pr/br/gr/cr/dr/tr/fr/vr	pr + vogal	prato, prefeito, privado, prova, prumo			
	br + vogal	bravo, brejo, briga, bruxa, broto			
	gr + vogal	greve, grude, gruta, grade, grife			
	cr + vogal	cravo, recreio, microfone, crua, crocodilo			
	dr + vogal	dreno, droga, pedrada, padre, madrugada			
	tr + vogal	trajeto, treino, pediatra, atropelado, trufa			
	fr + vogal	freio, fruta, calafrio, frouxo, fraco			
	vr +vogal	palavra, livro, livreto, nevrite, nevropatia			
ce/ci/ge/gi e gue/gui/que/qui	ce/ci	cinema, receita, macio, capacete, vacina			
	ge/gi	magia, tigela, fugiu, gemada, gilete			
	gue/gui	foguete, água, guia, guizo, jegue			
	que-qui	queijo, quilo, quiabo, máquina, toque			
s/r/ç/ão/ões	ss/s	pessoa, ossos, casado, cassado, casaco			
	r inicial/r brando/rr	rato, ferro, faro, barro, barata			
	ça-ço-çu	moça, bagaço, fumaça, pedaço, taça			
	ão/ões	cão, aviões, mão, balões, leão, pães			
x/s/sc/xc	x com som ch	abacaxi, bexiga, caixa, lixo, vexame			
	x com som de z	exato, executivo, exilado, exótico, exame			
	x com som de s	texto, sexta, excluir, extremidade, experimento			
	s com som de z	asa, casa, camiseta, fase, liso			
	sc/ xc	exceto, excluído, nasceu, piscina, descida			
	s | ss | z | c | ç	misto, acesso, acidez, açaí, asilo			
Acentos	Agudo (´)	sofá, dominó, jacaré, baú, cipó			
	Grave (`)	àquela, àquilo, às, à, àquele			
	Circunflexo (^)	você, judô, purê, camelô, tênis			
	Til (~)	mãe, limão, galã, fã, põe			

FIGURA 111 - 1.4 OBJETIVOS E METAS

1.4 MANUTENÇÃO: ENSINO DE SÍLABAS COMPLEXAS

Aprendiz: _____ Educador: _____

GRUPOS	DATAS														
Vogal + consoante															
2. h/lh/nh/ch															
cl/gl/pl/fl/tl/vl/bl															
pr/br/gr/cr/dr/tr/fr/vr															
ce/ci/ge/gi /gue/gui/que/qui															
s/r/c/ão/ões															
x/s/sc/xc															
Acentos															
ACERTOS															

FIGURA 112 - 1.4 MANUTENÇÃO

1.4 ENSINO DE SÍLABAS COMPLEXAS: DIFICULDADES NA PRONÚNCIA
CONJUNTO:_____

PROCEDIMENTO:
1. Apresente o material de apoio para a Leitura Prévia que está indicada no protocolo de Objetivos e Metas (Conjuntos 1 ao 6).
2. **I= Identificação:** fale cada palavra e peça ao aprendiz para indicar onde está escrito a palavra que você ditou.
3. **N= Nomeação:** peça ao aprendiz para ler oralmente cada palavra.

MARQUE V PARA INDICAÇÕES CORRETAS E X PARA ERROS OU AJUDAS.

Aprendiz: _____ Educador: _____ Data: ___/___/___

Leitura prévia	Palavras					
	Acertos					

Aprendiz: _____ Educador: _____ Data: ___/___/___

Leitura prévia	Palavras					
	Acertos					

Aprendiz: _____ Educador: _____ Data: ___/___/___

Leitura prévia	Palavras					
	Acertos					

Aprendiz: _____ Educador: _____ Data: ___/___/___

Leitura prévia	Palavras					
	Acertos					

Aprendiz: _____ Educador: _____ Data: ___/___/___

Leitura prévia	Palavras					
	Acertos					

Aprendiz: _____ Educador: _____ Data: ___/___/___

Leitura prévia	Palavras					
	Acertos					

Aprendiz: _____ Educador: _____ Data: ___/___/___

Leitura prévia	Palavras					
	Acertos					

MARCAÇÃO	
V – ACERTOU SEM AJUDAS	X – ACERTOU COM AJUDAS OU ERROU

FIGURA 113 – 1.4 CERTO/ERRADO

na coluna "Ensino", fazer um novo X na coluna "Manutenção" (altura de vogal + L) e marcar um X na coluna "Ensino", na altura da linha do próximo grupo silábico (vogal + M). Siga dessa maneira, sucessivamente, até o último grupo silábico.

4.5.3 PROTOCOLO DE MANUTENÇÃO

O programa para o ensino de sílabas complexas é longo e por isso o uso do protocolo de manutenção será realizado ao término de cada Conjunto. Descreveremos posteriormente, em procedimentos, o momento da utilização deste protocolo, que é simples de ser preenchido; basta colocar a data da realização da atividade e escrever V para acertos e X para erros ou ajudas (Figura 112).

4.5.4 PROTOCOLOS CERTO/ERRADO

Este protocolo será utilizado durante todo o ensino das sílabas complexas (Figura 113). O educador deve preencher o nome do aprendiz, o nome dele e a data da atividade. Cada retângulo deve ser utilizado para um dia de atividade. O retângulo é composto por sete colunas; na primeira coluna está escrito "Leitura Prévia" e na segunda "Palavras" e "Acertos". Nas outras cinco colunas há espaços em branco em que o educador deve preencher as palavras que serão utilizadas no ensino, conforme consta no protocolo de Objetivos e Metas (ver Figura 111), e para cada coluna com espaço em branco há uma coluna para o registro das tentativas de identificação (I) e nomeação (N). Abaixo de Leitura Prévia o educador deve preencher V quando realizar essa etapa e X quando não realizar. Além disso, abaixo de I e N de cada palavra há espaços em branco nos quais o educador deve escrever V para acertos e X para erros ou respostas com ajuda.

4.5.5 PROCEDIMENTOS DE ENSINO E MATERIAL DE APOIO

Serão ensinadas 42 sílabas complexas, organizadas em 8 conjuntos, conforme apresentado na Figura 111. Você vai começar com a primeira sílaba (vogal + L) e vai seguir na sequência, uma a uma, até a última (Til (~)). As palavras que você vai utilizar para o ensino estão na coluna "Palavras" (Figura 111); serão cinco palavras para cada sílaba complexa.

A primeira coisa que você deve fazer é organizar as palavras que serão utilizadas na atividade, que têm que ser escritas em letras de imprensa maiúsculas. Você pode escrevê-las a mão ou digitá-las.

Observe no protocolo de ensino (Figura 113) que há um espaço denominado de "Leitura Prévia"; seis dos oito conjuntos têm um material de apoio, apresentado no Anexo 4, que deve ser utilizado antes da leitura das palavras de ensino.

Após organizar o material, você deve começar a atividade fazendo a leitura prévia: leia as sílabas que serão trabalhadas e peça ao aprendiz para repeti-las. Por exemplo, se estiver trabalhando a sílaba 8 (lh + vogal) leia LHA, LHE, LHI, LHO, LHU e na sequência peça ao aprendiz para fazer o mesmo. Você pode apontar para as sílabas enquanto lê e pedir ao aprendiz para que ele aponte enquanto lê (Figura 114). A função da leitura prévia é preparar o aprendiz para a sílaba que estará nas palavras de ensino e não há problemas se você o ajudar nesse momento da atividade. Marque no protocolo, abaixo de Leitura Prévia, V quando realizar essa etapa (mesmo se der ajudas ao aprendiz) e X quando não realizar.

FIGURA 114 - LEITURA PRÉVIA

     O procedimento é composto por tentativas de identificação e de nomeação. Comece sempre com a identificação de todas as palavras e posteriormente faça a nomeação delas. Para o avanço nas etapas de ensino consideraremos apenas o desempenho do aprendiz nas tentativas de identificação. A seguir está a descrição dos procedimentos de identificação e nomeação.

     Identificação: coloque as palavras sobre a mesa, dite uma de cada vez em sequência aleatória e peça ao aprendiz para apontar para a palavra ditada (Figura 115). Marque no protocolo V para acertos e X para erros ou ajudas. Quando o aprendiz obtiver 100% de acertos em um dia de atividade, em um grupo silábico, prepare-se para iniciar o ensino do grupo seguinte.

FIGURA 115 – IDENTIFICAÇÃO DE PALAVRAS COM SÍLABAS COMPLEXAS

    Nomeação: após a leitura prévia, apresente as palavras de ensino e peça ao aprendiz para ler; caso ele não consiga, dê ajudas (Figura 116). Marque no protocolo V para acertos e X para erros ou ajudas. O desempenho na nomeação não será considerado como critério de aprendizagem, apenas o desempenho na identificação.

FIGURA 116 – PALAVRA COM SÍLABA COMPLEXA

Lembre-se que este programa é constituído por oito conjuntos compostos pelas sílabas complexas. Para o ensino de cada grupo silábico deve-se utilizar o protocolo de ensino (Figura 113). À medida que um grupo silábico é aprendido, o uso do protocolo Certo/Errado das sílabas aprendidas deve ser mantido até o término do Conjunto do qual as sílabas fazem parte. Por exemplo, o Conjunto 1 é composto por: 1. vogal + L; 2. vogal + M; 3. vogal + R; 4. vogal + N; 5. vogal + Z e; 6. vogal + S. Quando o aprendiz obtém o critério de aprendizagem em 1. vogal +L e passa para 2. vogal + M, mantêm-se as atividades e o protocolo de 1. vogal +L para evitar que o aprendiz perca as habilidades aprendidas. O mesmo ocorrerá quando o aprendiz atingir o critério para início das sílabas seguintes. Ao término da última sílaba do conjunto 6. vogal + S, para-se de utilizar os protocolos de ensino e passa-se a utilizar o protocolo de Manutenção (Figura 112).

4.5.6 USO DO PROTOCOLO DE MANUTENÇÃO

O uso do protocolo de manutenção (Figura 112) tem a função de auxiliar na conservação das habilidades aprendidas, por meio de uma simplificação do procedimento utilizado no ensino, assim como do registro. Após o término de um conjunto, deve-se parar de utilizar os protocolos de ensino desse conjunto e iniciar o registro no protocolo de manutenção. Escolha uma palavra de cada sílaba trabalhada e peça ao aprendiz para lê-las; troque as palavras a cada dia de manutenção para evitar que o aprendiz decore-as. A manutenção do conjunto aprendido deve ser feita em todas as sessões de ensino, antes ou após a atividade com a sílaba que está sendo ensinada no momento.

Quando o aprendiz atingir o critério de acertos na última sílaba (42. Til (~)), pode-se encerrar este programa de ensino.

4.6 FLUÊNCIA DE LEITURA ORAL (1.5)

A fluência de leitura envolve a habilidade de ler oralmente de maneira fluida, sem pausas desnecessárias, o que favorece também a compreensão do que é lido. Quando o aprendiz lê com pausas (ex. "ma e ca e co") fica mais difícil compreender aquilo que lê, pois ao final da palavra o aprendiz já esqueceu o restante dela. O mesmo acontece na leitura de uma frase ou texto: sem fluência o aprendiz não compreenderá o que leu ao final do texto. O objetivo deste programa é melhorar a fluência da leitura de palavras e textos.

Quando o aprendiz demonstra dificuldades de pronúncia, pode-se melhorar a fluência da leitura. Porém, o educador terá que ter critérios menos rígidos, deve considerar as dificuldades de pronúncia e deve aceitar a leitura oral que o aprendiz conseguir fazer.

4.6.1 PROCEDIMENTO

O procedimento consiste basicamente em colocar o aprendiz para ler textos. A seguir apresentaremos alguns pontos importantes para a organização desse programa de ensino:

1) Para melhorar a fluência de leitura, você precisa programar leituras diárias para o seu aprendiz com autismo; é necessário treino sistemático para se obter os melhores resultados.

2) Este programa deve ser iniciado assim que finalizar o Ensino de sílabas simples (1.3), por isso, comece com textos curtos e que sejam constituídos predominantemente por palavras formadas por sílabas simples e escritas em letras de imprensa maiúsculas.

3) Comece dando ajudas ao aprendiz: você pode apontar para as palavras a serem lidas ou pedir ao aprendiz para apontar sozinho enquanto lê, pois isso ajuda a manter a atenção no texto. Retire as ajudas gradativamente (Figura 117).

FIGURA 117 - FLUÊNCIA DE LEITURA ORAL

4) Comece com textos nos quais as palavras estão escritas em letras maiores e diminua o tamanho das letras gradativamente.

5) Corrija quando o aprendiz cometer erros, dando o modelo de como ele deve ler corretamente (considere as dificuldades de pronúncia).

6) Introduza gradativamente textos com palavras compostas por sílabas complexas, mesmo que o aprendiz não tenha terminado o programa

Ensino de sílabas complexas (1.4): a memória dos aprendizes com autismo tende a ser muito boa e para muitos, quando você mostra a sílaba complexa no texto algumas vezes, pode ser suficiente para que ele aprenda a sílaba.

7) Quando o aprendiz demonstrar mais fluidez na leitura de textos curtos, aumente gradativamente o tamanho dos textos.

8) Não se preocupe com a compreensão do texto: o objetivo deste programa é melhorar a fluência e não necessariamente a compreensão do texto.

9) Transição para letras de imprensa minúsculas: observamos aqui no CEI que, para a maioria dos nossos aprendizes com autismo, esta transição pode ser feita de maneira muito simples, apresentando o texto com letras minúsculas e fazendo pontuações quando o aprendiz demonstrar dificuldades. Conforme descrevemos anteriormente, a memória de aprendizes com autismo tende a ser muito boa e uma ajuda pontual durante a leitura do texto pode ser suficiente para a maioria deles. Porém, quando o seu aprendiz demonstrar dificuldades importantes, faça uma tarefa de emparelhamento entre letras maiúsculas e minúsculas, para que ele possa compreender a relação entre essas letras.

10) Quando o aprendiz estiver lendo bem textos com palavras escritas em letras de imprensa maiúsculas, comece a apresentar textos escritos em letras de imprensa minúsculas e dê ajudas durante a leitura. Retire as ajudas gradativamente.

4.6.2 ESCOLHA DOS TEXTOS

Há ótimos textos publicados que você pode selecionar para utilizar neste programa de ensino. Nossa sugestão é o uso de cartilhas como "A Toca do Tatu" (Garcia, 1995) ou "Caminho Suave" (Lima, 2019) e a Coleção Estrelinha da Sônia Junqueira. Priorize o uso de textos com temáticas de interesse do seu aprendiz.

4.6.3 PROTOCOLO E CRITÉRIO DE APRENDIZAGEM

Utilizaremos um protocolo descritivo, composto por uma tabela separada por colunas (Figura 118), que permitirá acompanhar o desempenho do aprendiz de maneira mais ampla. Na parte superior do protocolo, há a descrição breve do procedimento e espaços para que o educador marque se o texto tem sílabas simples, sílabas complexas e se está em letras maiúsculas ou minúsculas. Na tabela o educador deve preencher a data da atividade, o texto utilizado (Material) e as observações a respeito do desempenho do aprendiz. Não há um critério de aprendizagem específico para este programa de ensino: você pode parar de utilizar o protocolo quando o aprendiz estiver lendo bem qualquer texto com sílabas simples e complexas, escritos em letras minúsculas. Quando você retirar o registro, garanta que o aprendiz mantenha uma rotina sistemática de leitura.

1.5 FLUÊNCIA DE LEITURA ORAL

PROCEDIMENTO: Obtenha a atenção do aprendiz. Ofereça o texto para que o aprendiz leia. Caso ele não consiga dê ajudas (somente nos trechos nos quais ele não conseguir). Elogie o empenho e os acertos do aprendiz. Retire as ajudas gradativamente. Registre a atividade.

( ) SÍLABAS SIMPLES ( ) SÍLABAS COMPLEXAS ( ) LETRAS MAIÚSCULAS ( ) LETRAS MINÚSCULAS

Aprendiz: _____ Educador: _____

DATA	MATERIAL	OBSERVAÇÕES

FIGURA 118 - 1.5 FLUÊNCIA DE LEITURA ORAL

Importante: Após o aprendiz finalizar o programa Fluência de leitura oral (1.5), pode-se iniciar os programas Leitura em letra cursiva (1.6) e Pontuação (1.7) simultaneamente.

4.7 LEITURA EM LETRA CURSIVA (1.6)

Aprender a ler palavras e textos escritos em letras cursivas é fundamental, mesmo que o aprendiz não venha a escrever por meio desse tipo de letra. O uso de letras cursivas é muito comum em nosso cotidiano e não saber fazer a leitura delas pode limitar o acesso a textos em contextos importantes. Dessa maneira, o objetivo deste programa é ensinar aprendizes com autismo a ler textos escritos em letras cursivas.

Quando o aprendiz demonstra dificuldades de pronúncia, pode-se melhorar a fluência da leitura. Porém, o educador terá que ter critérios menos rígidos, deve considerar as dificuldades de pronúncia e deve aceitar a leitura oral que o aprendiz conseguir fazer.

4.7.1 PROCEDIMENTO

O procedimento é similar ao descrito no programa Fluência de leitura oral (1.5) e consiste basicamente em colocar o aprendiz para ler textos escritos em letras cursivas. A seguir apresentaremos alguns pontos importantes para a organização deste programa de ensino:

1) Este programa deve ser iniciado assim que finalizar o Fluência de leitura oral (1.5): comece com textos curtos e aumente o tamanho dos textos gradativamente.

2) Comece dando ajudas ao aprendiz: você pode apontar para as palavras a serem lidas ou pedir ao aprendiz para apontar sozinho enquanto lê, pois isso ajuda a manter a atenção no texto. Retire as ajudas gradativamente (Figura 119).

3) Corrija quando o aprendiz cometer erros, dando o modelo de como ele deve ler corretamente (considere as dificuldades de pronúncia).

4) Não se preocupe com a compreensão do texto: o objetivo deste programa é melhorar a fluência da leitura de textos escritos em letras cursivas e não necessariamente a compreensão do texto.

5) Transição para letras cursivas: observamos aqui no CEI que, para a maioria dos nossos aprendizes com autismo, esta transição pode ser

FIGURA 119 – LEITURA EM LETRA CURSIVA

feita de maneira muito simples, apresentando o texto com letras cursivas e fazendo pontuações quando o aprendiz demonstrar dificuldades. A memória de aprendizes com autismo tende a ser muito boa e uma ajuda pontual durante a leitura do texto pode ser suficiente para a maioria deles. Porém, quando o seu aprendiz demonstrar dificuldades importantes, faça uma tarefa de emparelhamento (pareamento) entre letras de imprensa maiúsculas, minúsculas e cursivas, para que ele possa compreender a relação entre essas letras.

4.7.2 PROTOCOLO E CRITÉRIO DE APRENDIZAGEM

Utilizaremos um protocolo descritivo, composto por uma tabela separada por colunas (Figura 120), que permitirá acompanhar o desempenho do aprendiz de maneira mais ampla. Na parte superior do protocolo há a descrição do procedimento de ensino e na tabela o educador deve preencher a data da atividade, o texto utilizado (Material) e as observações a respeito do desempenho do aprendiz. Não há um critério de aprendizagem específico para este programa de ensino: você pode parar de utilizar o protocolo quando o aprendiz estiver lendo bem qualquer texto escrito em letras cursivas. Quando você retirar o registro, garanta que o aprendiz mantenha uma rotina sistemática de leitura.

1.6 LEITURA EM LETRA CURSIVA

PROCEDIMENTO: Obtenha a atenção do aprendiz. Ofereça o texto para que o aprendiz leia. Caso ele não consiga dê ajudas (somente nos trechos nos quais ele não conseguir). Elogie o empenho e os acertos do aprendiz. Retire as ajudas gradativamente. Registre a atividade.

Aprendiz: _____ Educador: _____

DATA	MATERIAL	OBSERVAÇÕES

FIGURA 120 - LEITURA EM LETRA CURSIVA

4.8 PONTUAÇÃO

O objetivo deste programa é ensinar o aprendiz a ler as pontuações no texto de maneira correta.

4.8.1 PROCEDIMENTO, PROTOCOLO E CRITÉRIO DE APRENDIZAGEM

A Figura 121 apresenta a descrição da função de cada pontuação. O procedimento consiste em apresentar qualquer texto para o aprendiz ler oralmente e o educador deve auxiliá-lo nas pontuações. Retire as ajudas gradativamente. Anote no protocolo da Figura 122 quais pontuações apareceram ao longo do texto e qual foi o desempenho do aprendiz em cada pontuação: marque V para respostas corretas e sem ajudas e X para respostas com ajudas ou incorretas. Não há um critério de aprendizagem específico para este programa de ensino: você pode parar de utilizar o protocolo quando o aprendiz estiver lendo bem as pontuações. Quando você retirar o registro, garanta que o aprendiz mantenha uma rotina sistemática de leitura.

1.7 PONTUAÇÃO: FUNÇÃO

PONTUAÇÃO	FUNÇÃO
.	Final de frase; separar períodos; abreviaturas
:	Iniciar a fala dos personagens; antes de apostos ou orações apositivas, enumerações ou sequência de palavras que explicam, resumem ideias anteriores; antes de citação
...	Indicar dúvidas, hesitação ou prolongamento da ideia do falante; indicar supressão de palavras numa frase transcrita
( )	Isolar palavras, frases intercaladas de caráter explicativo e datas
!	Após palavras ou frases que denotem caráter emocional
?	Após perguntas diretas
,	Marcar uma pausa
;	Separar orações coordenadas muito extensas ou orações coordenadas nas quais a vírgula já tenha sido utilizada
—	Dar início à fala de um personagem
" "	Isolar palavras ou expressões que fogem à norma culta; indicar uma citação textual

FIGURA 121 - 1.7 PONTUAÇÃO: FUNÇÃO

1.7 PONTUAÇÃO

PROCEDIMENTO: Obtenha a atenção do aprendiz. Ofereça o texto para que o aprendiz leia. Atente-se à pontuação. Caso o aprendiz não consiga dê ajudas (somente nos trechos nos quais ele não conseguir). Elogie o empenho e os acertos do aprendiz. Retire as ajudas gradativamente. Registre a atividade..

Aprendiz: _____ Educador: _____ Data: ___/___/____

Pontuação												Total
Acertos												

Aprendiz: _____ Educador: _____ Data: ___/___/____

Pontuação												Total
Acertos												

Aprendiz: _____ Educador: _____ Data: ___/___/____

Pontuação												Total
Acertos												

Aprendiz: _____ Educador: _____ Data: ___/___/____

Pontuação												Total
Acertos												

Aprendiz: _____ Educador: _____ Data: ___/___/____

Pontuação												Total
Acertos												

Aprendiz: _____ Educador: _____ Data: ___/___/____

Pontuação												Total
Acertos												

Aprendiz: _____ Educador: _____ Data: ___/___/____

Pontuação												Total
Acertos												

MARCAÇÃO	
V – ACERTOU SEM AJUDAS	X –ACERTOU COM AJUDA OU ERROU

FIGURA 122 – 1.7 PONTUAÇÃO

Capítulo 5

LEITURA COM COMPREENSÃO

No Capítulo 1, descrevemos que há dois aspectos importantes e distintos a serem considerados no ensino de habilidades de leitura: a leitura oral e a leitura com compreensão. A leitura oral pode ser definida como resposta vocal sob controle de palavra impressa, sem necessariamente compreender o que está escrito no texto, e a leitura com compreensão exige, necessariamente, o entendimento do conteúdo expresso no texto.

A leitura com compreensão não depende apenas de boas estratégias de ensino de leitura, mas depende principalmente de um repertório desenvolvido de linguagem. Dessa maneira, se você deseja que seu aprendiz com autismo leia com compreensão, é muito importante estimular outras habilidades de linguagem, que promovam o ganho de vocabulário e comunicação, pois se o aprendiz com autismo não consegue responder perguntas simples (oralmente ou por meio de recursos de comunicação alternativa), ele não conseguirá ler um texto e interpretá-lo.

A literatura a respeito do ensino de leitura com compreensão para aprendizes com autismo ainda é escassa, porém há algumas estratégias que podem ser bastante úteis nesse caminho:

1) Durante o ensino das sílabas simples e das sílabas complexas, ensine o aprendiz a relacionar as palavras utilizadas nas atividades com suas respectivas figuras, em tarefas de emparelhamento com o modelo (conforme Gomes, de Souza, & Hanna, 2016; Gomes & de Souza, 2016).

2) Quando o aprendiz estiver lendo textos curtos, apresente textos com conteúdos que sejam familiares a ele, e faça perguntas sobre o texto, para que ele responda oralmente. Aumente o tamanho dos textos gradativamente e auxilie o aprendiz quando ele não compreender.

3) Utilize referências visuais nos textos (ilustrações, figuras, pictogramas, fotos, vídeos), que podem facilitar a compreensão de aprendizes com autismo, pois a literatura indica que essa população compreende melhor estímulos visuais do que estímulos auditivos.

4) Ensine o aprendiz a perguntar quando ele tiver dúvidas. Aprender a perguntar é importante, pois aumenta a autonomia do aprendiz.

5) Ensine o aprendiz a marcar no texto as informações mais importantes; isso ajuda a focar nos aspectos fundamentais e facilita no momento de responder questões relativas ao texto.

6) Evite textos muito abstratos; textos como poesias e parlendas, que muitas vezes não possuem referência visual e em que a relação entre os elementos do texto não é óbvia, são mais difíceis de ser compreendidos. Prefira textos concretos, diretos, objetivos e óbvios.

É importante ressaltar que a melhora da leitura com compreensão é um processo gradativo, que está diretamente relacionada à melhora da compreensão geral do aprendiz com autismo. Dessa maneira, intervenções multidisciplinares, que foquem na melhora da compreensão geral, podem contribuir enormemente com a melhora da leitura com compreensão.

Considerações Finais

Ensinar habilidades de leitura para aprendizes com autismo exige planejamento, boas estratégias e persistência, especialmente quando se trata de aprendizes não falantes ou que falam com dificuldades de pronúncia.

Trabalhando com ensino de leitura no âmbito do autismo por duas décadas, eu, Camila, vi muitas famílias e educadores desistirem ao longo do processo, por esbarrarem em problemas de comportamento dos aprendizes ou por acharem o processo muito lento.

Por outro lado, ao longo desses anos, tive o privilégio de ver crescer, muitas das crianças que acompanhei, e hoje posso avaliar os benefícios que a aprendizagem de leitura trouxe para a vida delas. Do conjunto de estudos que desenvolvi no mestrado e doutorado na UFSCar, sob supervisão da professora Deisy de Souza, entre os anos de 2005 e 2011, participaram, no total, seis crianças com autismo; três dessas crianças chegaram ao ensino superior, e ingressaram nos cursos de Psicologia, Turismo e Engenharia Química. Ver as crianças crescendo e usufruindo de oportunidades que o acesso à leitura ofereceu a elas só reforça o nosso sentimento de que o caminho é longo e difícil, mas que vale a pena, então siga, olhe para a frente e não desista!

Desejamos o melhor para educadores, familiares e aprendizes com autismo!

Referências

Lima, B. A. (2019). *Caminho Suave*. 133a edição. Edipro.

Garcia, R. C. (1995). *A toca do tatu: manual do professor*. São Paulo: Saraiva.

Gomes, C. G., & de Souza, D. G. (2016). Ensino de Sílabas Simples, Leitura Combinatória e Leitura com Compreensão para Aprendizes com Autismo. *Revista Brasileira de Educação Especial, 22*(2), 233-252.

Gomes, C. G., Hanna, E. S., & de Souza, D. G. (2015). Ensino de relações entre figuras e palavras impressas com emparelhamento multimodelo a crianças com autismo. *Revista Brasileira de Análise do Comportamento, 1*, 24-26.

Nation, K., Clarke, P., Wright, B. J., & Williams, C. (2006). Patterns of reading ability in children with autism spectrum disorder. *Journal of Autism and Developmental Disorders, 36*, 911-919.

Anexos

ANEXO 1

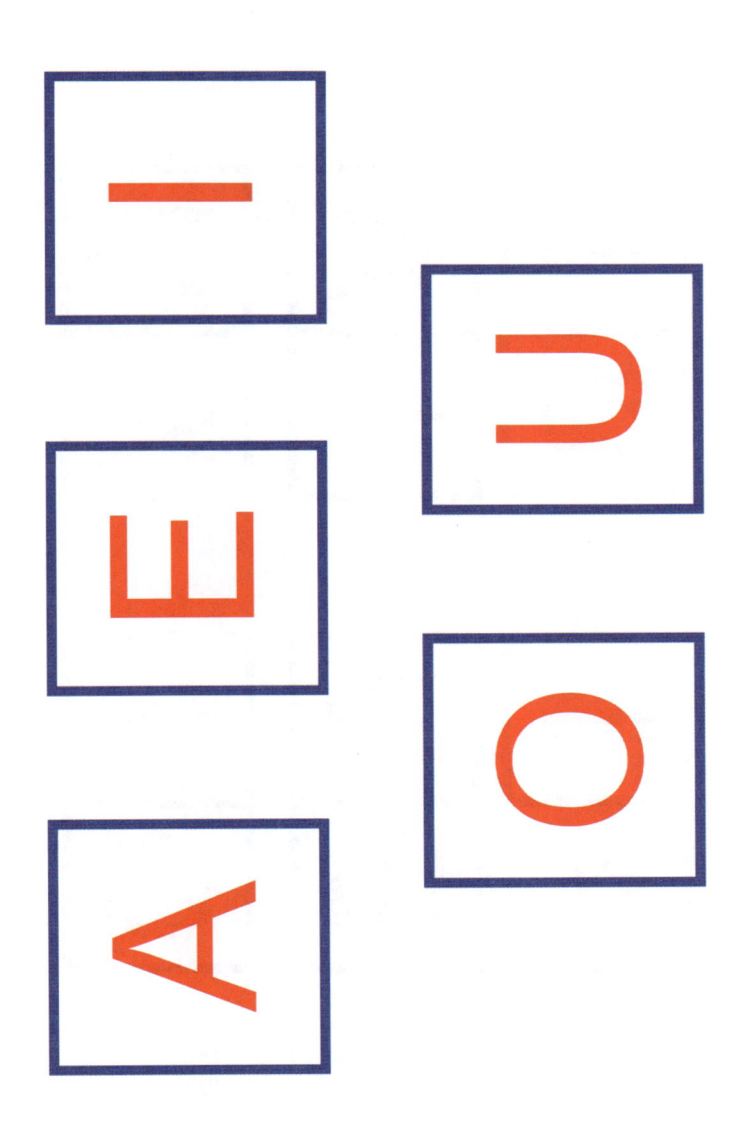

I

E

U

A

O

195

ANEXO 2

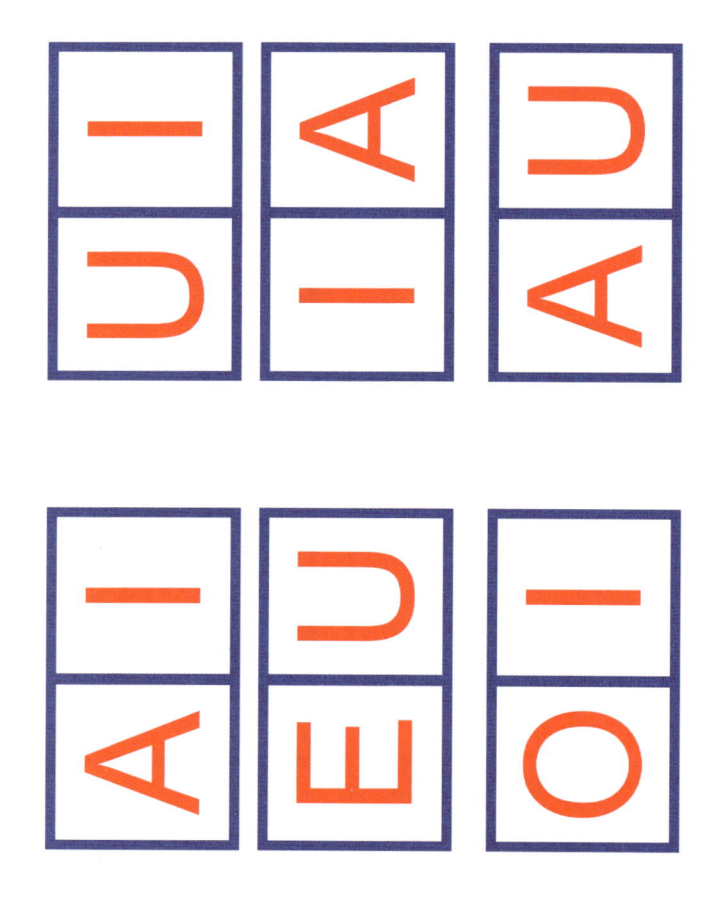

UI	IA	AU
UI	IA	AU

AI	EU	OI
AI	EU	OI

ANEXO 2

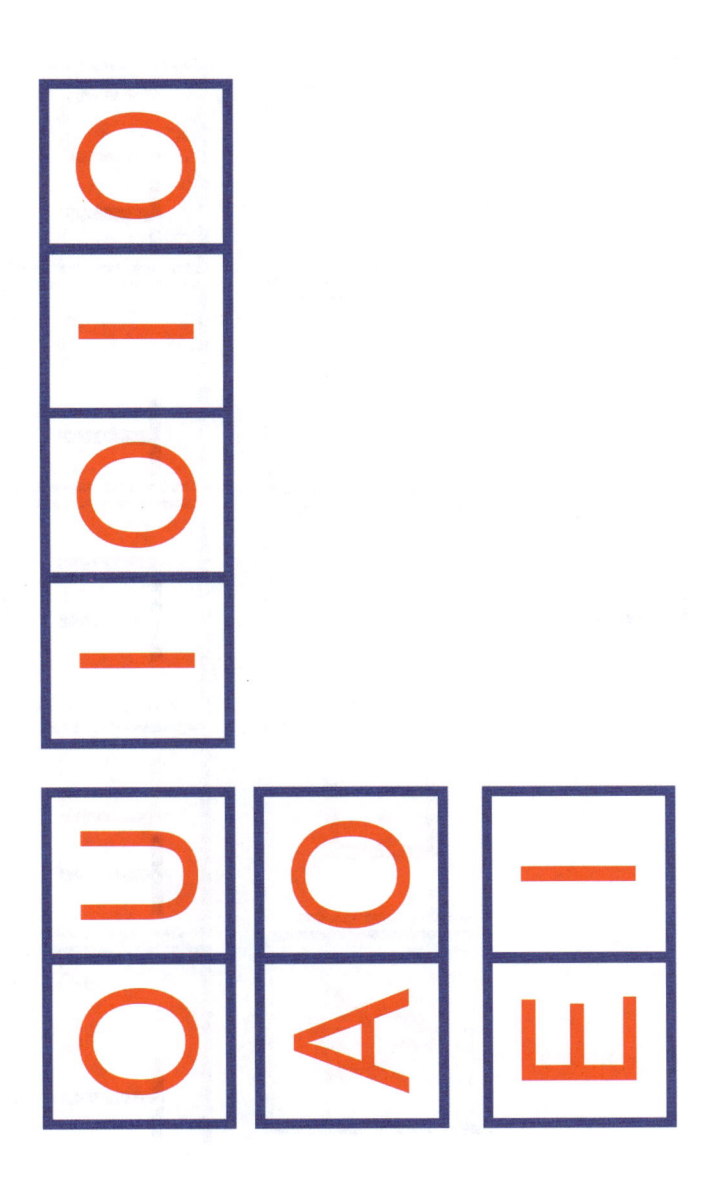

O
I
O
I

O U	A O	E I
O	A O	E

ANEXO 3

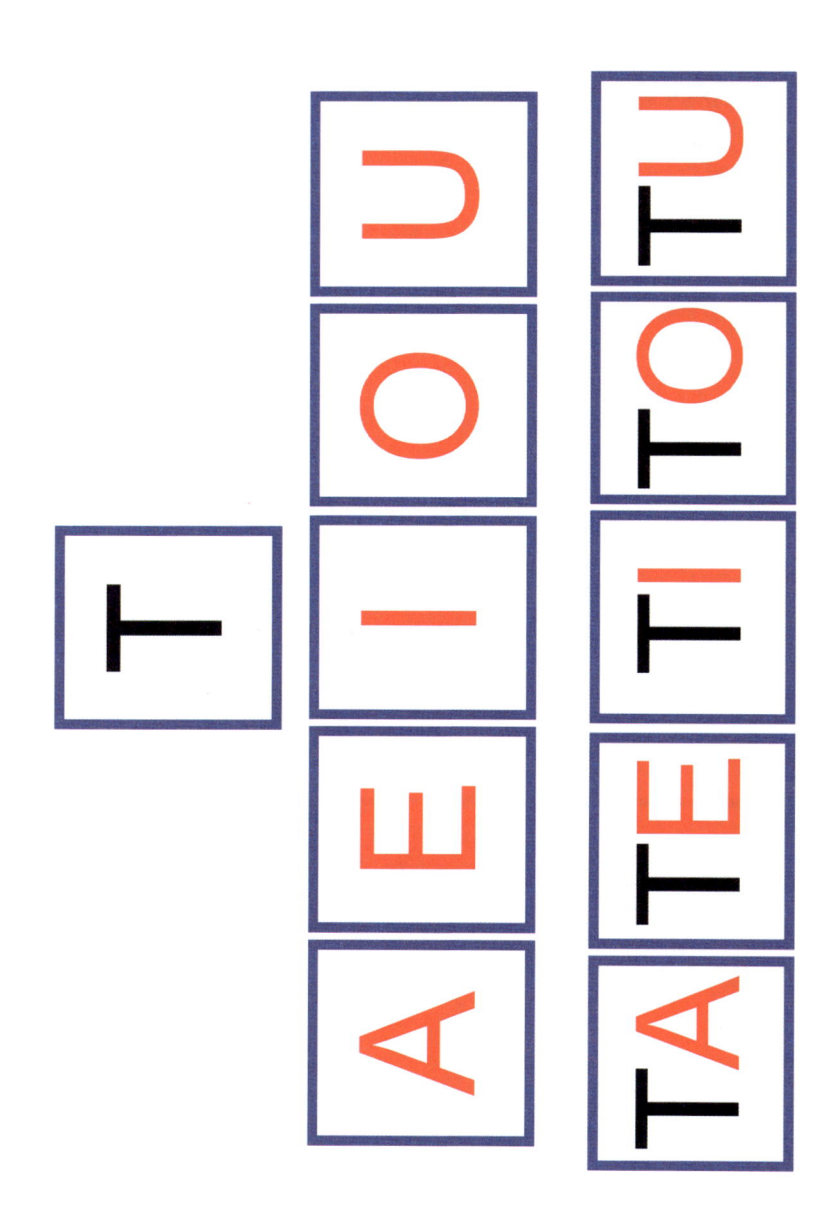

	U	TU
	O	TO
T	I	TI
	E	TE
	A	TA

ANEXO 3

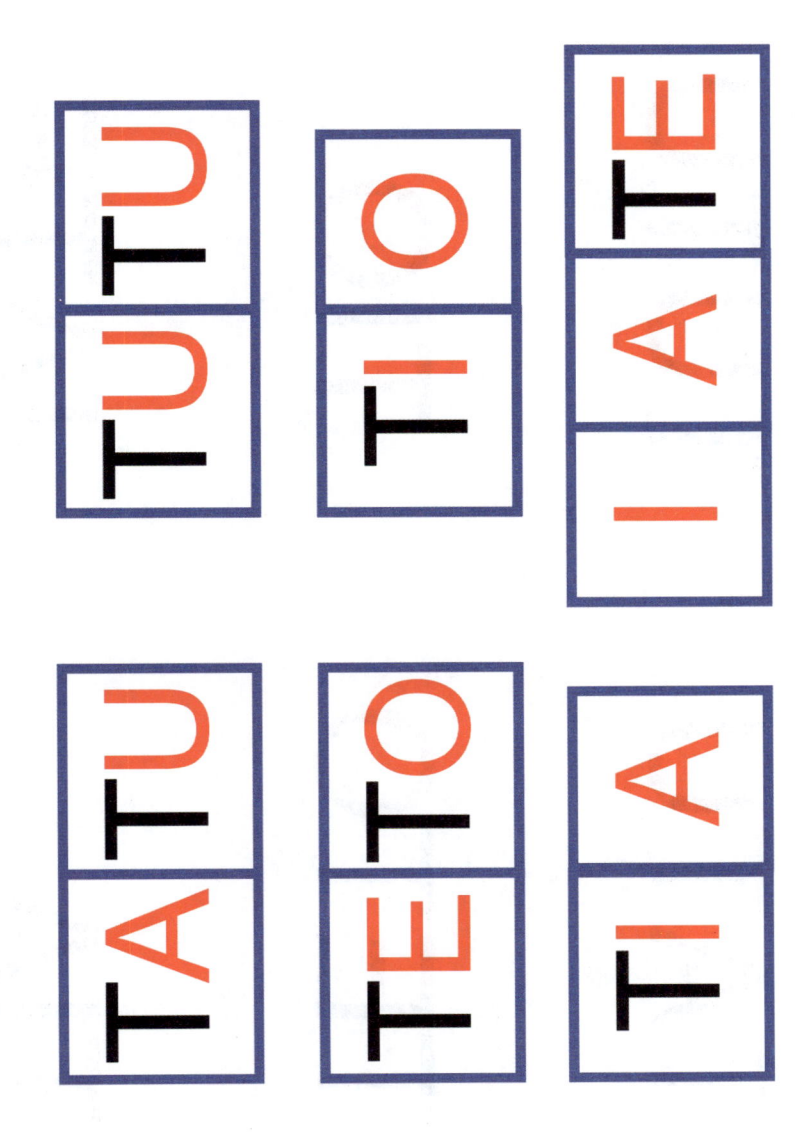

TU	TI	TE
TU	TO	IA
		I

TU	TO	A
TA	TE	TI

ANEXO 3

TUTU　TIO　IATE

TATU　TETO　TIA

ANEXO 3

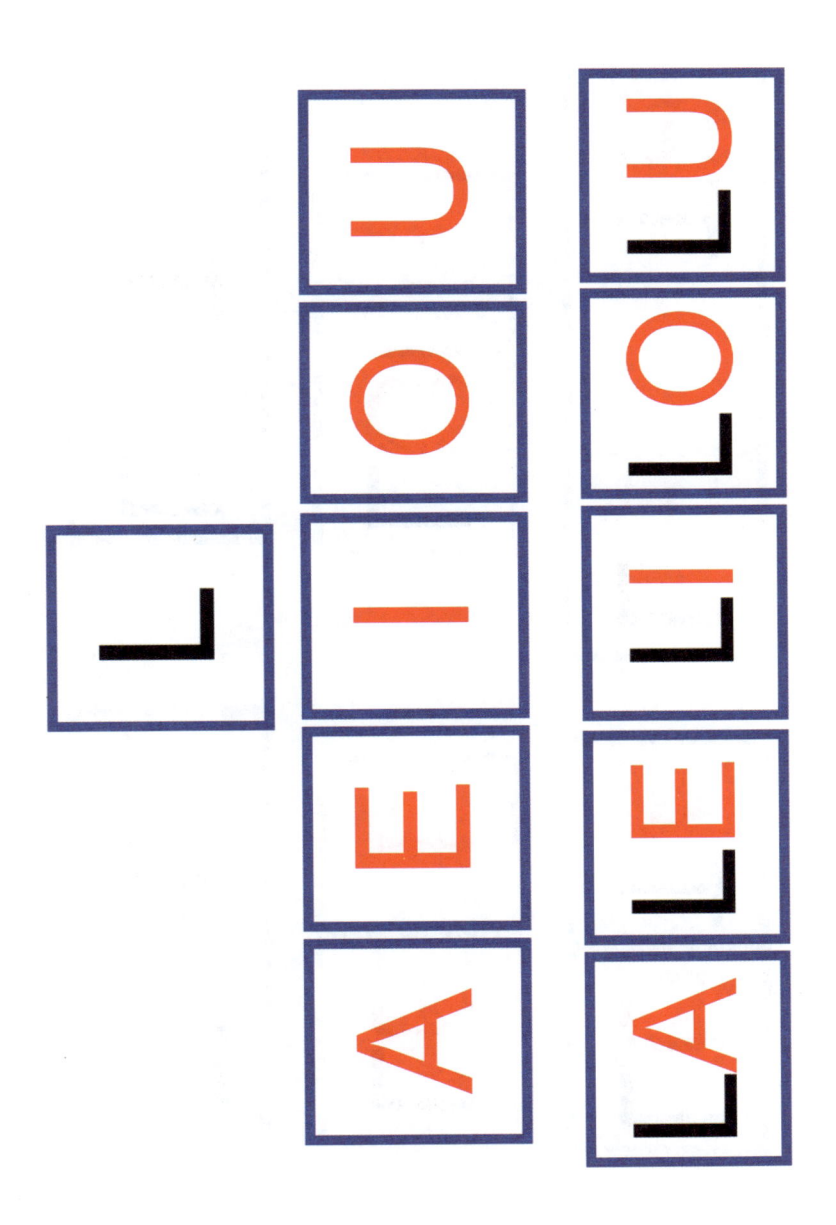

U	U
O	O
L	I	I
A	E	A	LE
A	LA

ANEXO 3

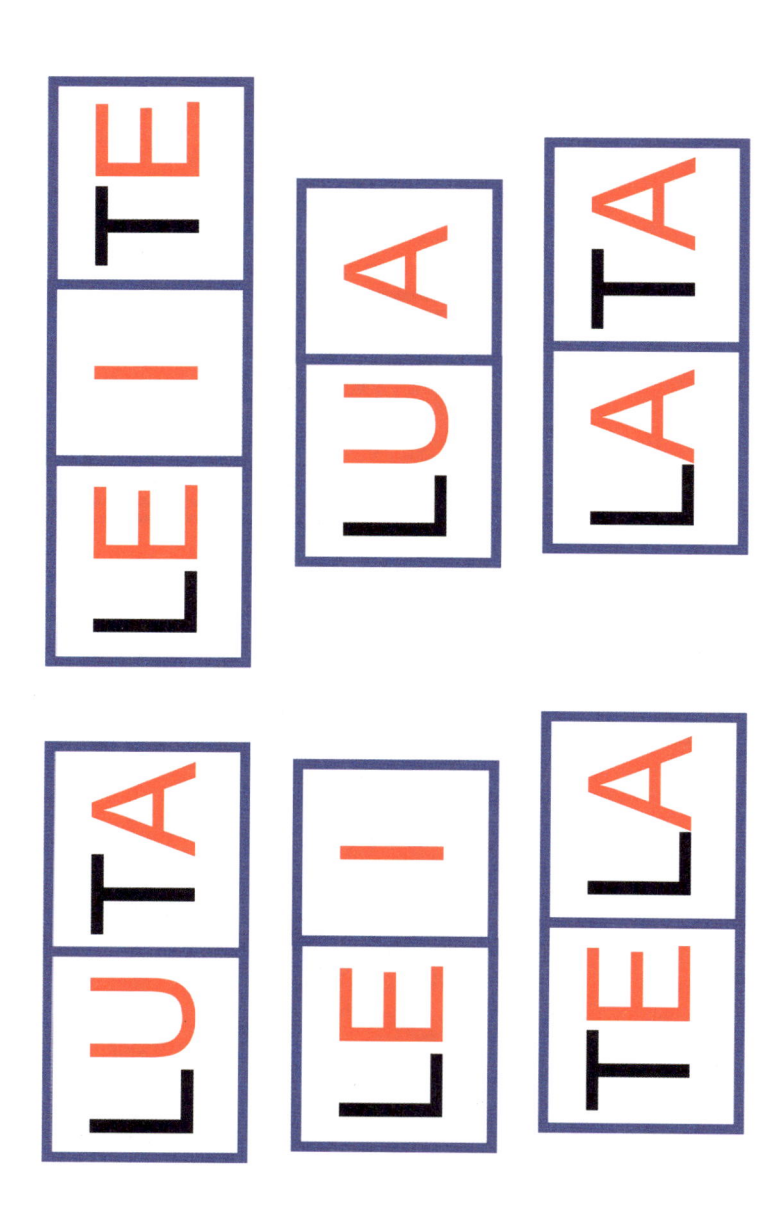

LEITE   LUA   LATA

LUTA   LEI   TELA

ANEXO 3

LEITE

LUA

LATA

LUTA

LEI

TELA

ANEXO 3

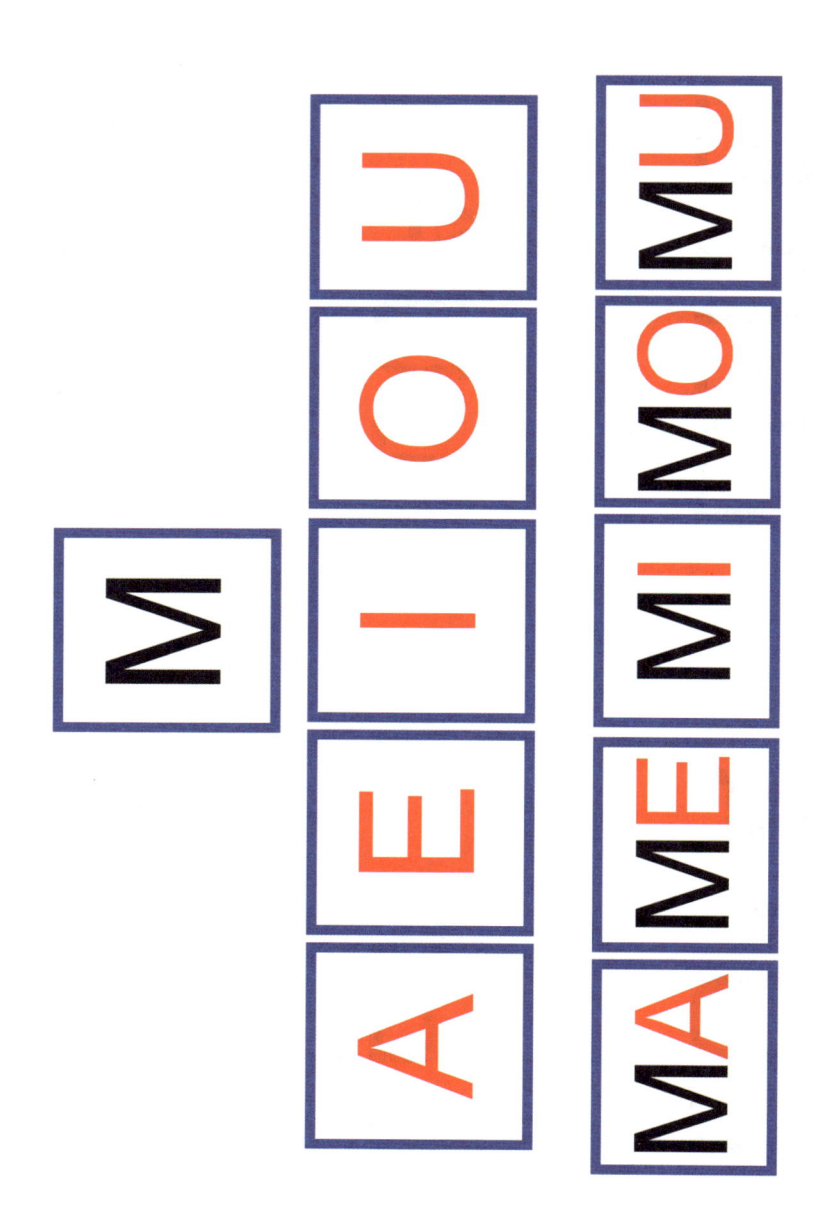

A E I O U

MA ME MI MO MU

ANEXO 3

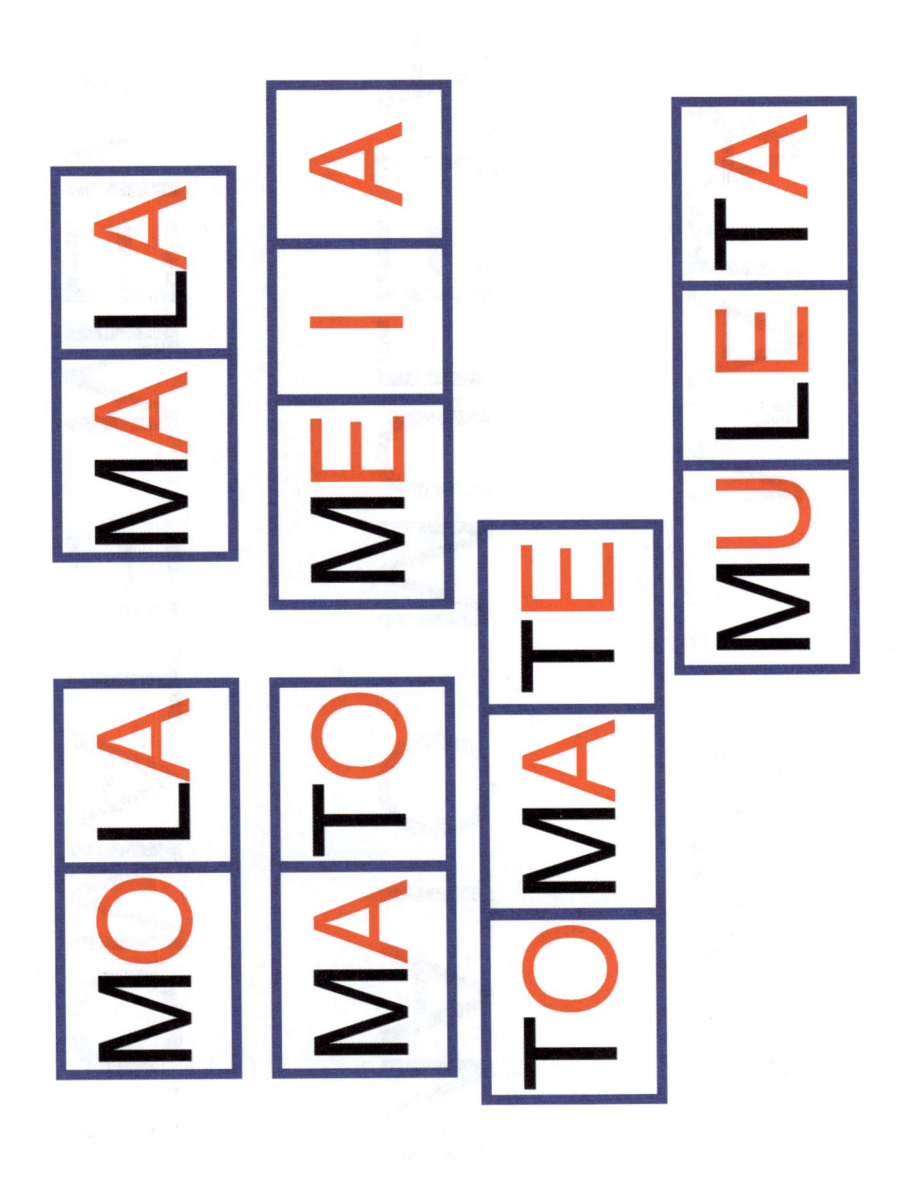

MALA
MEIA
MULETA
MOLA
MATO
TOMATE

205

ANEXO 3

MOLA MALA

MATO MULETA

TOMATE MEIA

ANEXO 3

	U	FU
F	O	FO
	I	FI
	E	FE
	A	FA

ANEXO 3

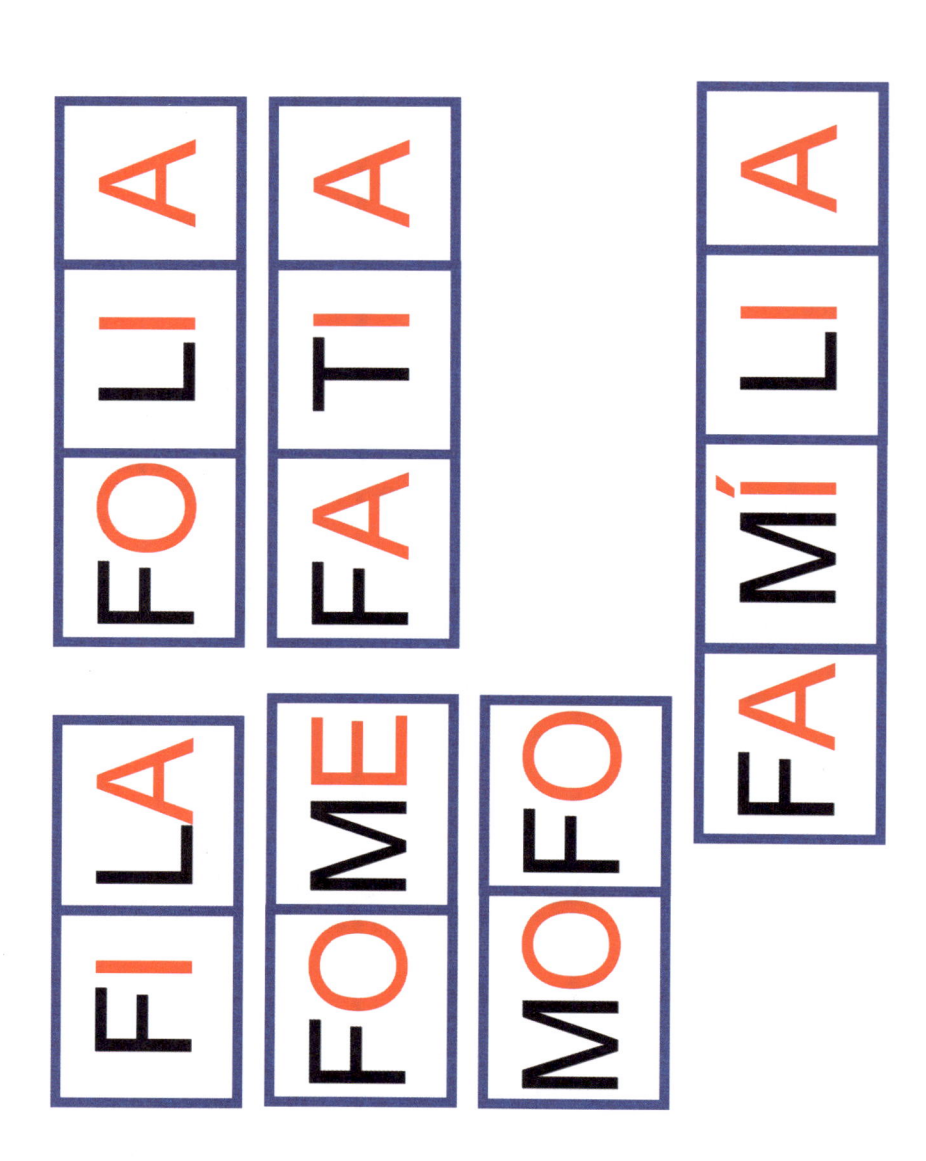

FO	LI	A

FA	TI	A

FA	MÍ	LI	A

FI	LA

FO	ME

MO	FO

ANEXO 3

FILA FOLIA

FOME FATIA

MOFO FAMÍLIA

ANEXO 3

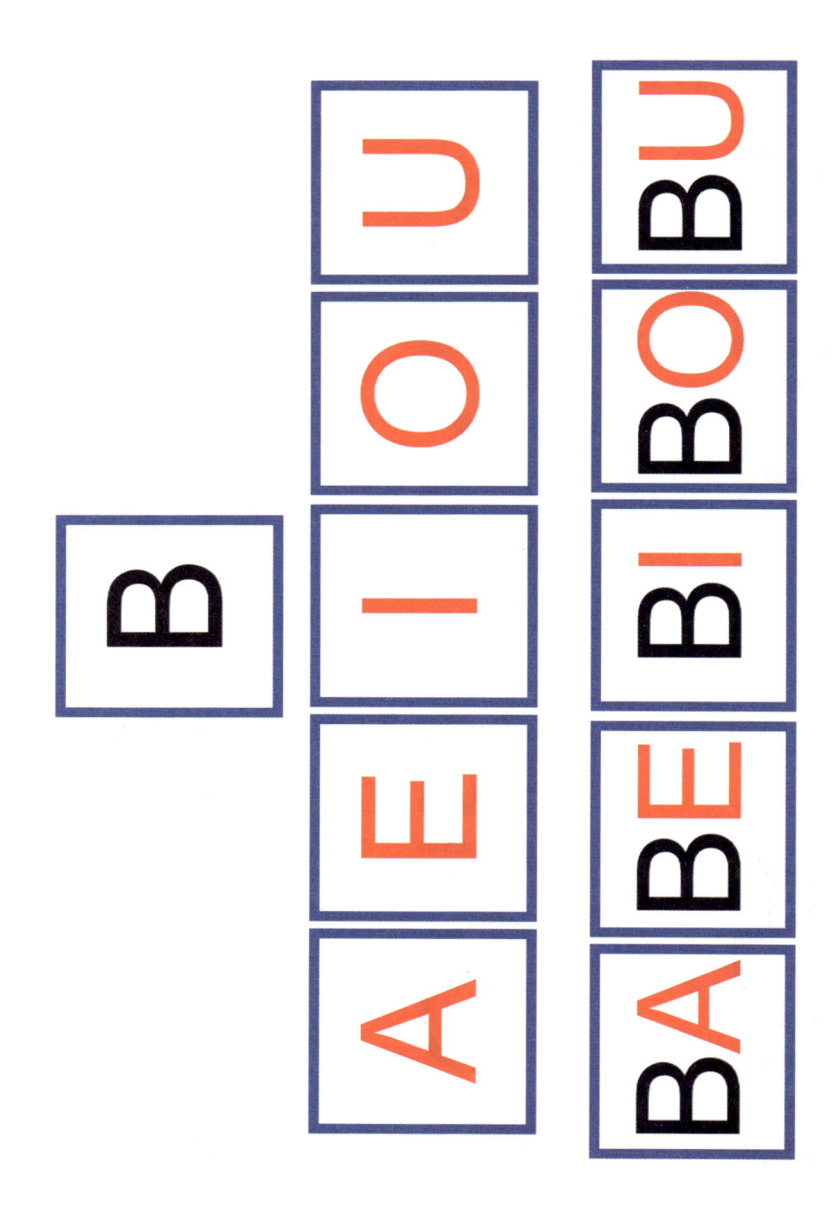

	U	BU
	O	BO
B	I	BI
	E	BE
	A	BA

ANEXO 3

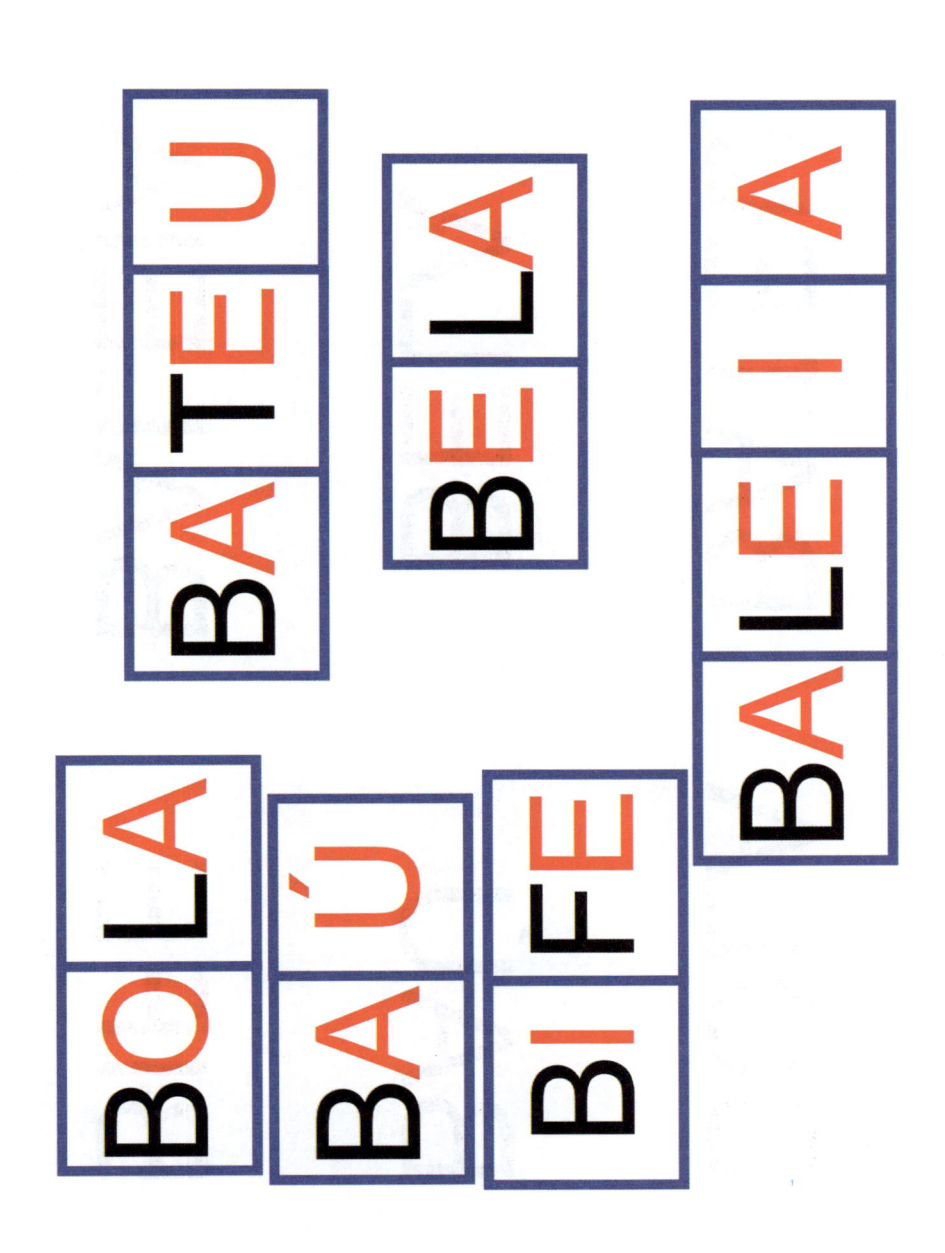

BATEU

BA

BELA

BALEIA

BOLA

BAÚ

BIFE

BALE

ANEXO 3

BATEU

BELA

BALEIA

BOLA

BAÚ

BIFE

ANEXO 3

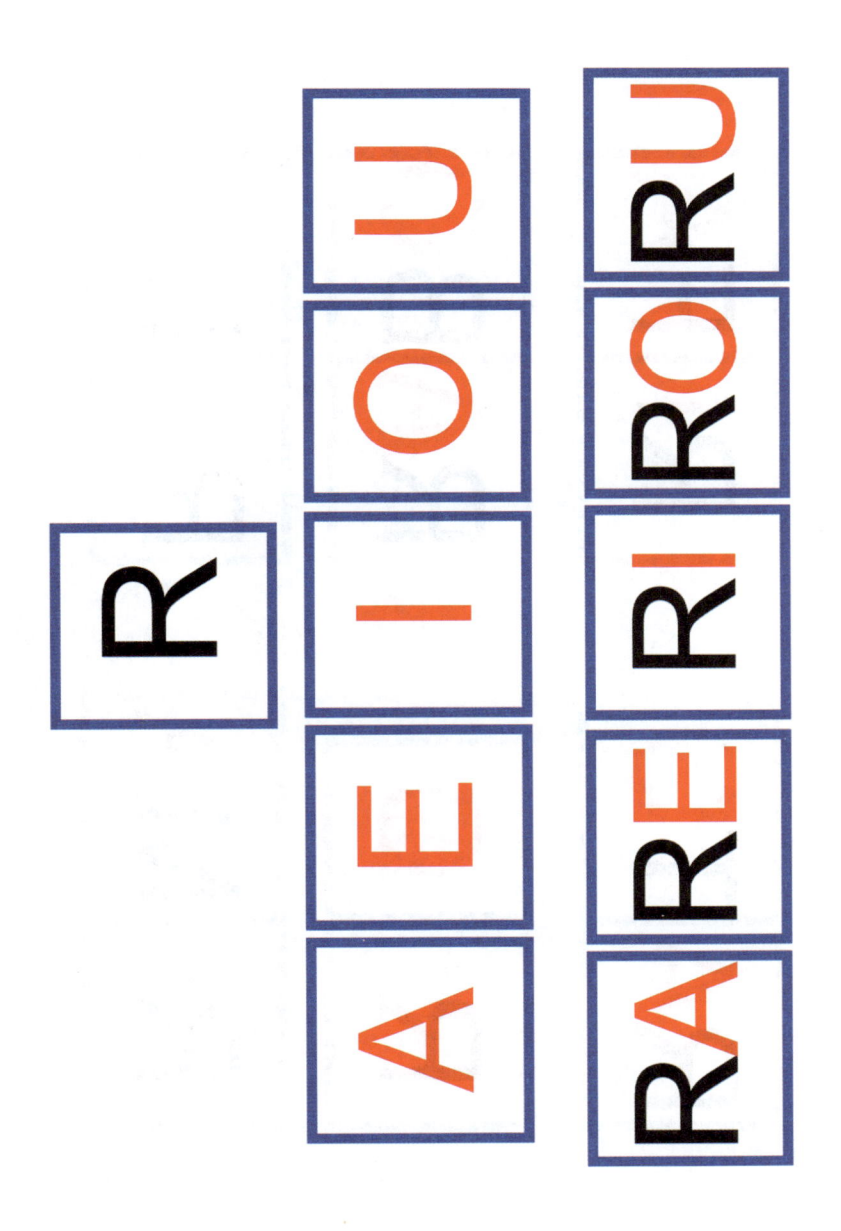

	A	E	I	O	U
R	RA	RE	RI	RO	RU

213

ANEXO 3

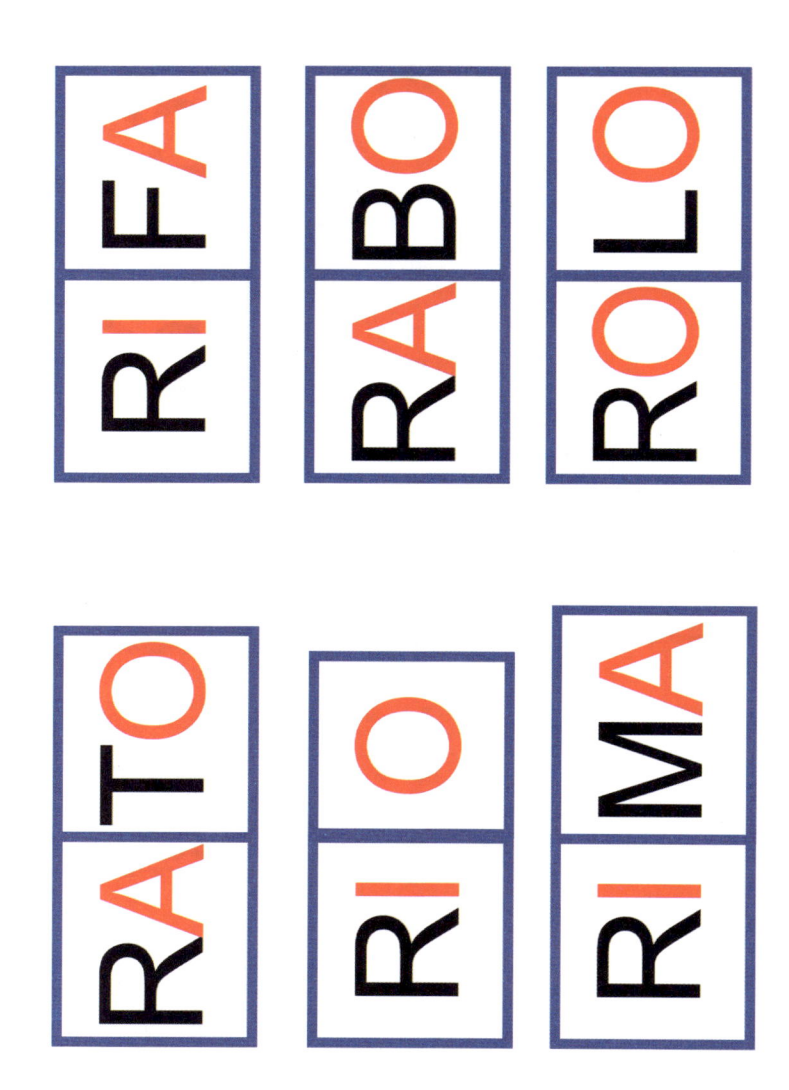

| RI FA | RA BO | RO LO |
| RA TO | RI O | RI MA |

ANEXO 3

RIFA

RABO

ROLO

RATO

RIO

RIMA

ANEXO 3

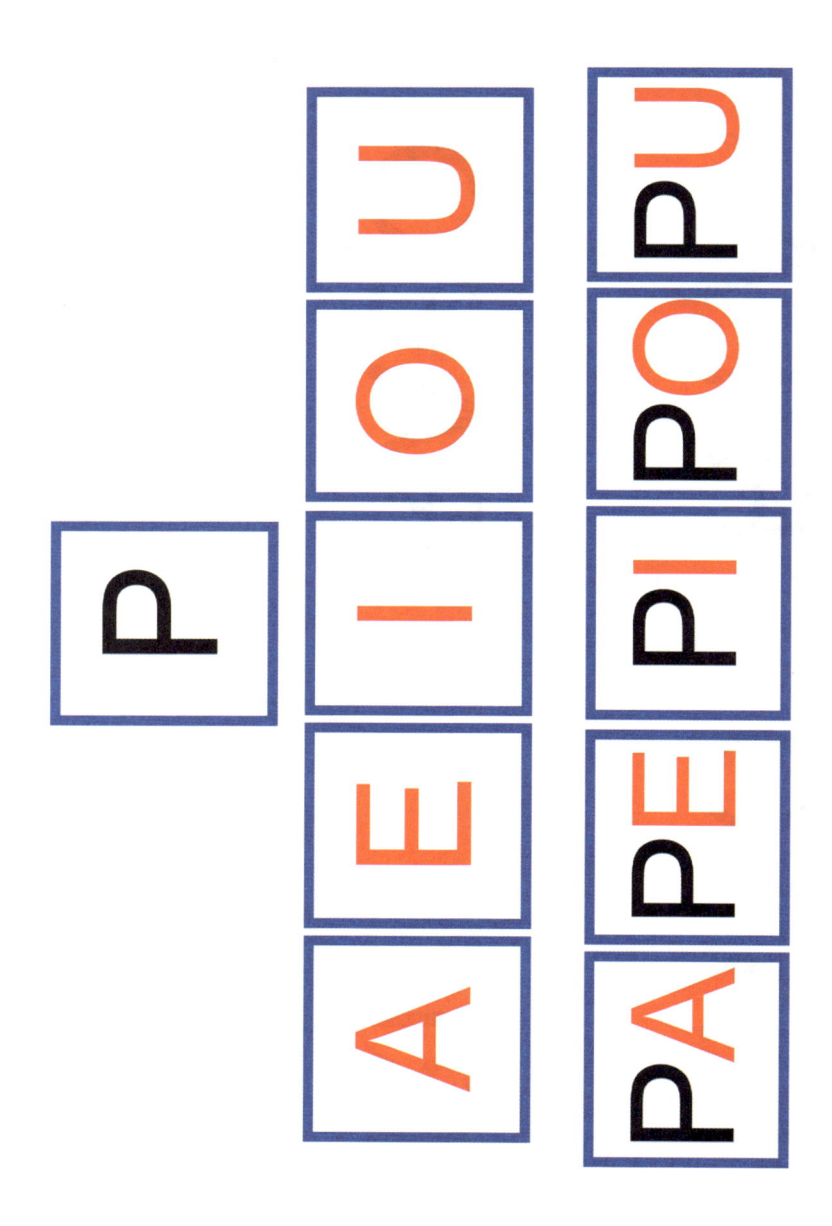

	U	PU
	O	PO
P	I	PI
	E	PE
	A	PA

ANEXO 3

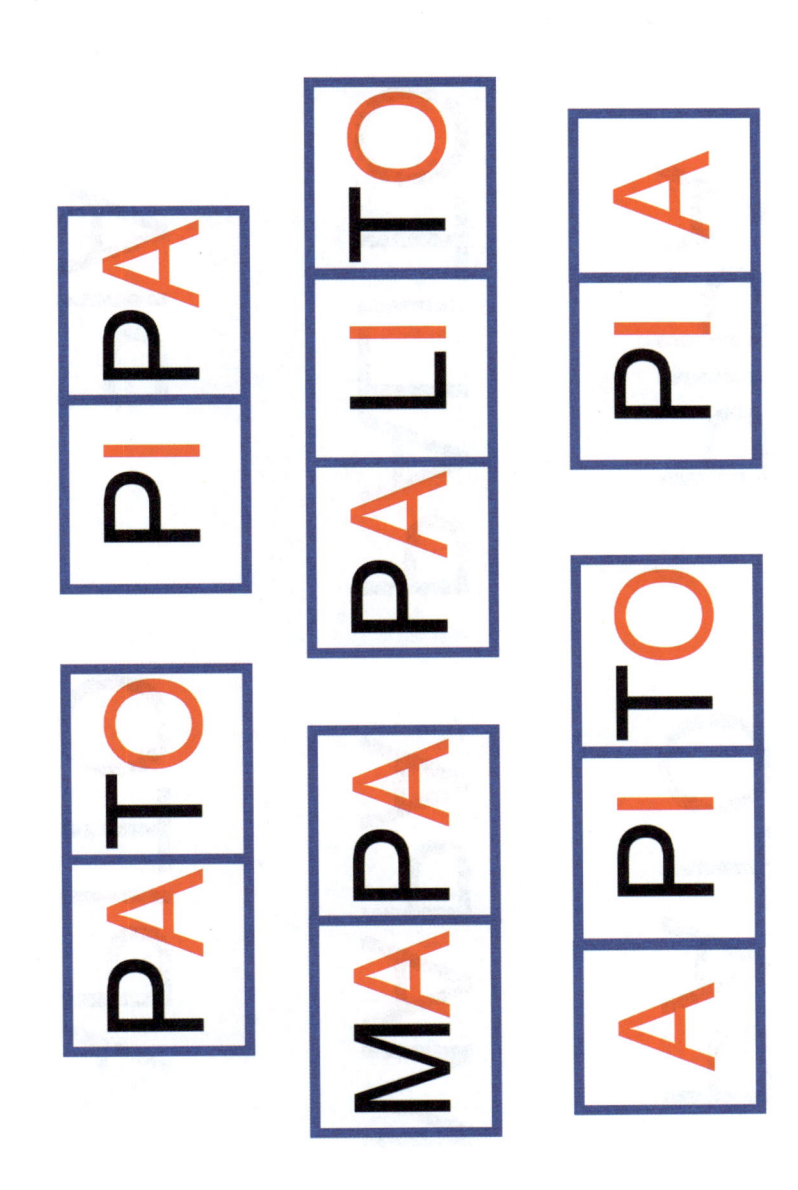

PA|TO PI|PA PA|LI|TO MA|PA A|PI|TO PI|A

ANEXO 3

PIPA

PALITO

PIA

PATO

MAPA

APITO

ANEXO 3

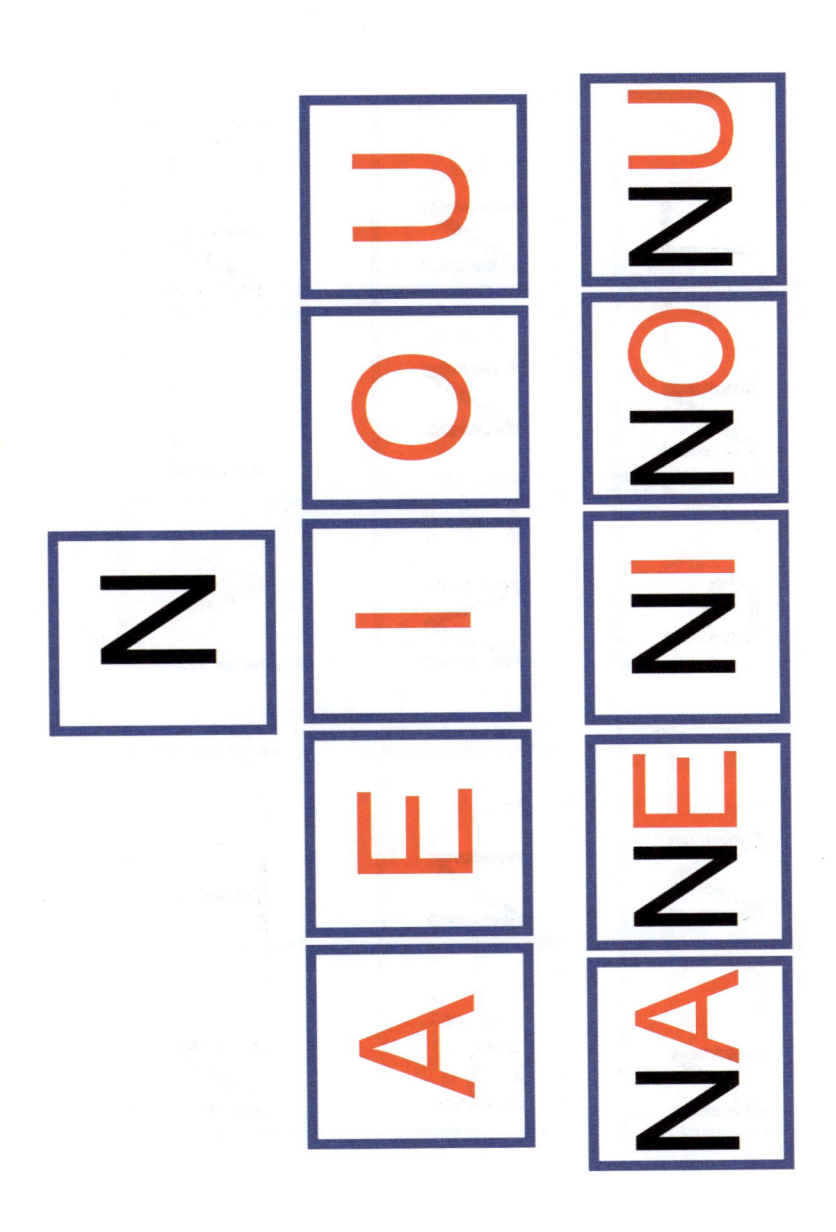

U	U
O	O
I	N
E	NE
A	NA

N

ANEXO 3

| PANELA | MENINA | ALUNO |
| NOME | PENA | NETO |

ANEXO 3

NOME PANELA
PENA MENINA
NETO ALUNO

ANEXO 3

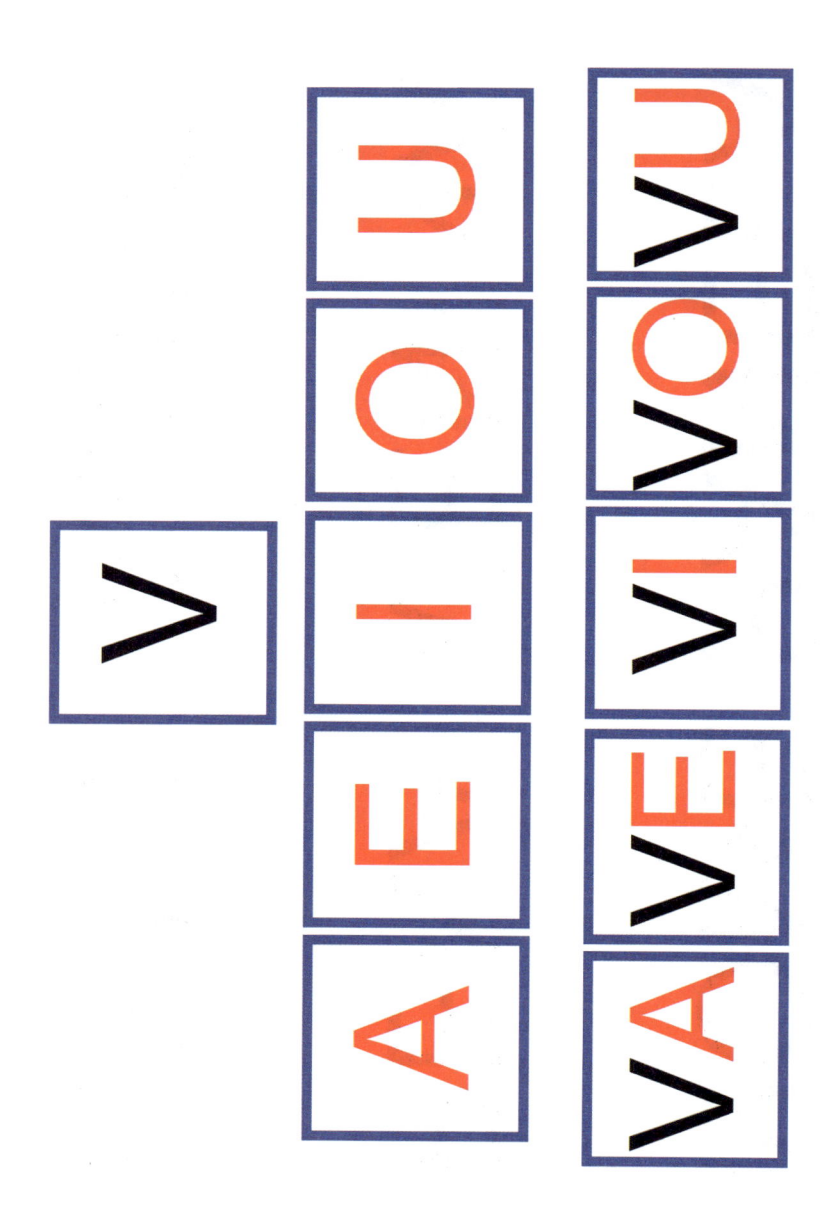

	U	VU
A	O	VO
V	I	VI
E	E	VE
A	A	VA

ANEXO 3

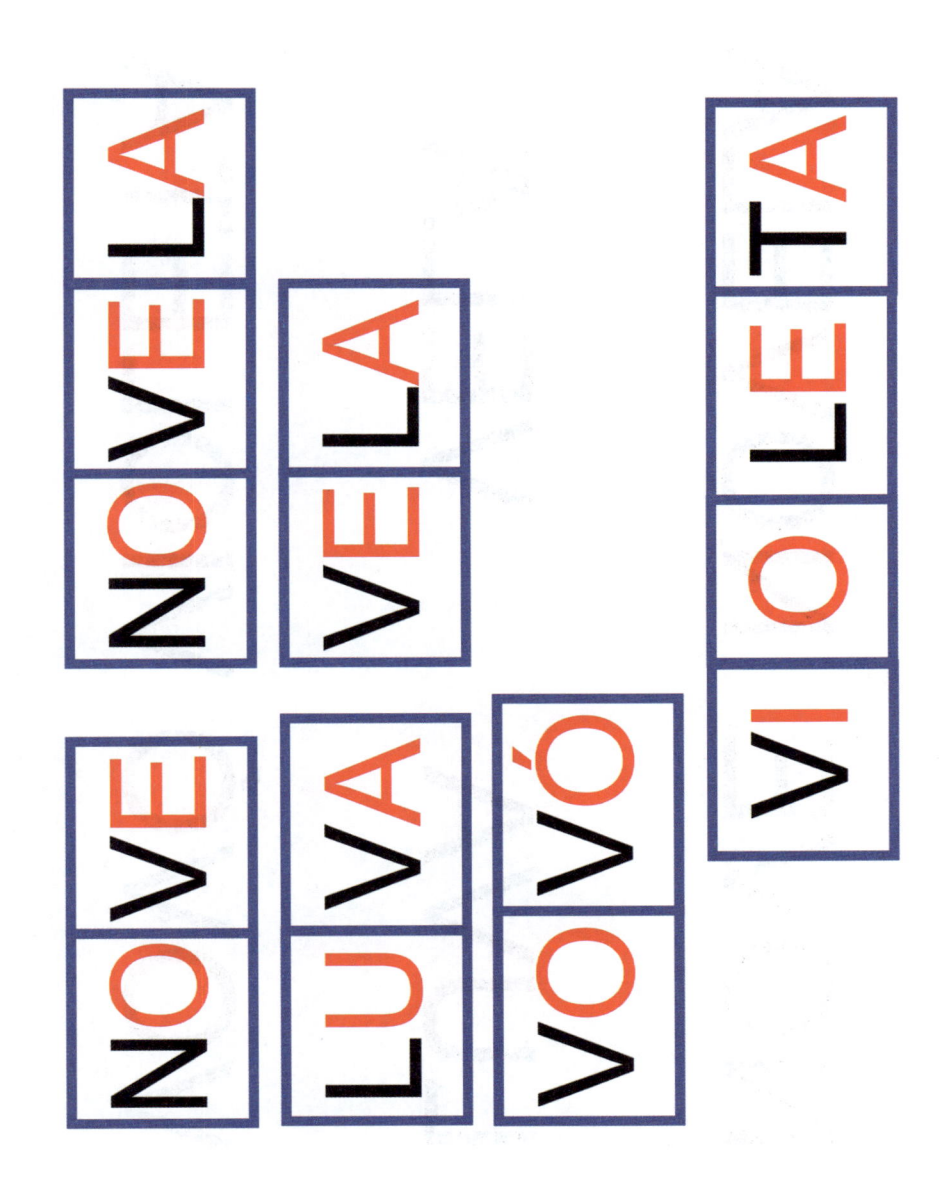

NOVELA

NOVE

VELA

VE

VIOLETA

VI

NOVE

LUVA

VOVÓ

NO

LU

VO

ANEXO 3

NOVE NOVELA

VELA

VOVÓ VIOLETA

LUVA

ANEXO 3

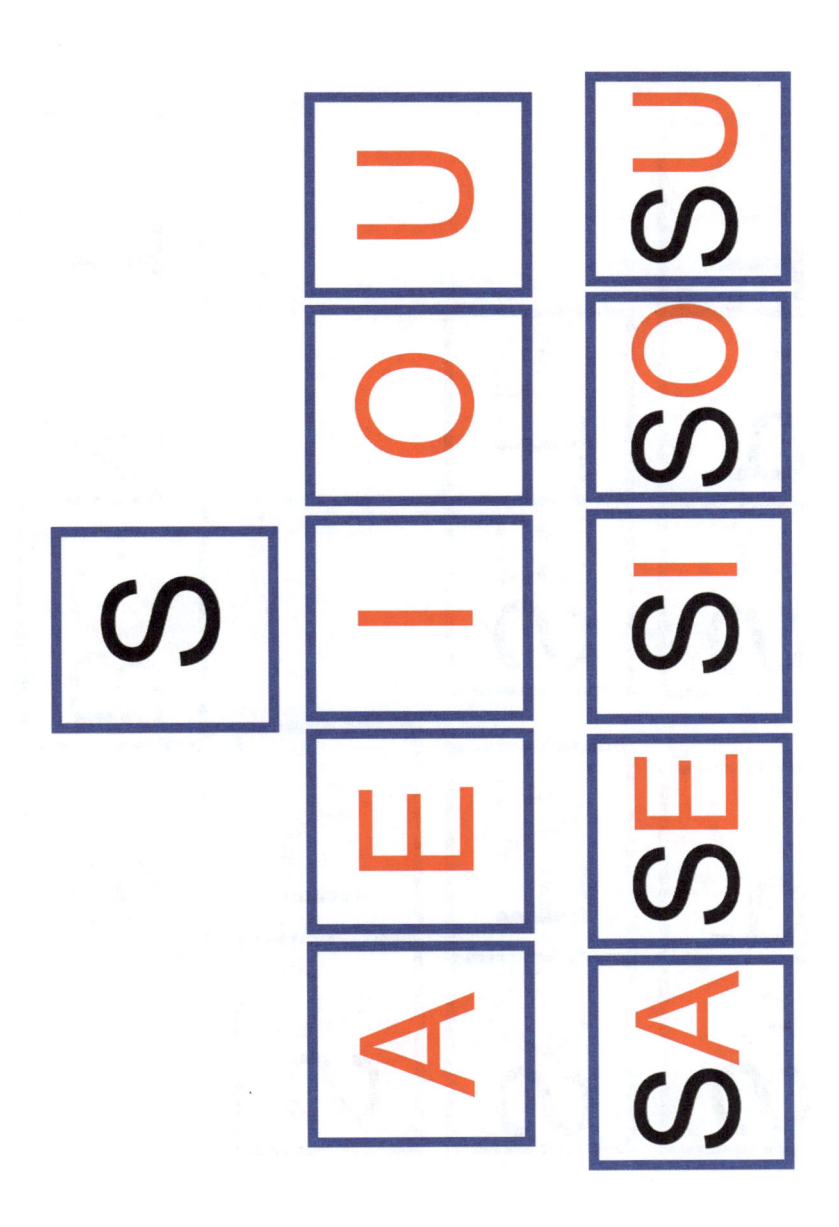

	U		SU
	O		SO
S	I	SI	
	E	SE	
	A	SA	

ANEXO 3

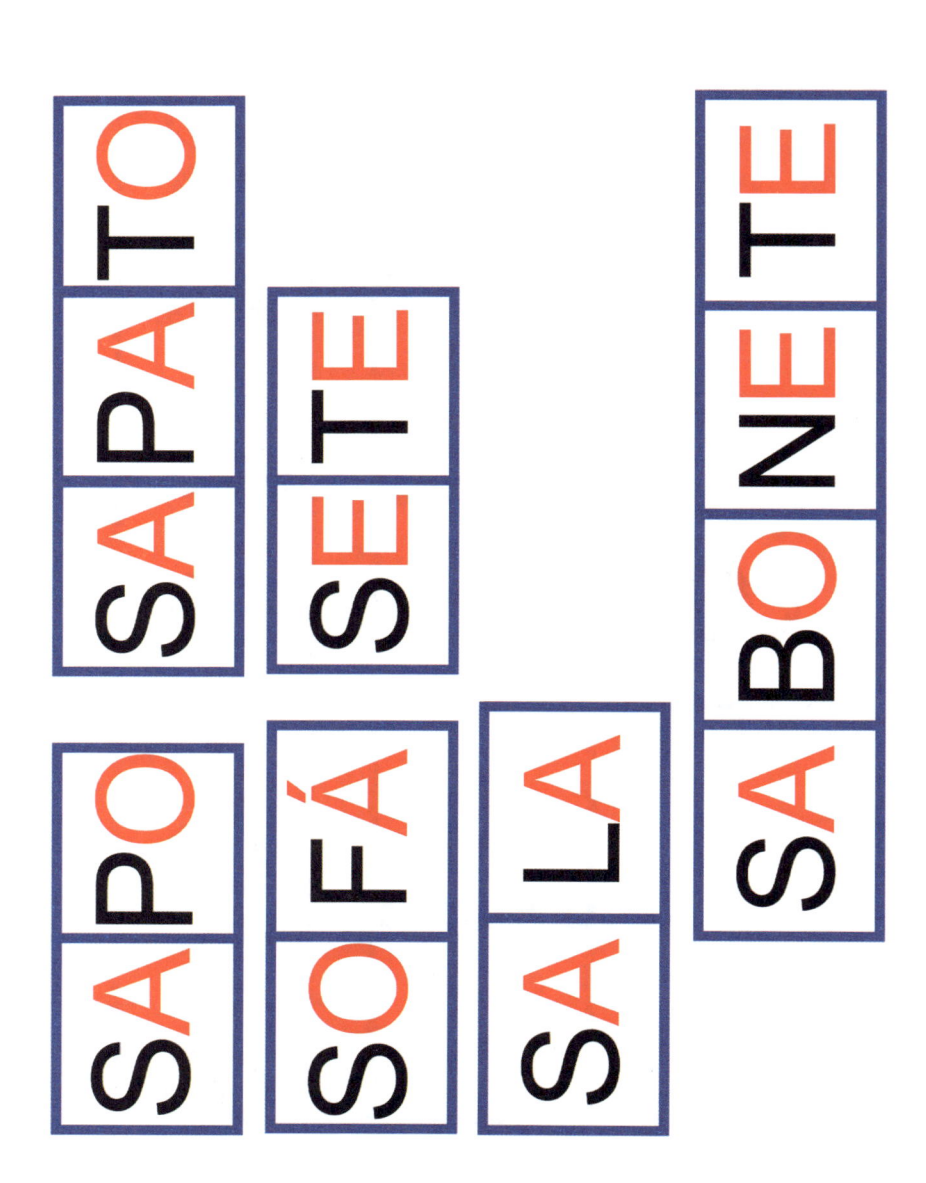

SAPATO
SAPA
SAPO

SETE
SE
SOFÁ
SO

SALA
SA

SABONETE
SABO
SA

ANEXO 3

SAPO SAPATO

SOFÁ SETE

SALA SABONETE

ANEXO 3

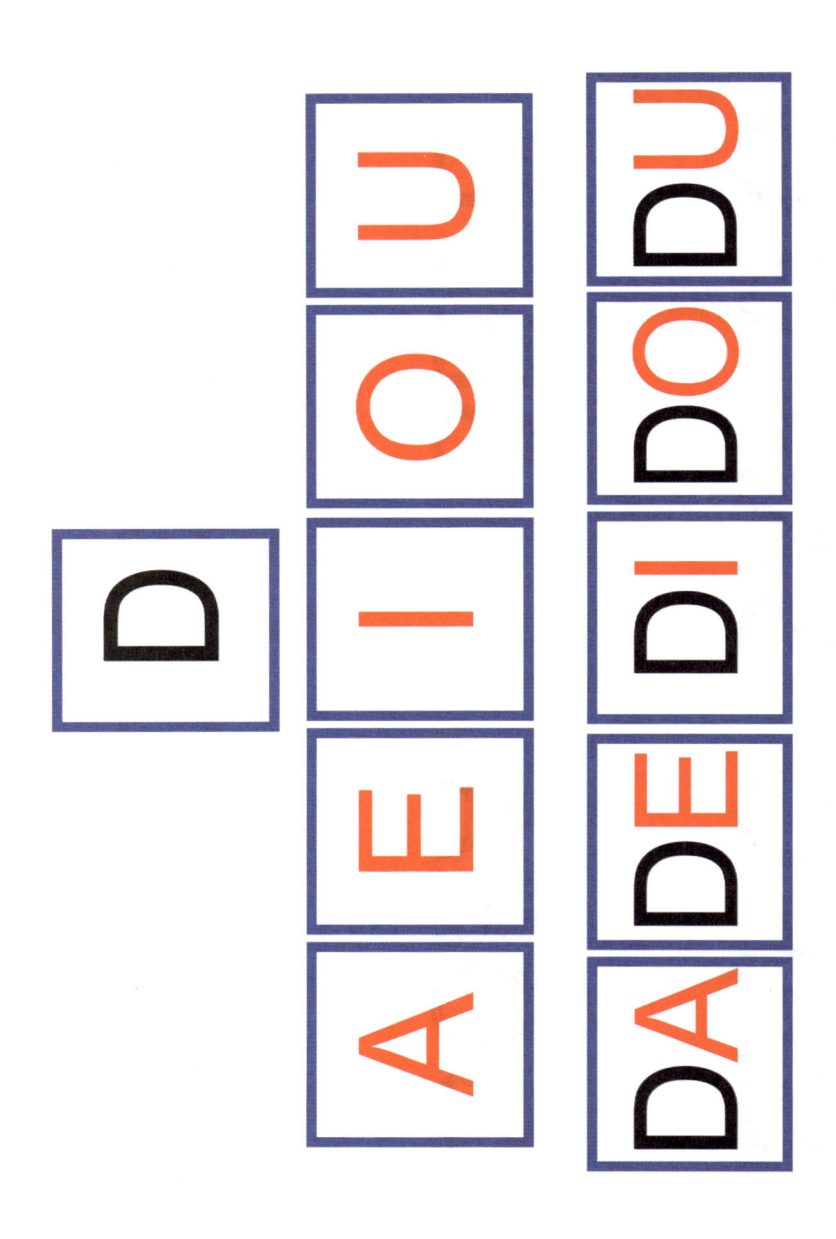

	U		DU
	O		DO
D	I		DI
	E		DE
	A		DA

ANEXO 3

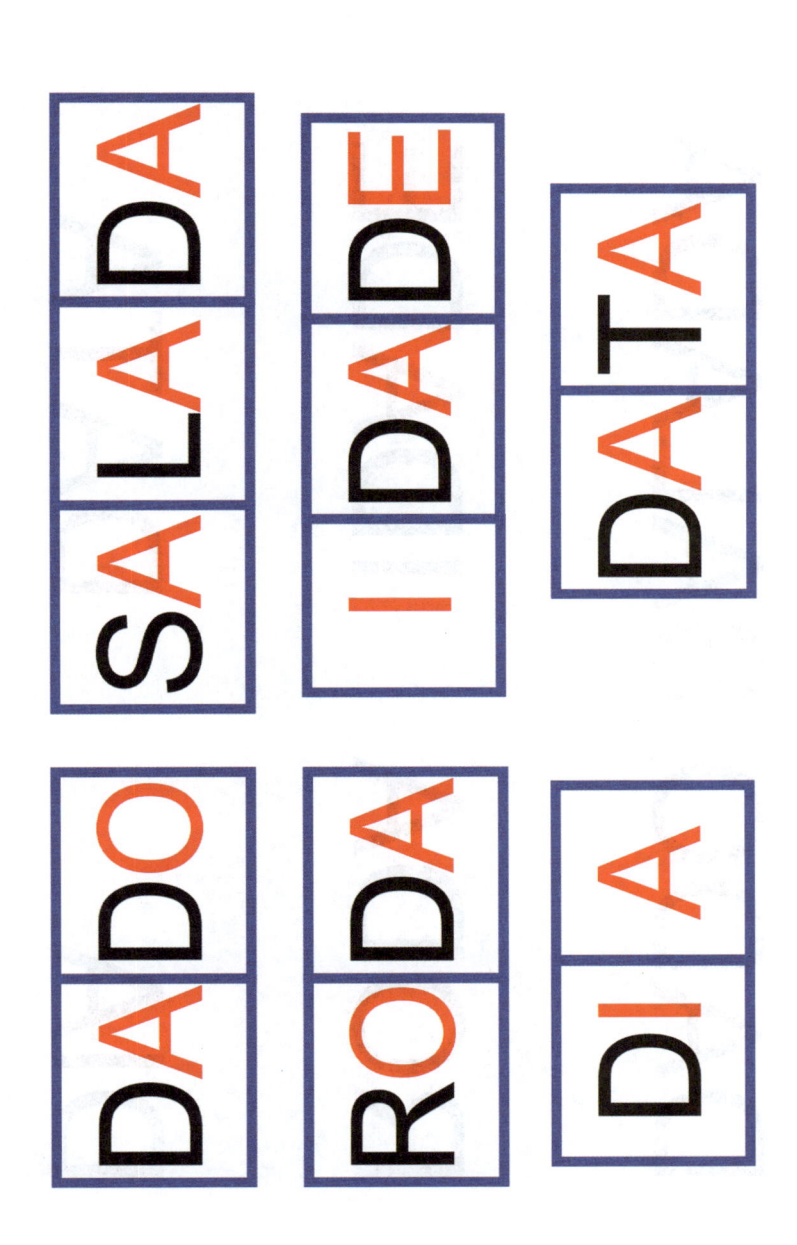

SALADA IDADE DATA

DADO RODA DIA

ANEXO 3

DADO SALADA

RODA IDADE

DIA DATA

ANEXO 3

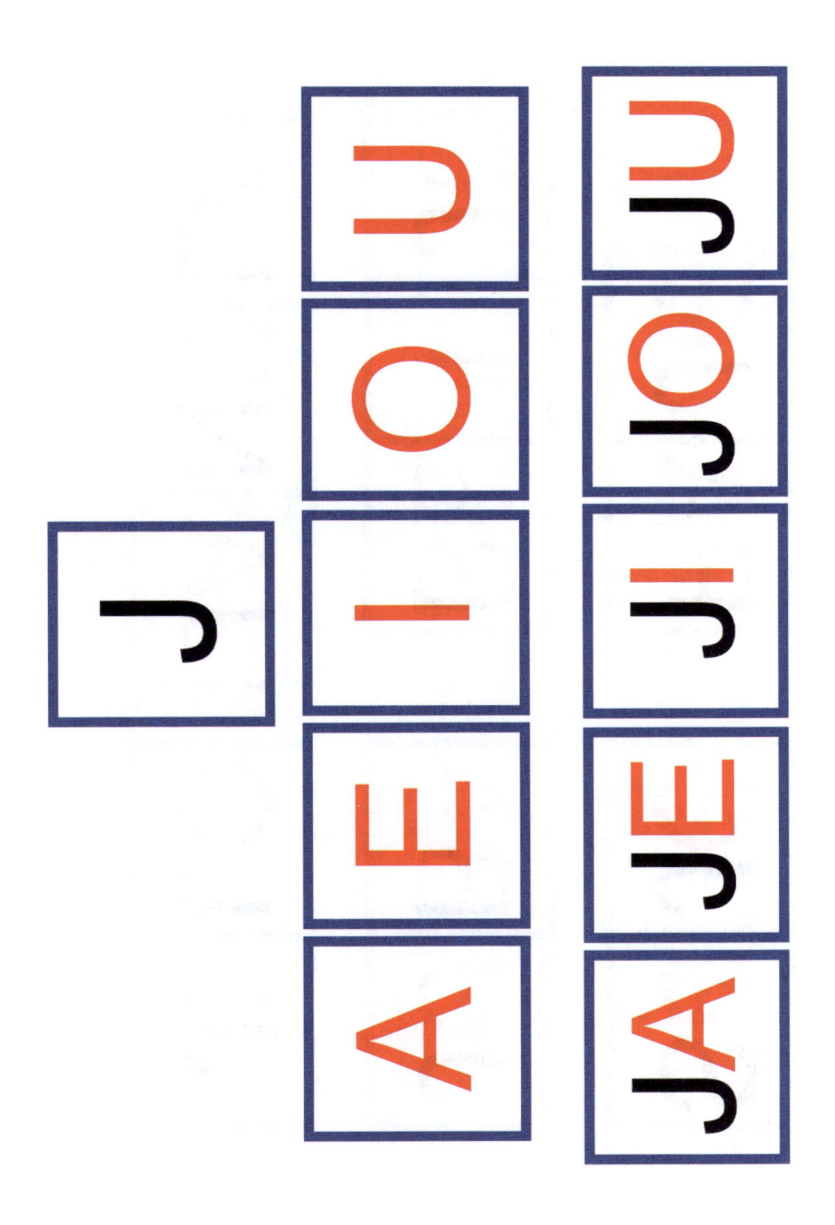

ANEXO 3

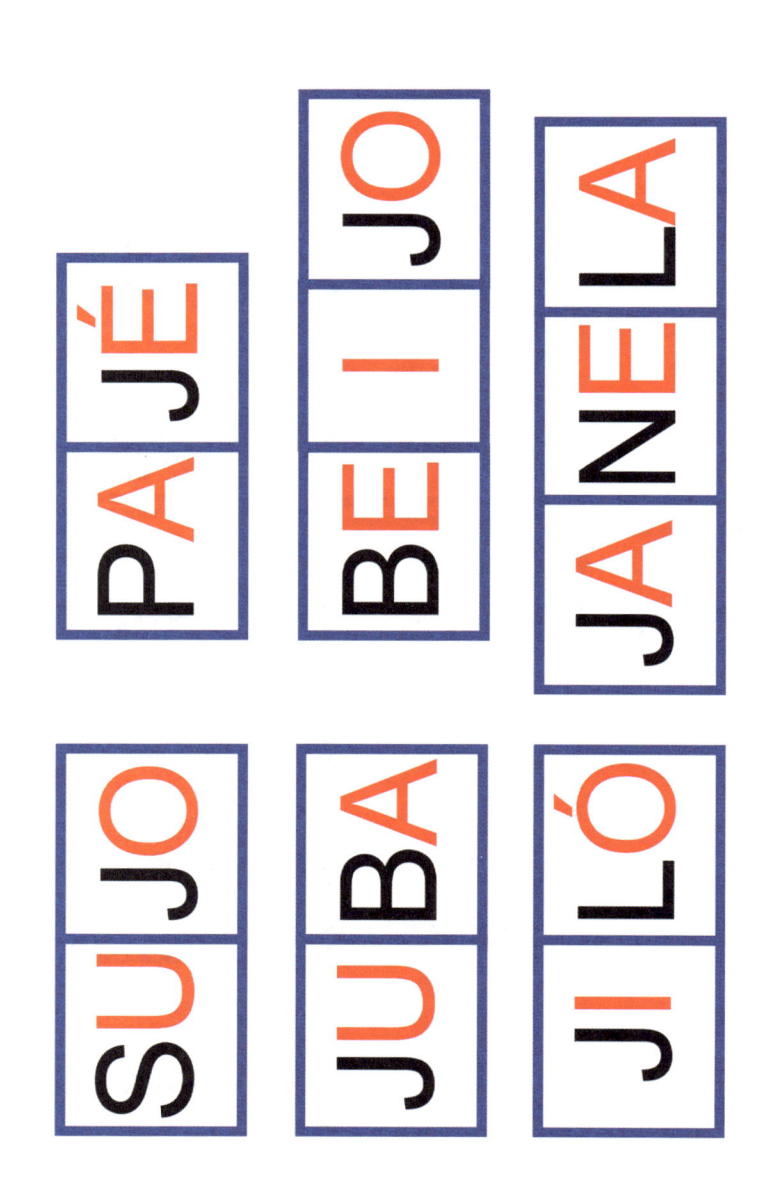

PAJÉ BEIJO JANELA

SUJO JUBA JILÓ

ANEXO 3

PAJÉ

BEIJO

JANELA

SUJO

JUBA

JILÓ

ANEXO 3

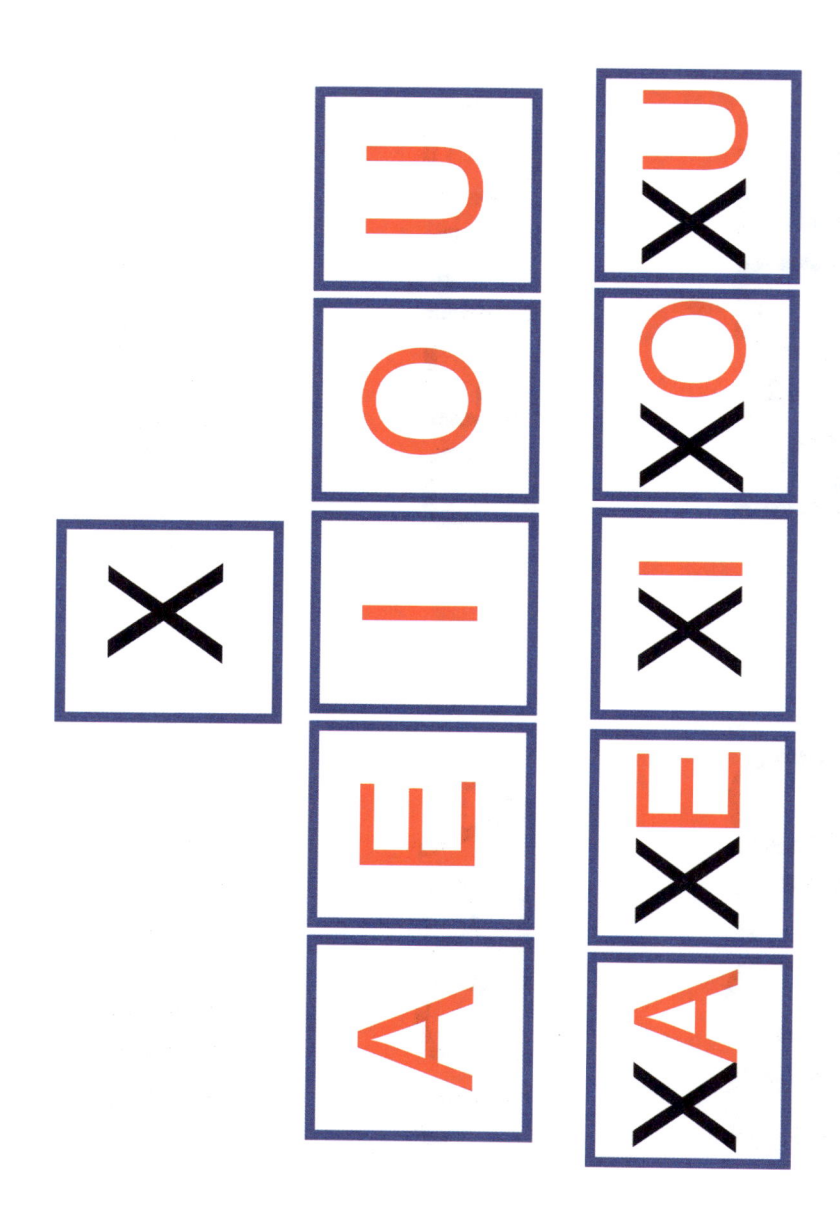

X		
	A	XA
	E	XE
	I	XI
	O	XO
	U	XU

ANEXO 3

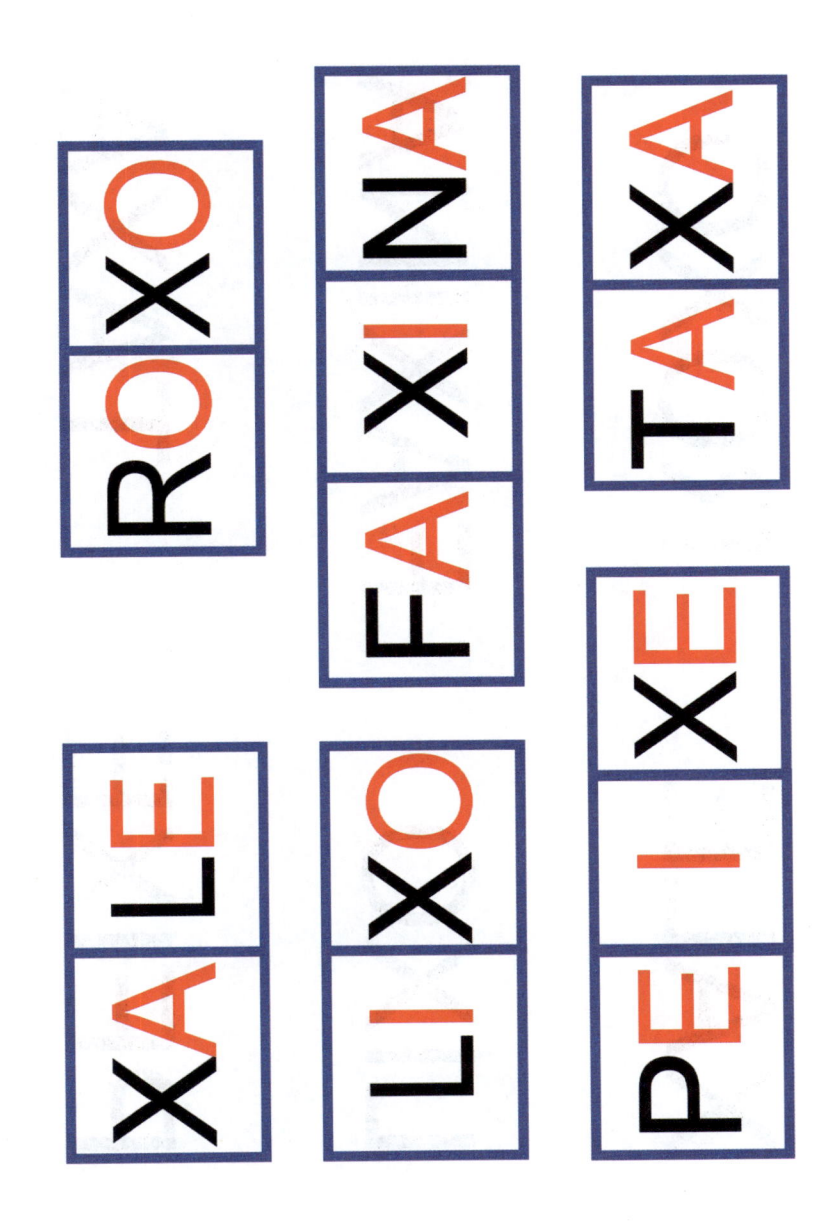

ROXO

FAXINA

TAXA

XALE

LIXO

PEIXE

ANEXO 3

ROXO

FAXINA

TAXA

XALE

LIXO

PEIXE

ANEXO 3

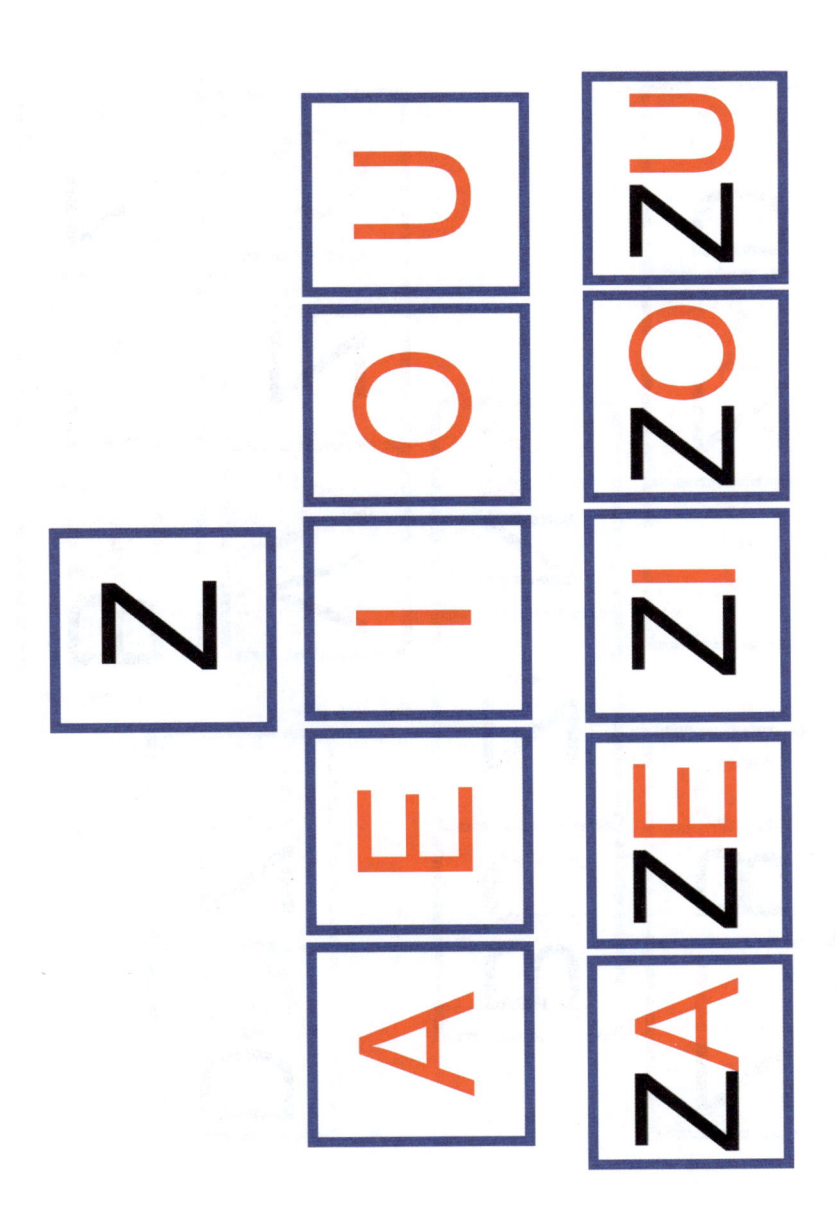

	U	ZU
A	O	ZO
N	I	ZI
A	E	ZE
A	A	ZA

237

ANEXO 3

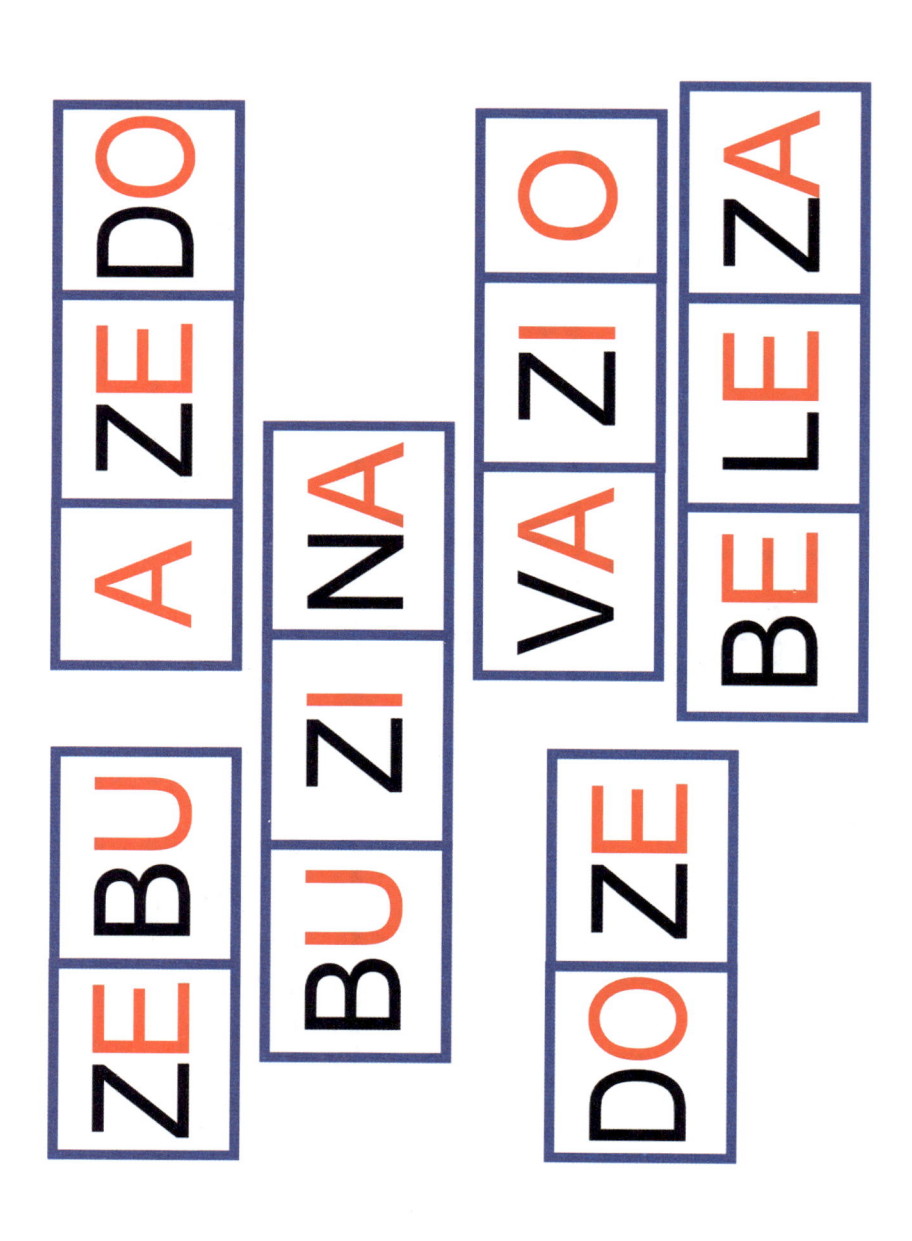

AZEDO

ZEBU

BUZINA

VAZIO

DOZE

BELEZA

ANEXO 3

ZEBU AZEDO

BUZINA VAZIO

DOZE BELEZA

ANEXO 3

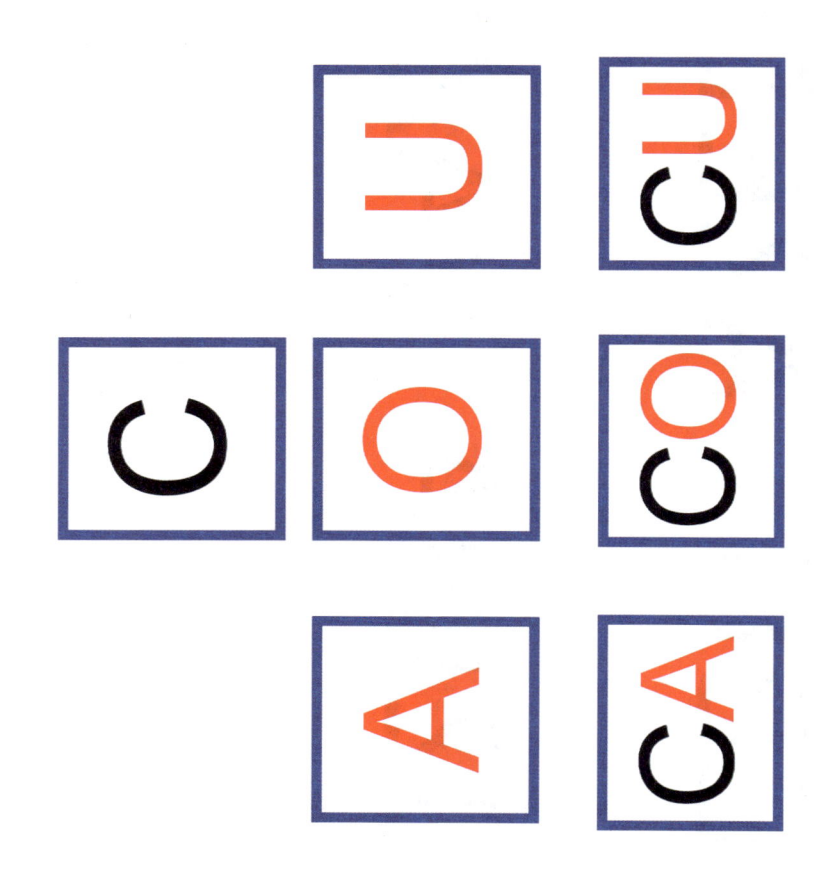

	U	CU
C	O	CO
	A	CA

ANEXO 3

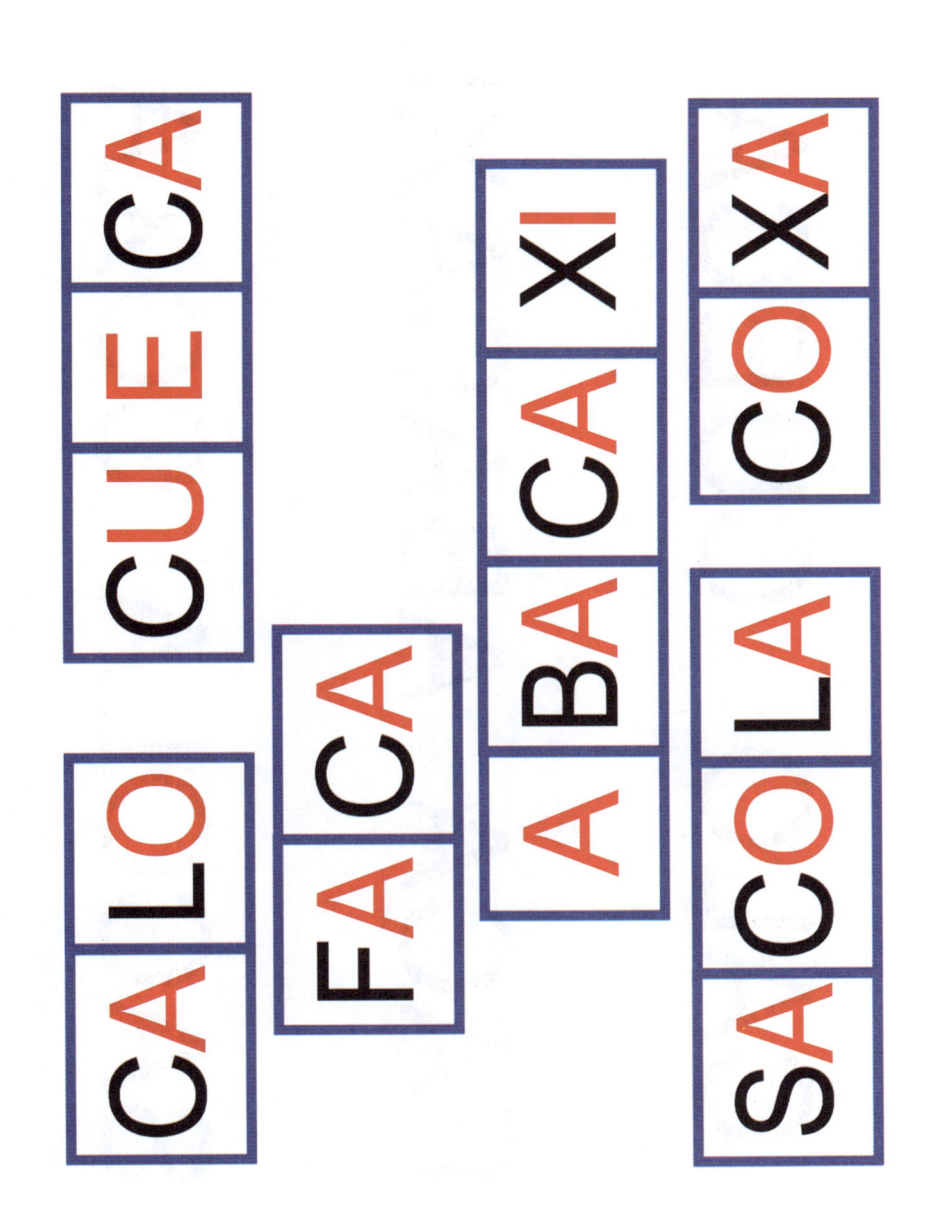

CUECA
CALO
FACA
ABACAXI
COXA
SACOLA

241

ANEXO 3

CALO CUECA

FACA ABACAXI

SACOLA COXA

ANEXO 3

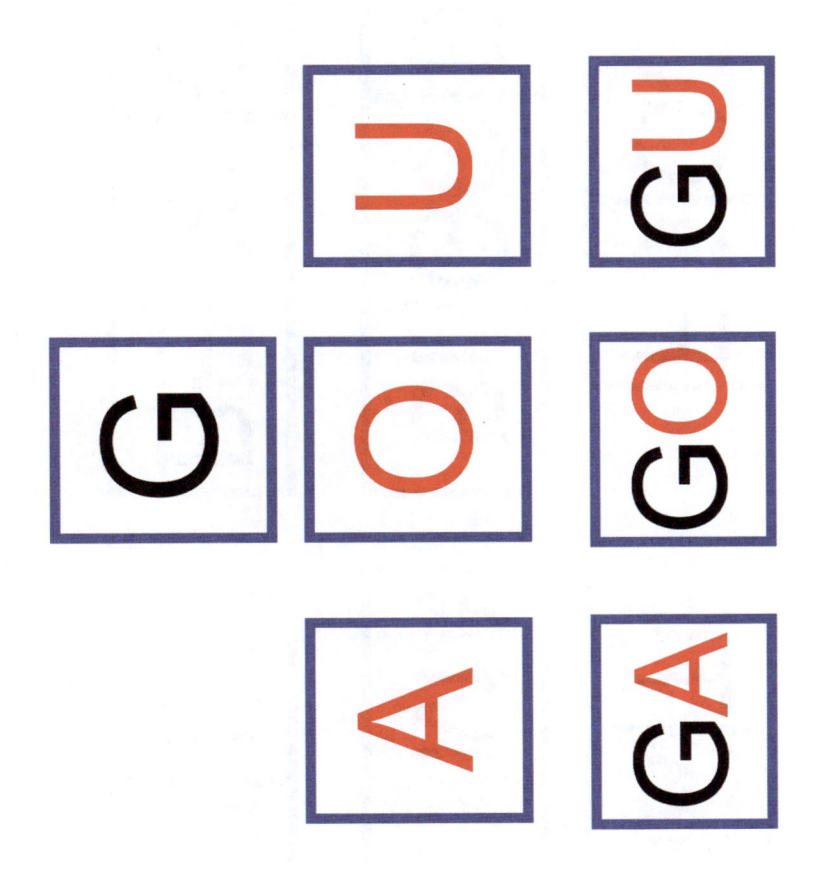

	U	GU
G	O	GO
	A	GA

ANEXO 3

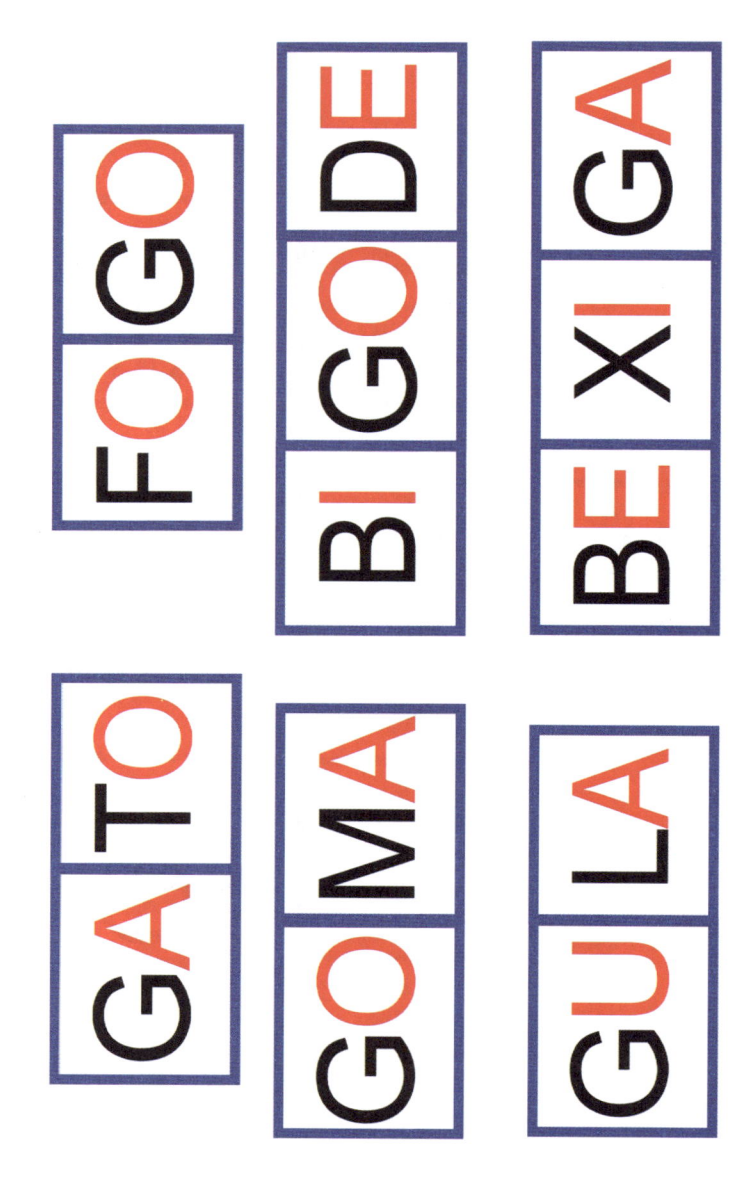

FO GO
BI GO DE
BE XI GA
GA TO
GO MA
GU LA

ANEXO 3

GATO   FOGO

GOMA   BIGODE

GULA   BEXIGA

ANEXO 4

CONJUNTO 1

CONJUNTO	SÍLABAS	A	E	I	O	U
1- Vogal +consoante	vogal + L	AL	EL	IL	OL	UL
	vogal + M	AM	EM	IM	OM	UM
	vogal + R	AR	ER	IR	OR	UR
	vogal + N	AN	EN	IN	ON	UN
	vogal + Z	AZ	EZ	IZ	OZ	UZ
	vogal + S	AS	ES	IS	OS	US

ANEXO 4

CONJUNTO 2

CONJUNTO	SÍLABAS	A	E	I	O	U
2- lh/nh/ch	lh +vogal	LHA	LHE	LHI	LHO	LHU
	nh + vogal	NHA	NHE	NHI	NHO	NHU
	ch+ vogal	CHA	CHE	CHI	CHO	CHU

ANEXO 4

CONJUNTO 3

CONJUNTO	SÍLABAS	A	E	I	O	U
3- cl/gl/pl/fl/tl/vl/bl	cl + vogal	CLA	CLE	CLI	CLO	CLU
	gl + vogal	GLA	GLE	GLI	GLO	GLU
	pl + vogal	PLA	PLE	PLI	PLO	PLU
	fl + vogal	FLA	FLE	FLI	FLO	FLU
	tl+ vogal	TLA	TLE	TLI	TLO	TLU
	vl +vogal	VLA	VLE	VLI	VLO	VLU
	bl + vogal	BLA	BLE	BLI	BLO	BLU

ANEXO 4

CONJUNTO 4

CONJUNTO	SÍLABAS	A	E	I	O	U
4- pr/br/gr/cr/dr/tr/fr/vr	pr + vogal	PRA	PRE	PRI	PRO	PRU
	br + vogal	BRA	BRE	BRI	BRO	BRU
	gr + vogal	GRA	GRE	GRI	GRO	GRU
	cr + vogal	CRA	CRE	CRI	CRO	CRU
	dr + vogal	DRA	DRE	DRI	DRI	DRU
	tr + vogal	TRA	TRE	TRI	TRO	TRU
	fr + vogal	FRA	FRE	FRI	FRO	FRU
	vr + vogal	VRA	VRE	VRI	VRO	VRU

ANEXO 4

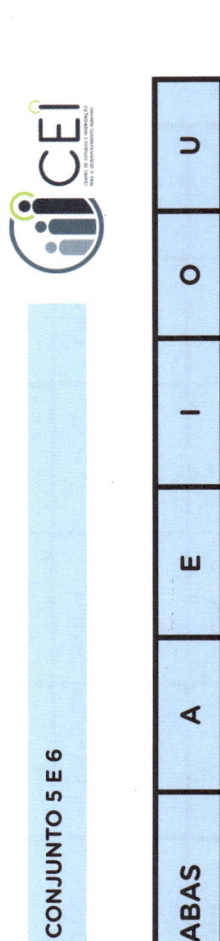

CONJUNTO 5 E 6

CONJUNTO	SÍLABAS	A	E	I	O	U
5- ce/ci/ge/gi e gue/gui/que/qui	ce/ci	CA	CE	CI	CO	CU
	ge/gi	GA	GE	GI	GO	GU
	gue/gui	GUA	GUE	GUI	GUO	
	que-qui	QUA	QUE	QUI	QUO	
6- ç	ça/ço/çu	ÇA			ÇO	ÇU